岩 波 文 庫

30-044-1

日本往生極楽記
続本朝往生伝

大曾根章介
小峯和明 校注

岩 波 書 店

凡　例

一　本書は、日本思想大系『往生伝　法華験記』(井上光貞・大曾根章介校注、岩波書店、一九七四年。以下、「思想大系版」と略記)所収の『日本往生極楽記』と『続本朝往生伝』の本文(訓読文・原文)を小峯和明が改編して文庫化した。

二　底本や校合本は、思想大系版と同じく以下のように用いた。

日本往生極楽記　底本＝前田育徳会尊経閣文庫蔵写本
　　校合本＝天理図書館蔵写本・国立公文書館内閣文庫蔵写本・寛文九年版本・無刊記版本

続本朝往生伝　底本＝宝生院(真福寺)蔵写本
　　校合本＝宮内庁書陵部蔵写本・同書陵部蔵写本別本・大東急記念文庫蔵写本・神奈川県立金沢文庫蔵写本・万治二年版本

三　本文の整定に当たっては、読解の便を図り、次のような方針を採った。

1　各伝ごとに、〔一〕〔二〕〔三〕…の通し番号を付した。各伝に入れた見出しは、思想大系版に拠った。

2 訓読文に振り仮名を付けるにあたっては、原文の傍訓および『色葉字類抄』、『類聚名義抄』などの古辞書類も参照した。

3 原文は適宜改行を設け、句点を施し、各伝の訓読文の後に置いた。通読できることを主眼とし、明らかな誤字・脱字・脱文は訂正した箇所がある。「砂門」「顕蜜」の類は、原文では底本の文字のままとし、訓読文で「沙門」「顕密」などと改めた。

4 本文の漢字は原則として常用漢字を用い、異体字・俗字などは通行の字体に改めた。

5 原文の虫損部分には□を充て、他本で補えるものは注記して訓読文において改補した。

6 原文（底本）の語句を諸本によって訓読文で訂正した場合は原文に傍線を付した。原文にない語句を諸本から訓読文で補った場合には原文の当該箇所の前後に二重傍線を施した。原文にあるが訓読文では採用しない箇所には「（ママ）」と付した。但し、文意から校注者により原文を改めた場合もある。詳しくは思想大系版の「校異」を参照されたい。

7 原文の返り点・送り仮名・傍訓の類は原則として省略した。

8 原文の二行割注の注記の類は、〈 〉を付して小字一行組とした。

9　原文の傍書は必要に応じて、《　》を付して小字で本行中に組み入れた。

10　訓読文には句読点、会話を示す「　」をつけ、適宜、段落を分けた。

四　脚注は文庫化に当たり、小峯和明が新たに付した。注を施した語句には、各伝の訓読文ごとに1起こしとなる洋数字を振ったが、『続本朝往生伝』の「〔一〕一条天皇」の人名部分の注は二一九ページに人名注解として記した。

五　「往生者一覧」を、巻末に『日本往生極楽記』『続本朝往生伝』ごとにそれぞれまとめた。

六　思想大系版は、原文・校異・訓読文は大曾根章介が作成し、注解は井上光貞氏・塩入良道氏ならびに大曾根章介の共同作業によった。

目　次

日本往生極楽記

日本往生極楽記　目録

日本往生極楽記

朝散大夫[1]行[2]著作郎[3]慶保胤《やすたね》[4]撰

叙して曰く、予《われ》少《わか》き日より弥陀仏[5]を念じ、行年四十より以降《このかた》、その志いよいよ劇《いそがわ》し[6]。口に名号を唱へ[7]、心に相《そう》好《ごう》[8]を観ぜり。行住坐臥《ぎょうじゅうざが》暫くも忘れず、造次《ぞうし》顚沛《てんぱい》[9]必ずこれにおいてせり。それ堂舎塔廟《どうしゃとうみょう》に、弥陀の像あり、浄土の図[10]あるをば、敬礼《きょうらい》せざることなし。道俗男女《どうぞくなんにょ》の、極楽に志あり、往生[11]を願ふことある者には、結縁《けちえん》せざることなし。経論疏記《きょうろんしょき》[12]に、その功徳を説き、その因縁を述ぶるものをば、披閲《ひえつ》せざることなし。大唐弘法寺《ぐほうじ》の釈の迦才《かざい》[13]、浄土論《じょうどろん》[14]を撰しけり。その中に往生の者[15]を載すること二十

1 従五位下。
2 官職と位階の関係で官より位が高いのを行、低いのが守。大内記は正六位上。
3 中務省の大・小内記を指す。
4 慶滋保胤。賀茂忠行の次男。紀伝道で菅原文時に師事。近江掾を経て大内記。勧学会を主催し、寛和二年（九八六）に出家、法名は寂心。長保四年（一〇〇二）没。詩文を多く残すが、特に『池亭記』は著名。『続本朝往生伝』三一、『今昔』十九・三など。
5 『本朝麗藻』巻下「贈心公古調詩」注に「公、在俗の日は常に仏を念じ、言談の隙に眼を合わせ仏号を唱う」。
6 気がせくこと、気ぜわしいさま。
7 阿弥陀仏を指す。
8 仏の身にそなわる特徴を示す。三十二相、八十種好。阿弥陀の像を前に観相する。『往生要集』大文四に詳しい。
9 とっさの場合、危急存亡の時。『論語』里仁「君子は食を終うる間も仁に

人。迦才の曰く、[16]「上には経論二教を引きて、往生のことを証せり。実《まこと》に良き験《しるし》とす。ただし衆生智浅くして、聖旨を達せず。もし現《うつつ》に往生の者を記せずは、その心を勧進《かんじん》することを得じ」といふ。誠なるかなこの言。また瑞応伝《ずいおうでん》[17]に載するところの四十余人、この中に牛を屠《ほふ》り鶏を販《ひさ》ぐ者あり。[18]善知識[19]に逢ひて十念[20]に往生せり。

予この輩《ともがら》を見るごとに、いよいよその志を固くせり。今国史[21]及び諸《もろもろ》の人の別伝等を検するに、異相往生せる者[22]あり。兼てまた故老に訪《と》ひて、都盧《すべて》四十余人を得たり。予感歎伏膺《ふくよう》[23]して聊《いささか》に操行《そうこう》を記し、号《な》づけて日本往生極楽《にほんおうじょうごくらく》記《き》と曰ふ。後のこの記を見る者、疑惑を生ずることなかれ。願はくは、[24]我一切衆生とともに、安楽国[25]に往生せむ。

違うことなし。造次にも必ず是においてし、顚沛にも必ず是においてす」。
10 阿弥陀のいる西方極楽浄土曼荼羅図。
11 本来は別世界に生まれ変わる意だが、極楽浄土に限定して使われる例が大半。
12 経典の注釈が論、論の注釈が疏。
13 長安の長寿坊にあった寺（『続高僧伝』二十・静琳伝）。武徳三年に正平公李安遠が造り、中宗の神龍元年（七〇五）に大法寺と改称。迦才は経歴不詳。弘法寺で摂論を研究し、『浄土論』編述。
14 三巻九章。「往生人伝」姚婆の没年六四八年頃の作。道綽『安楽集』を批判、数多の浄土経論を博引旁証、『摂大乗論』『起信論』の思想的影響を強く受ける。極楽浄土の種類品を定め、理論と実例で凡夫も複数の兼修で往生できることを説く。中国浄土教の基礎的な学説として新羅の元暁、日本の智光、良源、源信らにも引用される。
15 『浄土論』下巻六章に往生比丘僧六人、比丘尼四人、優婆塞五人、優婆夷五人とある。

日本往生極楽記

朝散大夫行著作郎慶保胤撰

叙曰。予自少日念弥陀仏。行年四十以降。其志弥劇。口唱名号。心観相好。行住坐臥暫不忘。造次顛沛必於是。夫堂舎塔廟。有弥陀像有浄土図者。莫不敬礼。道俗男女。有志極楽有願往生者。莫不結縁。経論疏記。説其功徳述其因縁者。莫不披閲。大唐弘法寺釈迦才。撰浄土論。其中戴往生者二十人。迦才曰。上引経論二教証往生事。実為良験。但衆生智浅。不達聖旨。若不記現往生者。不得勧進其心。誠哉斯言。又瑞応伝所載四十余人。此中有屠牛販鶏者。逢善知識十念往生。予毎見此輩弥固其志。念検国史及諸人別伝等。有異相往生者。兼亦訪於故老。都盧得四十余人。予感歎伏膺聊記操行。号曰日本往生極楽記矣。後之見此記者。莫生疑惑。願我与一切衆生。往生安楽国焉。


16『浄土論』六章に見える。

17『往生西方浄土瑞応刪伝』。一巻。唐の文諗、少康の編。東晋の慧遠から唐代までの往生者四十八人の伝を僧尼、沙弥、童子、国王、皇后、優婆塞、優婆夷の順で配列。道詵の刊記あり。少康は、念仏教化で後善導と呼ばれ、八〇五年遷化(『宋高僧伝』巻二十五)。

18『瑞応刪伝』分州人三九、同・張鍾馗三八による。

19仏道へのよき導き手。

20念仏・念法・念僧・念戒・念施・念天・念休息・念安般・念身非常・念死を指す。念仏を十回称える作法。

21直接には『三代実録』などを指す。

22往生の際に示す奇瑞。「それ往生を得る人、経論に依り、咸《みな》光台異相を得る者、その数無量なり」(『浄土論』下)。

23欽慕、帰心すること。

24「願わくはこの功徳平等を以て一切に施し、同じく菩提心を発し安楽国に往生せん」(『観経疏序偈』)等の廻向文。

25極楽浄土のこと。『無量義経』他。

〔一　聖徳太子〕

聖徳太子は、豊日《とよひの》天皇[1]の第二の子《みこ》なり。母妃[2]の皇女夢みらく、金色《こんじき》の僧[3]ありて謂ひて曰く、「吾救世《くせ》の願あり。願はくは后《きみ》の腹に宿らむ」といふ。妃問はく、「誰とかせむ」といふ。僧曰く、「吾は救世菩薩[4]なり。家は西方[5]にあり」といふ。妃答ふらく、「妾《しょう》が腹は垢穢《くえ》[6]なり。何《いか》が宿りたまはむや」といふ。僧曰く、「吾垢穢を厭はず。ただ人間を感ぜむ[7]ことを望む」といへり。躍りて口の中に入る[8]。妃即ち覚めて後に、喉《のんど》の中に猶《なお》し物を呑めるがごとし。これより以後《のち》、始めて胎《はら》むことあるを知りぬ。漸くに[9]八月に及びて、胎《はら》の中にして言《ものい》ふ声[10]外に聞えたり。胎を出づるの時[11]、忽ちに赤黄の光ありて、西方より至りて殿の内を照曜《しょうよう》せり。生れて能く言《ものい》ひ[12]、人の挙動《ふるまい》を知り

一　聖徳太子

*『聖徳太子伝暦』に拠る。同類に『三宝絵』中・一、『法華験記』上・一、『今昔物語集』十一・一など。『上宮聖徳法王帝説』、『補闕記』。

1 用明天皇(?―五八七)のこと。

2 穴穂部間人皇女(?―六二二)。以下の懐妊奇瑞は『聖徳太子伝暦』に詳しい。

3 仏身を意味する。

4 『法華経』化城喩品「諸仏、救世の聖尊を見奉るに、よく三界の獄より勉めて諸の衆生を出したまう」、同・観世音菩薩普門品「観音の妙なる智力は、よく世間の苦を救わん」。法隆寺の夢殿の救世観音は名高い。

5 西方極楽浄土を指す。観音・勢至菩薩もいて、阿弥陀仏の脇侍となる。

6 不浄の身。

7 交感。

8 誕生奇瑞譚の典型例。

9 『伝暦』「性殊に叡敏にして、動止(ふるまい)閑爽にて、枢機弁(さかしく)悟(さとし)なり」。

10 胎内の声が聞こえたという奇瑞。

ぬ。

百済《くだら》の国より経論[13]を献《たてまつ》れり。太子奏して曰く、「これを披閲《ひえつ》せむと欲す」とのたまへり。天皇怪びてこれを問ひたまふ。奏して曰く、「児、昔漢《もろこし》にありて南岳《なんがく》[14]に住せしこと、数十の身[15]を歴《へ》たり。仏道を修行したりき」とのたまへり。時に年六歳。太子の身体《すがた》尤も香《こうば》し[16]。これを抱き懐《ふところにす》る人、奇香衣に染《そ》みて数月《すげつ》滅せざりき。百済の日《にち》羅《ら》[17]来朝せり。身に光明あり。太子微服《びふく》にして諸《もろもろ》の童子に従ひ、館に入りて見《まみ》えたり。日羅、太子を指して曰く、「これ神人《じんにん》[18]なり」といへり。太子驚き去りぬ[19]。日羅履《くつ》を脱《ぬ》ぎて走る。太子隠れ坐して、衣を易《か》へて出でたまへり。日羅罪を謝し、再拝して地に跪《ひざまず》き、啓《もう》して曰く、「敬礼《きょうらい》救世《ぐぜ》観世音《かんぜおん》、伝燈東方粟散王《でんとうとうほうぞくさんおう》[20]」といふ。太子縦容《しょうよう》として謝したまへり。日羅身より大きなる光を放つ。太子また

11『伝暦』は「妃、第中を巡るに、厩の下に到る時、覚えず産することあり」「女儒驚き抱いて、疾く寝殿に入る。妃また恙なくして、幄（あげばり）の内に安じたまう。皇子驚きて侍従の庭に会えるに詢（と）う」。

12『伝暦』は天皇による太子の沐浴や祼、三日、七日の祝い、産養などにふれる。

13この条は『伝暦』敏達六年（五七七）条（太子四歳）に見える。百済の大別王から経論を律師、禅師、比丘尼等が授かって来たという。百済は古代の朝鮮半島の西側の王国。日本と最も関わりが深かった。同・敏達七年条に百済から経論数百巻が献上、太子が披見する。

14中国湖南省の衡山。五岳の一つ。『伝暦』は「衡山」。太子は衡山の慧思禅師（五一五―五七七）の再誕とされた。

15数十回生まれ変わって仏道修行を続けていた。

16『伝暦』敏達十一年条に見えるが、「香し」の形容は誕生の際や四歳の条

眉間より光を放つ。日の暉《ひかり》のごとし。左右《そう》に[21]謂ひて曰く、「日羅は聖人なり。児、昔漢にありしとき、彼は弟子たりき。常に日天[22]を拝せしが故に、身より光明を放つ」とのたまへり。

推古《すいこ》天皇[23]立てて皇太子となして、万機悉く委《まか》せたまへり。太子 政《まつりごと》を聴きたまふの日、宿《むかし》の訟《うったえ》[24]いまだ決せざるの者八人、同音に事を白《もう》す。太子一々によく弁《わきま》へ答へたまふ。大臣以下称して言《もう》さく、「八耳皇子《やつみみのみこ》[25]」といへり。高麗《こま》の僧恵慈《えじ》[26]来朝せり。弘く内外《ないげ》[27]に渉り、尤も釈義《しゃくぎ》を深くす。太子十を問ひて百を知りたまへり。謂ひて曰く、「法花経の中のこの句に字落ちたり」とのたまふ。[28]法師答へて曰く、「他国の経にまた字あることなし」といふ。太子曰く、「吾が昔持ちしところの経、思ふにこの字ありき」とのたまふ。法師答へて曰く、「経何処《いずく》にありや」

にもみえる(「太香」)。

17『伝暦』敏達十二年条「百済賢者、葦北達率日羅」。?―五八三。倭系の百済官僚。朝鮮半島の政策を天皇に進言。後に暗殺される。『太子伝』では百済の高僧とされる。

18 仏のこと。

19『伝暦』は太子が難波館で日羅に会いたいと言うが天皇が許さなかったので、馬飼児と同じ粗末な格好で出向いたという。

20 救世観音を礼拝して仏法を東方の小王国に伝える意の偈。伝燈は仏法を伝えること。粟散王は粟粒を散らしたような小国。粟散辺土の王で日本の王を意味し、太子を指す。太子が救世観音の化身であることをふまえる。

21『伝暦』はここで太子が日羅の横死を予言する。新羅人(百済人とも)による暗殺とされるが、日羅は蘇生して傍の従者になることを太子に告げて亡くなる。

22 日天子の略称。宝意天子、宝光天子

といふ。太子微咲《みしょう》して答へて曰く、「大隋《だいずい》の衡山《こうざん》の寺にあり」とのたまふ。即ち群臣の使とすべき者を指して、小野妹子[29]をもて大唐に遣したまへり。命じて曰く、「吾が先身《せんしん》に持ちしところの法花経、衡山の般若台《はんにゃだい》[30]の中にあり。汝取りて来れ。かの山に吾が昔の同法《どうほう》[31]の遺るところ、ただ三《みたり》の老僧のみ。この法服をもて各《おのおの》にこれを与へよ」とのたまへり。妹子命を承《う》けて海を渡り、果して南岳に到りて、三の老僧に遇ひて、太子の命の旨を陳《の》べたり。老僧歓喜《かんぎ》して、即ち沙弥《しゃみ》に命じて、経を納めたる一の漆《うるし》篋《ばこ》[32]を取りて授けたり。妹子経を取りて朝に帰りぬ。太子曰く、「この経は我が持ちしところにあらず」とのたまへり。

太子の宮の中に別殿あり。夢殿《ゆめどの》[33]と号《な》づく。一月に三度沐浴して入りたまふ。もし諸《もろもろ》の経の疏[34]を制するに、義に

とも。太陽(日輪)の神格化で、観音の変化身の一つとも。

23 欽明十五年(五五四)－推古三十六年(六二八)。欽明の皇女、敏達の妃。聖徳太子は甥に当たる。太子の立太子は二十歳。『日本書紀』推古元年(五九三)四月条にも「録摂政、以万機悉委」。

24 『伝暦』推古三年(五九五)条にみえるが、後の高麗僧の話題と前後する。

25 『伝暦』「厩戸豊聡八耳皇子」。

26 『伝暦』は百済僧恵聡と併記する。高麗は朝鮮半島北部と中国東北部にまたがる高句麗。恵慈は推古天皇三年に高句麗から渡来、太子の仏教の師となり、飛鳥時代の日本仏教界で活躍。法興寺(飛鳥寺)に百済僧恵聡と住し、三宝の棟梁と称された。推古二十三年(六一五)、太子が著した「三経義疏」を携えて高句麗へ帰国。後段にみるように、太子の死を知ってその翌年の命日に亡くなった、という。

27 仏教の内典とそれ以外の外典。

28 太子の『法華経義疏』と慧思再誕説

滞《とどこお》ることあらば、即ちこの殿に入りたまへり。常に金《きん》人《じん》[35]ありて、東方より至りて告ぐるに妙義をもてす。太子戸を閉ぢて出でざること七日七夜、時の人太《はなは》だ異《あやし》めり。恵慈法師曰く、「太子三昧《さんまい》に入りたまへり、宜しく驚かせ奉ることなかるべし」といへり。八日の晨《あした》に、玉机《ぎょっき》の上に一巻の経ありき。恵慈を引きて謂ひて曰く、「これは吾が先身に持ちしところの経なり。一巻に一部を複せしのみ。去年《いんじとし》妹子が持ち来りしところは、吾が弟子の経なり。吾近日《このころ》魂を遣りて取りて来れるなり」[36]とのたまへり。落ちたるところの字を指して師に告げたまふ。師太だ驚きこれを奇《あやし》べり。先に将《も》ち来りし経にはこの字あることなし。太子薨《し》[37]にたまひて後、山背大兄《やましろのおおえの》王子[38]六時[39]に礼拝したまへり。冬十月廿三日の夜半《よなか》に、忽ちにこの経を失ひて、去りし所を知らず。今法隆寺に納めたる経は、

とによる逸話であろう。推古四年・太子二十三歳。

29 近江の出自、生没年未詳。『日本書紀』推古十五年、隋に通訳の鞍作福利らと派遣、翌年、隋の使臣裴世清を伴って帰国。携えた国書「日出処天子」の文言(『隋書』)は有名。妹子が衡山に赴く話は『伝暦』太子三十四歳。

30 衡山五岳の一つ。慧思が六度生まれ変わって修行を続け、般若台の仏殿前に三石、南の山中に三塔を建てたという(『七代記』他)。

31 同じ師のもとで修行した僧。『伝暦』では太子の前身を念禅法師とし、妹子は南峯にある念禅の納骨塔も見る。

32 『伝暦』では、三人の僧がそれぞれ篋を妹子に託し、他に封書や舎利三枚、名香が入っており、書を読んだ太子は泣きながら燃やしたという。『伝暦』では『法華経』を間違えて持ってきたことは後段の夢殿の話題で出てくる。

33 法隆寺東院伽藍にある八角円堂。救世観音像が安置される。奈良時代、行

妹子が持ち来りしところなり。

太子肇《はじ》めて憲法十七条[40]を制して、手づから書きてこれを奏したまふ。天下悦ぶ。天皇、太子を請じて勝鬘経《しょうまんぎょう》[41]を講ぜしめたまへること三日、太子袈裟を着、麈尾《しゅび》[42]を掘《にぎ》りて師子の座[43]に登りたまふこと、その儀《よそおい》僧のごとし。講じ竟《お》へての夜、蓮花忽ちに落ちぬ。花の長さ二、三尺、明旦《みょうたん》これを奏す。天皇太だ奇《あやし》びたまひ、即ちその地を卜《し》めて伽藍を建立したまへり。今の橘寺[44]これなり。天皇また法花経を講ぜしめたまふこと[45]七日、播磨《はりま》国の水田三百町をもて太子に給へり。即ち法隆寺に施入《せにゅう》したまへり。

太子駕《が》を命じ[46]、巡検して墓を造りたまへり。帰りたまふに飢《う》ゑたる人あり、道の垂《ほとり》に臥《こや》せり。太子歩み[47]、飢ゑたる人に近づきて語りて曰く、「怜《あわれ》ぶべし怜ぶべし」とのたまへり。即ち紫の御袍《ほう》[48]を脱いで覆《おお》ひたまへり。即ち

信によるとされる。以下は『伝暦』推古十六年条(太子三十五歳)。

34 推古十九—二十三年にかけて作られたとされる『勝鬘経義疏』『維摩経義疏』『法華経義疏』の三経義疏。

35 仏を示す。後漢の明帝が夢に金人を見て仏教を導入した有名な故事がある(『後漢書』、『今昔』六・三)。

36 夢殿という一種の異界での籠りによって、太子の魂が抜け出て衡山まで行き、『法華経』を持ってきた。

37 太子の死は推古三十年(六二二)二月。

38 太子の子。皇極二年(六四三)、蘇我入鹿に襲われ一族ともに自害する。経典亡失の一節、『伝暦』に見えず。

39 昼三時(晨朝《じんじょう》・日中・日没《にちもつ》)、夜三時(初夜・中夜・後夜《ごや》)をいう。

40 『伝暦』推古十二年(太子三十一歳)四月条。『日本書紀』巻二十二に全文が引かれる。「天下悦ぶ」は『伝暦』にない。

41 『伝暦』推古十四年(太子三十三歳)条。中期大乗仏教経典。求那跋陀羅訳

歌を賜ひて曰く、
しなてるや[49]　片岡山に　飯《いい》に飢ゑて臥せる　旅人あはれ　親無しに　汝《なれ》なりけめや　さす竹の　君はやなきも　飯に飢ゑて臥せる　その旅人あはれ
とのたまふ。飢ゑたる人首《こうべ》を起して歌を答へて曰く、
斑鳩《いかるが》の富《とみ》[50]の小川の絶えばこそわが大君の名忘られめ
といへり。宮に還りたまひての後、使を遣はしてこれを視《み》しむるに、飢ゑたる人既に死にたり。太子大きに悲びて厚く葬《ほうぶ》らしむ。時に大臣馬子の宿禰《すくね》[51]等譏《そし》れり。太子聞きて、譏る者を召して命じて曰く、「卿等《けいら》墓を発《あば》きてこれを見よ」とのたまへり。馬子の大臣、命を受けて往きて見るに、その屍《かばね》のあることなし。棺の内太だ香しかりき。[52]賜ふところの斂物《れんぶつ》、[53]彩帛《さいはく》等、棺の上に置けり。ただ太子の紫袍《しほう》のみなし。馬子等太だ奇びて深く聖徳《しょうとく》を歎《ほ》め

一巻が知られる。一乗真実と如来蔵の法身を説く。太子編述とされる義疏が現存。

42 法会で僧が用いる法具。払子（ほっす）、白払（びゃくほつ）とも。獣毛や麻など繊維を束ねて柄をつけたもの。

43 獅子座。釈迦や高貴な人の座る座。釈迦を獅子に喩えることから。

44 太子建立七大寺の一つ。奈良県明日香村。創建は不明だが、七世紀の瓦が出土。『日本書紀』天武九年（六八〇）四月条に橘寺尼房失火の記録あり。底本「橋寺」を改めた。

45『伝暦』推古十四年条（太子三十三歳）。『日本書紀』巻二十二も同様。

46『伝暦』推古二十一年条では、西科長山本の墓という。片岡山の話は『日本書紀』同年条。

47『伝暦』では、太子の乗っている馬が鞭を加えても進まず、太子が「哀々」と言って下馬、舎人の調子麿が太子に杖を進上したという。

48 紫は一位の最上の者が着る色、袍は

たり。

妃膳部氏《かしわでべのうじ》側[54]にあり。太子の曰く、「汝我が意の如くに、一事も違はざりき。吾が死なむの日は、同穴[55]に共に葬せしめむ」とのたまふ。また曰く、「吾昔数十の身を経《へ》て、仏道を修行し、今小国の儲君《ちょくん》[56]となりて、漸くに一乗の妙義[57]を弘《ひろ》めたり。吾久しく五濁《ごじょく》[58]に遊ばむことを欲《ねが》はず」とのたまへり。妃即ち袂を反《かえ》して嗚咽《おえつ》しぬ。また命《みことのり》して曰く、[59]「吾今夕《このゆうべ》に遷化《せんげ》しなむとす。子《し》共に去るべし」とのたまへり。太子沐浴して新しき衣裳を服《き》たまふ。妃また沐浴して衣を換へ、太子の副《そ》へる床《ゆか》に臥しぬ。明旦太子ならびに妃やや久しく起きたまはざりき。左右のもの殿の戸を開きて、乃《すなわ》ち入滅[60]を知りぬ。時に年四十九なり。この時に当りてや、天下の老少、愛子《いとしご》に哭《わか》れたるがごとく、[61]慈父を喪《ほろぼ》せるがごとし。哀び泣くの声、道

表衣。

49「しなてるや」は片岡山にかかる枕詞。片岡山は一方がなだらかな山。「さす竹の」は君にかかる枕詞。片岡山で食べ物がなくて飢えて倒れている旅人はかわいそうだ。お前は親がなくて育ったのか。恋しい人はいないのか。食べ物もなくて飢えて倒れている旅人はかわいそうだ。『拾遺集』哀傷や『三宝絵』などから短歌「しなてるや片岡山に飯に飢て臥せる旅人あはれおやなし」となる。『万葉集』四一五に太子が竜田山で死人を見て詠んだ哀傷歌「家にあらば妹が手まかむ草枕旅にこやせるこの旅人あはれ」があり、もと行路死人を慰撫する歌が増幅される。飢人は『俊頼髄脳』などでは文殊の化身、中世には達磨とされ、禅宗渡来の神話となる。『日本霊異記』上・四、『三宝絵』中・一、『今昔物語集』十一・一以下、例が多い。

50鵤とも。主に法隆寺を中心とした矢田丘陵の南部、富雄川右岸(西側)地域

路に満てり。皆曰く、「日月《じつげつ》忽ちに暗く、[62]天地既に崩《たお》れぬ。今より以後《のち》、永く依怙《えこ》[63]なし」といへり。これを斂《おさ》め葬らむとするに、太子ならびに妃、その容《かたち》生きたるがごとく、その身太だ香し。その両の屍を挙ぐるに、軽きこと衣服のごとし。

高麗の僧恵慈[64]、太子の薨《し》にたまへることを聞きて、哀《あい》哭《こく》して誓を発《おこ》し願ひて曰く、「日本の太子は誠にこれ大聖[65]なり。我境を異にせりといへども、心は断金[66]にあり。縦《たと》ひ独り慭《なまじい》に生きたりとも何の益《やく》かあらむ。我太子の薨にたまはむ日をもて必ず死して、太子に浄土にて遇《あ》はむ」といへり。明くる年の二月廿二日は太子薨にたまひし日なり。恵慈即ち死せり。果してその言のごとし。

聖徳太子者。豊日天王第二子也。母妃皇女夢有金色僧

を指す。富の小川は今の富雄川。富の小川が絶えることのないように、我が太子の御名を忘れることがあろうか。『日本書紀』にこの返歌なく、逆に『日本霊異記』はこの歌のみ。

51 蘇我馬子。欽明十二年(五五一)?-推古三十四年(六二六)。嶋大臣。敏達朝で大臣に就き、用明、崇峻、推古四代に仕えて権勢を振るい、蘇我氏の全盛期を築いた。宿禰は古代の文武官に与えられた称号。物部氏や蘇我氏に多い。

52 棺に遺骸のないのは、道教でいう尸解仙(しかいせん)を意味する。『伝暦』では太子の身体をはじめ芳香が随所で強調される。

53 棺に収めた物。

54 膳部氏は宮中の調膳を掌る氏。以下は『伝暦』推古十八年十月条。

55 いわゆる偕老同穴。以下、『伝暦』では、妃が「殿下の恩深く、千秋万歳の思いで盤石大岳のごとくだったのに何故最期と言うのか」と問い、太子が「始めに終りがあり、生は死であるこ

謂曰。吾有救世之願。々宿后腹。妃問。為誰。僧曰。吾救世菩薩。家在西方。妃答。妾腹垢穢。何宿矣。僧曰。吾不厭垢穢。唯望感人間。躍入口中。妃即覚後喉中猶呑物。自此以後始知有娠。漸及八月。胎中而言声聞于外。出胎之時忽有赤黄光。至自西方照曜殿内。生而能言。知人挙動。

百済国献経論。太子奏曰。欲披閲之。天皇怪而問之。奏曰。児昔在漢住南岳。歴数千年。修行仏道。時年六歳。太子身体尤香。抱懐之人。奇香染衣数月不滅。百済日羅来朝。身有光明。太子微服従諸童子。入館而見之。日羅指太子曰。是神人矣。太子驚去。日羅脱履而走。太子隠坐易衣出。日羅謝罪。再拝跪地啓曰。敬礼救世観世音。伝燈東方粟散王。太子縦容而謝之。日羅身放大光。太子亦眉間放光。如日暉。謂左右曰。日羅者聖人也。児昔在漢。彼為弟子。常拝日天故。身放光明。

推古天皇立為皇太子。万機悉委焉。太子聴政之日。宿

とは人の常道だ」と答えるやりとりがある。

56 皇太子を指す。

57 一乗は一切の衆生成仏を説く大乗を意味し、特に『法華経』を指す。方便品「十方の仏土の中には、唯、一乗の法のみありて、二も無く亦、三も無し。仏の方便の説をば除く」。

58 釈迦の滅後、正法の衰えた末世の状況を言う。五濁悪世。劫濁、煩悩濁、衆生濁、見濁、命濁。

59 以下、『伝暦』推古二十九年二月条。

60 『伝暦』「遷化」。後段で二月二十二日とある。太子の没年時は諸説あり、『日本書紀』は推古二十九年二月五日、天寿国繡帳銘・法隆寺金堂釈迦像銘は推古三十年二月二十二日など。

61 『伝暦』「大臣已下群臣百官、天下衆生」。「愛子に哭れたる」の語句は『伝暦』になく、次の「慈父」と対句仕立てになっている。

62 この辺り、釈迦の涅槃になぞらえる。

63 頼りにするもの。この一文、『伝暦』

訟未決者八人。同音白事。太子一々能弁答。大臣以下称言。八耳皇子。高麗僧恵慈来朝。弘渉内外。尤深釈義。太子問十知百。謂曰。法花経中此句落字。法師答曰。他国之経亦無有字。太子曰。吾昔所持之経。思有此字。法師答曰。経在何処哉。太子微咲答曰。在大隋衡山寺。即指相(ママ)群臣可為使者。以小野妹子遣於大唐。命曰。吾先身所持法花経。在于衡山般若台中。汝取来矣。彼山吾昔同法所遺。只三老僧而已。以此法服各与之。妹子承命渡海。果到南岳遇三老僧。陳太子命旨。老僧歓喜。即命沙弥。取納経一漆篋而授之。妹子取経帰朝。太子曰。此経非我所持。

太子宮中有別殿。号夢殿。一月三度沐浴而入。若制諸経疏。有滞義者。即入此殿。常有金人。至自東方告以妙義。太子閉戸不出七日七夜。時人太異。恵慈法師曰。太子入三昧。宜莫奉驚。八日之晨。玉机之上有一巻経。引恵慈謂曰。是吾先身所持之経。一巻複一部。去年妹子所持来者。吾弟子経也。吾近日遣魂取来。指所落字

になし。

64 注26。この部分も『伝暦』推古二十九年条。

65 『伝暦』「真人」。

66 金をも断ち切るほどかたい繋がり、友情(『易経』繋辞・上)。「断金の契り」など。

而告師。々太驚奇之。先将来経無有此字。太子薨後。山背大兄王子六時礼拝。冬十月廿三日夜半。忽失此経不知所去。今納法隆寺経。妹子所持来也。太子（ママ）也太子肇制憲法十七条。手書奏之。天下悦。天皇請太子講勝鬘経三日。太子着袈裟握麈尾登師子座。其儀如僧。講竟之夜蓮花忽落。花長二三尺。明旦奏之。天皇太奇。即卜其地建立伽藍。今橋寺是也。天皇又令講法花経七日。以播磨国水田三百町給于太子。即施入法隆寺。太子命駕、巡検造墓。帰有飢人。臥于道垂。太子歩近飢人語曰。可怜々々。即脱紫御袍覆之。即賜歌曰。

斯那提留夜。可多乎可夜摩邇。伊比邇宇恵底許夜世留。他比々等阿波礼。於夜奈之邇。奈礼奈利介米夜。佐須陀気乃。岐弥波夜奈吉母。伊比邇宇恵天許夜世留。諸能多比々等安波礼。

飢人起首答歌曰。

伊珂瑠賀能。等美乃乎何波能。多延波許曽。和賀於保只弥能。奈和須良礼米。

還宮之後。遣使視之。飢人既死。太子大悲使厚葬之。于時大臣馬子宿禰等譏之。太子聞召譏者命曰。卿等発墓見之。馬子大臣受命往見。無有其屍。棺内太香。所賜斂物彩帛等置於棺上。唯無太子紫袍。馬子等太奇深歎聖徳。

妃膳部氏在側。太子曰。汝如我意一事不違。吾死之日。同穴共葬。又曰。吾昔経数十年。修行仏道。今為小国之儲君。漸弘一乗之妙義。吾不欲久遊五濁。妃即反袂嗚咽。又命曰。吾今夕遷化。子可共去。太子沐浴服新衣裳。妃亦沐浴換衣。臥太子副床。明旦太子幷妃良久不起。左右開殿戸。乃知入滅。時年四十九。当斯時也。天下老少。如哭愛子。如喪慈父。哀泣之声満於道路。皆曰。日月忽暗。天地既崩。自今以後。永無依怙矣。将斂葬之。太子幷妃其容如生。其身太香。挙其両屍。軽如衣服。

高麗僧恵慈聞太子薨。哀哭発誓願曰。日本太子誠是大聖也。我雖異境。心在断金。縦独慭生。有何益乎。我以太子葬日必死。遇太子於浄土。明年二月廿二日太子薨日。恵慈即死。果如其言。

〔二　行基菩薩〕

行基《ぎょうき》菩薩は、俗姓高志氏《ぞくしょうこしのうじ》[1]、和泉《いずみ》国大鳥《おおとり》郡の人なり。菩薩初めて[2]胎《はら》を出でしとき、胞衣《ほうい》[3]に裹《つつ》み纏《まつわ》れり。父母忌みて樹の岐《ちまた》[4]の上に閣《あ》げつ。宿《しゅく》[5]を経てこれを見るに、胞を出でて能く言《ものい》ふ。収めて養へり。少年の時、[6]隣子村童と相共に仏法を讃嘆《さんだん》せり。余《ほか》の牧児《もくじ》の等《ともがら》、牛馬を捨てて従ふ者、殆《ほとほと》に数百に垂《なんな》むとす。もし牛馬の主これを用ゐることある時には、使をして尋ね呼ばしむるに、男女老少来り覓《もと》むる者、その讃嘆の声を聞きて、牛馬のことを問はず、泣きて帰ることを忘れぬ。菩薩自《みずか》ら高き処に上《のぼ》りて、

二　行基菩薩

*『続日本紀』天平勝宝元年二月二日条・卒伝、『日本霊異記』中・七、『三宝絵』中・三(散逸・小野仲広撰『日本国名僧伝』に依拠)、『法華験記』上・二、『今昔』十一・二、七。『大僧正舎利瓶記』、『行基年譜』。

1『日本霊異記』は俗姓越氏、越後国頸城郡の出で、母が和泉国大鳥郡、蜂田薬師の子という。大鳥郡は今の大阪府堺市・高石市。

2 以下の誕生譚は『三宝絵』になく、『扶桑略記』天平十七年条所引の「本伝」に合致。

3 えな。胎児を包んでいた膜や胎盤を指し、通常は後産で体外に排出される。『今昔』「物ニ被裹テ」。

4 樹の二叉の部分。死者を祀る樹葬の習俗に関連する。生と死の境界。『沙石集』五では、心太のような物が生ま

かの馬を呼びてこの牛を喚《よば》ふに、声に応じて自《おのずか》らに来る。その主各《おのおの》牽《ひ》きて去りぬ。

菩薩出家して薬師寺[7]の僧となれり。瑜伽唯識論《ゆがゆいしきろん》[8]等を読みて奥義を了知《りょうち》せり。菩薩周《あまね》く都鄙に遊びて、衆生を教《きょう》化《げ》せり。道俗化《け》を慕ひて、追ひ従ふ者動《やや》もすれば千をもて数へたり。菩薩の行きて処《とどま》りたらむに、巷《ちまた》に居人《きょじん》なく田に耕者なし。男女幼艾《ようがい》[9]、耒耜《らいし》[10]を捨て機杼《きちょ》[11]を投げて、争ひ来りて礼拝するに、器[12]に随ひて誘《こしら》へ導けり。悪を改めて善に趣《おもむ》きぬ。諸《もろもろ》の要害の処を尋ねて、橋梁[13]を造り道路を修《つくろ》へり。その田の耕種《こうしゅ》して、水の蓄へ灌《そそ》くべきを点検しては、渠池《きょち》を穿《ほ》り陂隄《はてい》を築《つ》けり。聞見《もんけん》の及ぶところ、咸《みな》来りて功を加ふるに、不日《ふじつ》にして成りぬ。百姓《ひゃくせい》[14]今にその賜《たまもの》を受く。菩薩畿内に道場[15]を建立すること凡そ四十九処、諸州にまた往々にして存せり。昔諸国に修行して故

れたので鉢に入れて榎の股にさし上げたという。

5 一夜。

6 以下も『扶桑略記』の「本伝」にみえる。『今昔』は郷の刀禰、郡司、国司、隣の国人と漸層的に噂を聞いて赴く人が増え、公に奏上され、最後は天皇が召し寄せる。

7 もと飛鳥の藤原京に創建されたが、平城京遷都後に西の京に移転。法相宗。南都七大寺の一つ。

8 法相宗の根本論典『瑜伽師地論』百巻と『成唯識論』十巻を指す。いずれも玄奘訳。前者は無著が弥勒菩薩の説を聞いて著したという。瑜伽行の観法を詳説。後者は世親の『唯識三十論頌』を護法が注釈。一切の諸法は内心にあることを説く。以下、「千をもて数へたり」までは『続日本紀』卒伝にみえる。『三宝絵』は瑜伽論のみ。

9 幼児と老人。

10 農具の鋤。

11 はた織りの杼(ひ)。横糸と縦糸とを交

郷に帰るに、里人大小、池の辺《ほとり》に会ひ集りて、魚を捕りてこれを喫《くら》ふ。菩薩その処を過ぐるに、年小放蕩《ほうとう》の者相[16]戯《たわぶ》れて、魚の膾《なます》をもて菩薩に薦《すす》めぬ。菩薩これを食《じき》して、須臾《しゅゆ》[17]に吐き出すに、その膾変じて小魚となれり。[18]見る者驚き恐れたり。

聖武《しょうむ》天皇[19]甚だ敬重《きょうじゅう》して、詔して大僧正[20]の位を授けたまへり。時に智光[21]以為《おもえ》らく、「我はこれ智行《ちぎょう》の大僧[22]、行基は浅智の沙弥《しゃみ》なり。朝家《ちょうか》何に因りてか我を棄てて彼を賞したまふ」とおもへり。内に皇朝を恨みて、退きて山寺[23]に隠れぬ。智光忽ちに死せり。遺言に依りて暫く葬《ほうぶ》らざるに、十日ありて蘇《いきかえ》ることを得つ。弟子等に告げて云はく、「閻王宮[24]の使駈《はし》りて我を逐《お》へり。路に金殿《こんでん》[25]あり。高広にして光り曜《かかや》く。我《われ》使者に問ふに、答へて云はく、「行基菩薩の生るべきの処なり」といへり。また行きて

差させて織り上げる道具。ここの句、『続日本紀』にない。

12 個人の能力。

13 以下、『行基年譜』天平十三年記に橋梁六所、直道一所、造池十五所、造溝六所、設樋三所、造船息所二所、開堀四所、設布施屋九所等々の場所が明示される。この辺り、『続日本紀』に同じだが、田を耕種し水を点検する一節は卒伝にない。

14 万民の意。

15 国家に寺院として認められない小規模の仏院。惣堂の類。行基はこれら道場を布教の拠点とした。『三宝絵』「堂ヲタテ、寺ヲツクリ給」。

16 『三宝絵』「イサメル人ドモ」、『今昔』「若キ勇タル」。

17 すぐに。刹那に近い。

18 膾が生きた魚に戻る話は『高僧伝』巻十をはじめ、種々の「宝誌伝」にみえる。

19 大宝元年(七〇一)–天平勝宝八年(七五六)。文武皇子。妃は光明皇后。政権安定せ

遠く見れば、煙炎空に満てり。また使者に問ふに、答へて云はく、「汝が入らむと欲するの獄[26]なり」といへり。便ち到りぬ。閻王呵《か》して曰く、「汝閻浮提《えんぶだい》[27]に日本国《にほんこく》にして、行基菩薩を嫉《ねた》み悪《にく》むの心ありき。今に所以《ゆえ》に汝を召すことは、その罪を懲《こらし》めむとなり」といふ。即ち我をして銅《あかがね》[28]の柱を抱かしむるに、肉《しし》解け骨融《と》けけり。罪畢《は》てて放ち還せり」といふ。智光蘇ることを得て、菩薩を謝せむと欲《ねが》へり。菩薩この時に摂津《つの》国にありて、難波《なにわ》の江の橋[29]を造る。智光尋ね到るに、菩薩遥に見て意《こころ》を知りて咲《えみ》を含《ふふ》む[30]。智光地に伏して礼《らい》を致して、涙を流して罪を謝せり。

天皇東大寺[31]を造り了《おわ》りて、菩薩に命《みことのり》して曰く、「この寺を供養[32]せむと欲《おも》ふ。菩薩をもて講師《こうじ》[33]とせむ」とのたまふ。奏して曰く、「行基は大会《だいえ》の講師をせむに堪へず。

ず、恭仁京、難波京、紫香楽京など遷都を繰り返し、平城京に落ち着く。災害や疫病が多発したため、諸国の国分寺を創設、東大寺大仏を創建。

20 僧綱の最高位。天平十六年(七四四)(『日本霊異記』『三宝絵』)、天平十七年(『続日本紀』『舎利瓶記』)両説あり。

21 和銅二年(七〇九)–宝亀十一年(七八〇)?。奈良時代の三論宗の僧。河内国安宿郡の出身。頼光とともに元興寺の智蔵に師事。著に『般若心経述義』『浄名玄論略述』など。頼光の没後に描かせた浄土変相図「智光曼荼羅」(奈良元興寺極楽坊)でも知られる。

22 正式の比丘。沙弥は比丘以前の修行僧。行基はもと私度僧だった。

23『日本霊異記』『三宝絵』は「河内国鋤田寺」。

24 冥土の閻魔大王の宮殿。冥府。死後、四十九日の間に生前の行業の裁きを受ける。後に地獄と一体化する。

25 行基が生まれ変わる場所がすでに浄土的なイメージを持つ。『日本霊異記』

異国より一《ひとり》の聖者《しょうじゃ》来るべし」といふ。会の期《ご》に及びて奏して曰く、「異国の聖者[34]、今日相迎ふべし」といへり。即ち勅有りて、菩薩百の僧および治部[35]・玄蕃[36]・雅楽[37]の三の司《つかさ》等を率ゐて、難波の津《つ》に向ひ、浜の頭《ほとり》において音楽を調へてこれを相待てり。行基百僧の末に加はりて、閼《あ》伽《か》一具《いちぐ》[38]をもて、香を焼《た》き花を盛《も》り、海上に泛《うか》ぶ。香花自然《おのずから》に西を指して去りぬ。俄頃《しばらく》ありて遥に西方を望むに、小舟して来り向ふ。近づきてこれを見れば、舟の前に閼伽の具、次第を乱らず[39]、小舟岸に着きぬ。一の梵僧[40]ありて浜に上る。菩薩手を執りて、相見て微咲《みしょう》せり[41]。菩薩倭歌[42]を唱へて曰く、

霊山《りょうぜん》[43]の釈迦のみまへに契りてし真如くちせずあひみつるかも

といふ。異国の聖者即ち答へて和して云はく、

「金の楼閣」。

26 六道世界の最下層の地獄を指す。『三宝絵』「大地獄」。使者が智光を連れて閻魔の冥府を出て諸界を巡る一種の六道巡り型となっている。「煙炎」が空に充満するのは熱地獄を意味する。

27 古代インドの世界観で人間の棲む大陸。宇宙の中心の須弥山を円形の海が取り囲む南方の台形の大陸を指す。閻浮樹にちなむ。南贍部洲とも。日本は閻浮提にある小島で粟散辺土という。

28 『目連救母変文』「男抱銅柱、兇壊爛」など、地獄の責め苦の例が多い。『三宝絵』「鉄ノ火ノ柱」。

29 当時の難波は上町台地を先端に突き出た半島状で、入り江や湿地が多かった。行基集団の土木事業の典型。『三宝絵』「橋ヲツクリ、江ヲホリ、船ヲワタシ、木ヲウヘ給所ニ」。

30 智光の経緯すべてを知り尽くしている行基の余裕や慈悲を示す。『三宝絵』はさらに、「どういうわけでしょうか、お目にかかることがかないませんでし

迦毘羅衛《かびらえ》[44]にともに契りしかひありて文殊の御貌《みかお》あひ
　みつるかな

といふ。行基菩薩、緇素《しそ》[45]に謂ひて曰く、「異国の聖者は、これ南天竺の波羅門《ばらもん》、菩提《ぼだい》[46]と名づくなり」といへり。集《しゅう》会《え》の人また、行基菩薩はこれ文殊《もんじゅ》の化身《けしん》[47]なりと知りぬ。自余の霊瑞《りょうずい》覼縷《らる》に遑《いとま》あらず。[48] 菩薩、天平勝宝《てんぴょうしょうほう》元年二月二日に滅を唱へたり。時に年八十。[49]

仏子寂心《じゃくしん》[50]在俗の時、この記および序等を草して、既に巻軸《かんじく》[51]を成し了りぬ。出家の後念仏に暇《いとま》無くして、すでに翰《ふんで》を染むることを絶てり。[52] 近日《このころ》往生の人五、六輩を訪《とぶら》ひ得たり。便ち中書大王《ちゅうしょだいおう》[53]に属《しょく》して、記の中に加へ入れしむ。兼てはまた潤色《とどのうること》を待てり。大王辞《いな》びずして、響応《きょうおう》して筆を下すに、大王夢みらく、この記の中に「聖徳太子・行基菩薩を載せ奉るべ

たね」と行基が言う。
31 華厳宗大本山の寺院（奈良市雑司町）。聖武天皇の発願によって天平勝宝四年（七五二）開眼。金光明四天王護国之寺。総国分寺。大仏で著名な盧舎那仏が本尊。
32 新造の大仏の入眼と魂を入れる開眼供養、記録では行基は三年前に没。
33 法会で仏前の高座で経論を講説する役の僧。
34 天竺の婆羅門僧正であることは最後の行基の説明まで明かされない。本書のみの語り方。
35 治部省。外交、山陵、僧尼、雅楽などを掌る。
36 玄蕃寮。治部省に属し、寺院、僧尼、外交公使接待などを掌る。
37 治部省に属し、雅楽を掌る。
38 梵語の音訳で意訳は功徳水。神仏に捧げる水と器。一具は一式、一揃い。
39 波に乱れず、作法通りに位置をくずさず。仏を迎える儀礼に相当。
40 梵土即ち天竺（インド）の僧。

し」とみたり。此の間に大王忽《たちま》ちに風痾《ふうあ》[54]ありて、記し畢《お》ふること能はざりき。寂心かの夢想を感じて、自《みず》ら国史[55]および別伝等を披《ひら》きて、二菩薩の応迹《おうじゃく》[56]のことを抽《ぬ》きて入れり。

行基菩薩。俗姓高志氏。和泉国大鳥郡人也。菩薩初出胎。胞衣裹纏。父母忌之閣樹岐上。経宿見之。出胞能言。収養之。少年之時。隣子村童相共讃嘆仏法。余牧児等捨牛馬而従者。殆垂数百。若牛馬之主有用之時。令使尋呼。男女老少来覓者。聞其讃嘆之声。不問牛馬。泣而忘帰。菩薩自上高処。呼彼馬喚此牛。応声自来。其主各牽而去。

菩薩出家為薬師寺僧。読瑜伽唯識論等了知奥義。菩薩周遊都鄙。教化衆生。道俗慕化。追従者動以千数。菩薩行処。巷無居人田無耕者。男女幼艾捨耒耜投機杼。

41『今昔』この後に「遥ニ天竺ヨリ来レル人ヲ日本ノ人ノ待受テ、本ヨリ見知タルガ如ク睦ビ語フ事、奇異也ト人皆思ヘルニ」と周囲の反応を語る。

42 和歌。「倭」は日本の古称。

43 以下の和歌の表記は万葉仮名。贈答は『拾遺集』二十、『俊頼髄脳』、『袋草子』上、『古来風体抄』上、『古事談』三、『沙石集』五・下、『太平記』二四等々。霊山は霊鷲山、王舎城の東北にある釈迦説法の聖地。真如は真理、不変不改、あるがまま。霊山の釈迦の御前で、日本で再会しようと約束したことがそのまま朽ちることなく果たせて、ここで再会することができましたね、の意。前生は共に釈迦の弟子として霊山で修行していたことを示す。

44 釈迦誕生国。五天竺十六国の一つで北部、ネパールにまたがる小国。釈迦族の拠点。迦毘羅衛の地で共に約束した甲斐があって、文殊菩薩であるあなたのお顔を拝することができました、の意。『沙石集』は婆羅門を普賢の化

争来礼拝。随器誘導。改悪趣善。尋諸要害処。造橋梁修道路。点検其田可耕種水之蓄灌。穿渠池築陂隄。聞見所及咸来加功。不日而成。百姓于今受其賜焉。菩薩畿内建立道場凡四十九処。諸州亦往々而存之。昔修行諸国帰於故郷。里人大小会集池辺。捕魚喫之。菩薩過於其処。年小放蕩者相戯。以魚膾薦於菩薩。々々食之。須臾吐出。其膾変為小魚。見者驚恐。

聖武天皇甚敬重。詔授大僧正位。于時智光以為。我是智行大僧。行基浅智沙弥也。朝家何因棄我賞彼。内恨皇朝。退隠山寺。智光忽死。依遺言不暫葬。十日得蘇。告弟子等云。閻王宮使駈逐我矣。路有金殿。高広光曜。我問使者。答云。行基菩薩可生之処也。復行遠見。煙炎満空。亦問使者。答云。汝欲入之獄也。便到已。閻王呵曰。汝於閻浮提日本国。有嫉悪行基菩薩之心。今所以召汝。懲其罪。即令我抱銅柱。肉解骨融。罪畢放還。智光得蘇欲謝菩薩。々々在摂津国。造難波江橋。智光尋到。菩薩遥見知意含咲。智光伏地致礼。流涙謝

身とする。

45 僧俗を指す。緇は黒衣、素は白衣。ここで初めて異国の聖者が婆羅門であることが明かされる。

46 天平宝字四年(七六〇)没。正式名は菩提僊那。婆羅門僧正と呼ばれるが、婆羅門は天竺の身分制の最高位である僧を示す。天平八年(七三六)に来日、大安寺に住して東大寺大仏開眼供養の導師を務めた。弟子修栄の「南天竺婆羅門僧正碑文」がある。『今昔』では、婆羅門僧正は文殊に会うために中国の聖地五台山に詣でたところ、文殊は日本の行基に生まれ変わったことを知り、日本まで訪ねてきたという。

47 行基の菩薩の尊称が文殊と結びつく。文殊は文殊師利。妙吉祥菩薩とも。智恵の神とされ、普賢と並び、釈迦の脇侍で獅子に乗る。五台山はその聖地。

48 枚挙にいとまがない。覼縷は事細かに。

49 『舎利瓶記』は八十二。

50 仏戒を受けて仏弟子となった者。寂心は保胤の僧名。出家は寛和二年

罪。
天皇造東大寺了。命菩薩曰。欲供養此寺。以菩薩為講師。奏曰。行基不堪為大会講師。従異国一聖者可来。及于会期奏曰。異国聖者今日可相迎之。即有勅。菩薩率百僧及治部玄蕃雅楽三司等。向難波津。於浜頭調音楽相待之。行基加百僧末。以閼伽一具。焼香盛花。泛於海上。香花自然指西而去。俄頃遥望西方。小舟来向。近而見之。舟前閼伽之具不乱次第。小舟着岸。有一梵僧上浜。菩薩執手相見微咲。菩薩唱倭歌曰。

　霊山能。釈迦乃美麻部邇知岐利弖之。真女久智世須。
　阿比美都留賀毛。

異国聖者即答和云。

　迦毘羅衛邇。等毛邇知岐利之。賀比安利天。文殊能
　美賀保。阿比美都留賀奈。

行基菩薩謂緇素曰。異国聖者是南天竺波羅門。名菩提也。集会人又知。行基菩薩是文殊化身。自余霊瑞不遑覩縷。菩薩天平勝宝元年二月二日唱滅。時年八十。

（九八六）四月二十二日（『日本紀略』）。以下は著者保胤による本書の成立過程を示す注記。
51 装幀が巻子（巻物）であったことによる。本ができたこと。
52 筆をしたためる。翰は鳥の羽、転じて筆や文を指す。
53 兼明親王。前中書王とも。醍醐天皇の子。延喜十四年（九一四）－永延元年（九八七）。中書令は中務卿の唐名。博学、詩文に長じ、『本朝文粋』や『朝野群載』に多く収録される。具平親王説も。
54 神経疾患系の病気。風邪とも。痾は長患い、宿痾。
55 国家が正式に編纂した歴史書。『日本書紀』から『三代実録』に到る六国史。別伝は正史に載らない異伝。
56 応化垂迹の意。仏菩薩が衆生を救うために姿を変え、他の形をとって現われる。応現、応化。この注記から、新たに往生伝を五、六例追加し、本書の述作に兼明親王（具平とも）が関わり、その夢想によって聖徳太子と行基の二

仏子寂心在俗之時。草此記及序等。既成巻軸了。出家之後。無暇念仏。已絶染翰。近日訪得往生人五六輩。便属中書大王。令加入記中。兼亦待潤色。大王不辞。響応下筆。大王夢。此記中可奉戴聖徳太子行基菩薩。此間大王忽有風痾。不能記畢。寂心感彼夢想。自披国史及別伝等。抽入二菩薩応迹之事焉。

〔三　律師善謝〕

伝燈大法師位[1]善謝《ぜんしゃ》は、俗姓《ぞくしょう》不破《ふわ》勝《すぐり》[2]、美濃《みの》国不破郡の人なり。初め法相[3]を学び、道業日に進めり。乃《すなわ》ち三学[4]に超え詣《いた》りて、六宗[5]を通《あまね》く達《さと》りぬ。桓武《かんむ》天皇[6]擢《ぬ》きて律師[7]となしたまへり。栄分《えいぶん》[8]は好みにあらず。およそその行業《ぎょうごう》は菩提を期《ご》せり。梵福山《ぼんぷくさん》[9]の中にして閑《しずか》に余年を送りぬ。行年八十一にして遷化《せんげ》して、極楽に往生せり。同法の夢に

例を後から加えたことが知られる（解説参照）。

三　善謝

＊『日本後紀』延暦二十三年（八〇四）五月条・卒伝。

1 僧位の一つ。賢大法師位に次ぐ位だったが、その上に法橋（律師）、法眼（僧都）、法印（僧正）が置かれた。

2 『新撰姓氏録』右京諸蕃下に百済国人淳武止等の後裔とある。美濃国不破郡は今の岐阜県垂井町辺り。

3 玄奘が伝えた唯識を根本とする宗派。興福寺や薬師寺が著名。善謝は理教大徳から学んだという。

4 悟りを開くために修めるべき戒（戒律）・定（禅定）・慧（智恵）を指す。

5 南都六宗。奈良仏教の三論・法相・華厳・律・成実・倶舎の各宗。

6 天平九（七三七）年－延暦二十五（八〇六）年。平城京から長岡京、平安京と遷都。平安時代の礎を築く。

入りぬ。

伝燈大法師位善謝。俗姓不破勝。美濃国不破郡人也。初学法相。道業日進。乃超詣三学。通達六宗。桓武天皇擢為律師。栄分非好。凡厥行業期於菩提。梵福山中閑送余年。行年八十一遷化往生極楽。入同法夢。

〔四　慈覚大師〕

延暦寺座主[1]伝燈大法師位円仁《えんにん》は、俗姓壬生氏《みぶのうじ》[2]、下野《しもつけ》国都賀《つがの》[3]郡の人なり。生るるに紫雲[4]の瑞《しるし》ありき。大同《だいどう》三年[5]に出家し、伝教大師[6]を師として事《つか》へたり。三年楞厳院《りょうごんいん》[7]に蟄《ちっ》居《きょ》して、四種三昧《ししゅさんまい》[8]を修せり。承和《じょうわ》二年[9]にもて選ばれて唐に入り、一紀の間[10]に五台山《ごだいさん》[11]に登り、諸《もろもろ》の道場に到りて[12]、

---

7 僧位の一つ。律師の上に僧都、僧正。
8 卒伝「栄華」。栄誉。
9 奈良市鹿野園町。岩淵寺の子院。

四 円仁
＊『入唐求法巡礼行記』、『慈覚大師伝』、『三代実録』貞観六年正月・卒伝。『三宝絵』下・四月、『法華験記』上・四、『今昔』十一・一一、『本朝神仙伝』。
1 天台宗の最高位、天台座主。
2 壬生部から生じた氏族。
3 現在の栃木県栃木市辺。国分寺あり。
4 卒伝に広智が紫雲を見つける。
5 八〇八年。伝では広智が十五歳の円仁を最澄の弟子にさせる。
6 最澄。天平神護元年(七六七)-弘仁十三年(八二二)。中国の天台山から天台宗を伝え、比叡山延暦寺を開いた。
7 首楞厳院。叡山横川の中堂。嘉祥元年(八四八)、帰国後に円仁が建立。
8 天台宗の行法で常坐・常行・半行半坐・非行非坐の四種(『摩訶止観』)。

遍《あまね》く名徳《みょうとく》に謁して、顕密《けんみつ》を受学せり。承和十四年に朝に帰りぬ。弥陀念仏[13]・法花《ほっけ》懺法《せんぼう》[14]・灌頂《かんじょう》[15]・舎利会《しゃりえ》[16]等は大師の伝ふるところなり。およそ仏法の東流せる[17]、半《なかば》はこれ大師の力なり。天安《てんあん》・貞観《じょうがん》の両帝[18]、淳和《じゅんな》・五条《ごじょう》の二后[19]、皆もて師となして、菩薩戒[20]および灌頂等を受けたまへり。

大師嘗《むかし》熱病あり。[21]夢に天の甘露を食《じき》すとみたり。覚めて後に口に滋味ありて、身に余の恙《つつが》なかりき。貞観六年正月十四日に一道《いちどう》和尚[22]来りて云はく、「微細《みさい》の音楽唐《とう》院《いん》[23]に聞え〈大師の房、唐院と号す〉、これを聞くに既にその声なし」といへり。酉の一剋《とき》[24]に令祐《れいゆう》法師近く大師の前にあり。大師南方を指して云はく、「客人《かくじん》入り到る。早く香を焼《た》くべし」といふ。令祐言《もう》さく、「人なし」といへり。大師弥《いよいよ》もて敬重《きょうじゅう》して、威儀[25]を具して定印《じょういん》[26]を結び、仏を念じて入滅せり。同年二月に勅ありて法印《ほういん》大和尚[27]の

9 八三五年。最後の遣唐使。二度失敗して唐に渡ったのは八三八年六月。
10 十二年を意味するが、実際は九年。
11 山西省太原府。東南西北中の五峰からなる、文殊菩薩の聖地。アジア各地から僧が集った。円仁は二カ月ほど滞在。
12 本書では長安での修行や廃仏の法難、苦難の帰途にはふれない。
13 『巡礼行記』に、南岳衡山で五会念仏を始めた法照が竹林寺を創建、念仏三昧道場とする。仁寿元年に五台山念仏三昧法を伝授し、常行三昧を始修。
14 天台大師智顗による法華三昧懺儀。三七日の行法で諸仏を勧請礼拝、六根の罪障を懺悔、『法華経』を読誦し、観法を行う。半行半坐三昧。
15 頭頂に水を灌ぐ儀礼。円仁は長安で大興善寺の元政や青龍寺の義真から両部の灌頂を受ける。
16 仏の舎利を供養する法会。『巡礼行記』開成五年七月条に石門寺の舎利会など。伝に貞観二年(八六〇)四月、東塔

位を贈りぬ。七年諡《いみな》[28]を慈覚《じかく》と賜へり。

延暦寺座主伝燈大法師位円仁。俗姓壬生氏。下野国都賀郡人也。生有紫雲之瑞。大同三年出家。師事伝教大師。三年蟄居楞厳院。修四種三昧。承和二年以選入唐。一紀之間登五台山。到諸道場。遍謁名徳。受学顕密。承和十四年帰朝。弥陀念仏。法花懺法。灌頂。舎利会等。大師所伝也。凡仏法東流。半是大師之也。天安貞観両帝。淳和五条二后。比以為師。受菩薩戒及灌頂等。大師嘗有熱病。夢食天甘露。覚後口有滋味。身無余恙。貞観六年正月十四日一道和尚来云。微細音楽聞于唐院。〈大師房号唐院〉聞之既無其声。酉一剋令祐法師近在大師前。大師指南方。客人入到。早可焼香。令祐言。無人。大師弥以敬重。具威儀結定印。念仏入滅。同年二月有勅贈法印大和尚位。七年賜諡慈覚。

の惣持院で仏舎利会を始行。『三宝絵』下、比叡舎利会。

17 伝や『三宝絵』は唐人の発言。

18 天安は文徳、貞観は清和。斉衡三年(八五六)三月、文徳は両部灌頂、貞観元年(八五九)に清和は菩薩大戒を受ける。

19 淳和の后正子(嵯峨帝の娘)、五条は仁明の后順子(冬嗣の娘)。貞観二年五月。

20 大乗戒、円頓戒とも。叡山では最澄没後に戒壇が認められた。

21 伝に、横川に三年蟄居、夢に天から瓜に似た形の薬を得て飲むと回復。

22 円仁の弟子。伝に一道が戒壇前で音を頼りに中堂から大師房まで来ると聞こえず、円仁が遺戒を述べる。

23 叡山東塔の前唐院。円珍は後唐院。

24 午後五時過ぎ。以下、伝なし。『法華験記』は本書に拠る。令祐は阿闍梨位、内供奉、入室弟子の一人。

25 規律にかなった起居動作とその作法。

26 入定の相を示す印。伝は、子刻に北向き右臥で遷化。

〔五　律師隆海〕

律師隆海《りゅうかい》は、俗姓清海氏《きようみのうじ》1、故郷はこれ摂津国《つの》なり。家は河の上《ほとり》にあり、世《よよ》漁釣をもて業となせり。隆海髪を結ぶ2の時、漁者に従ひて遊戯《ゆげ》せり。当国の講師《こうじ》薬円《やくえん》3見てこれを異《あや》しむ。共に載せて帰りぬ。律師願暁《がんぎょう》4に付して、三論5の宗義を受けしめたり。貞観《じょうがん》十六年に維摩会《ゆいまえ》6の講師となりて、問を待ちて弁析《べんせき》7するに、詞度《はか》る外に出でたり。8

暮歯《ぼし》9に風疾10を患《うれ》へて、門弟子に告げて曰く、「命に就《つ》く時至りぬ。常に極楽を念ずべし」といへり。毎日に沐浴して念仏す。兼ては無量寿経《むりょうじゅきょう》11の要文《ようもん》および龍樹《りゅうじゅ》菩薩・羅什《らじゅう》三蔵の弥陀讃12を誦せり。命終に至るまでその声断ぜず、安坐して気絶《いき》えぬ。遺弟首を北にしてこれを臥せつ。明朝に右の手を見れば、無量寿如来《むりょうじゅにょらい》の印13を結べり。荼毘

27 僧正に相当する僧位。
28 伝に八年七月十四日、総持院で千部法華経供養、慈覚大師の諡号。

（五）隆海

＊『三代実録』仁和二年(八八六)七月二十二日条・卒伝、『扶桑略記』、『今昔』十五・二、『元亨釈書』三。
1 卒伝に清海真人氏。
2 年少者。卒伝「年甫数歳」。
3 講師は諸国に一人置かれた僧官。各国内の寺院を管理した。薬円は未詳。『今昔』は「薬仁」。薬仁は薬師寺僧、貞観十六年(八七四)に最勝会講師、同年入滅(『三代実録』)だが、別人である。
4『僧綱補任』貞観十六年三月二十七日卒。三論宗、元興寺の僧。承和十二年(八四五)に維摩会講師、貞観六年(八六四)に律師(『三会定一記』)。
5 インド中観派の龍樹の『中論』と『十二門論』、弟子の提婆の『百論』による中国の学派。南都六宗の一つ。

の間にその印爛《ただ》れざりき。

律師隆海。俗姓者清海氏。故郷是摂津国。家在河上。世漁釣為業也。隆海結髪之時。従漁者遊戯矣。当国講師薬円見而異之。共載而帰。付律師願暁。令受三論宗義。貞観十六年為維摩会講師。待問弁析。詞出度外。暮歯患風疾。告門弟子曰。就命時至。常念極楽。毎日沐浴念仏。兼誦無量寿経要文。及龍樹菩薩。羅什三蔵弥陀讃。至于命終其声不断。安坐気絶。遺弟北首臥之。明朝見右手。結無量寿如来印。荼毘之間其印不爛。

〔六　僧正増命〕

延暦寺座主僧正増命《ぞうみょう》は、左大史桑内安岑《くわうちのやすみね》[1]が子なり。父母児なし。祈りて和尚《かしょう》[2]を生めり。和尚天性慈仁《じにん》にて、

華厳、法相に比べて奮わなかったが、南都では最も浄土教との関係が深い。『三代実録』貞観十七年正月条に、元興寺僧三論宗伝燈大法師位隆海が大極殿最勝講の講師。

6 毎年十月十日から藤原鎌足の忌日十六日まで、興福寺で『維摩経』を講説する法会。もと鎌足が『維摩経』の問疾品を講じて病が治ったことから始まる(『三宝絵』下・十月)。南京三会の一つ。

7 理非正邪を弁別すること。

8 論義の問答の答えが格別優れていた。

9 老年、晩年。

10 風痾、宿痾に同じ。

11 魏の康僧鎧訳(東晋の仏駄跋陀羅と南朝・宋の宝雲共訳とも)、二巻。阿弥陀仏の四十八願や極楽浄土の荘厳を説き、極楽往生を勧める。浄土三部経の一つ。

12 龍樹作、鳩摩羅什訳『十住毘婆沙論』易行品の阿弥陀仏を讃歎する「三十二偈」、世親作の『浄土論』中の十

少《わか》くして児《ちご》の戯《たわぶれ》なかりき。夢に梵僧[3]ありて、来りて摩《ま》頂《ちょう》[4]して曰く、「汝菩提心を退くことなかれ」といへり。かくのごときこと数《しばしば》なり。受戒の後にいまだ曽《むかし》より臥し寝《ねぶ》らざりき。智証《ちしょう》大師[5]に就きて三部の大法[6]を受けたり。和尚尊卑を分たず、客来ることあれば、これを迎へ送りぬ。叡岳[7]の嶺の上に、透《つはく》める巌舌[8]のごとくして、西塔[9]に相向ふ。智徳の僧多くもて夭亡《ようぼう》せり。古老の曰く、「巌の妖なり」といへり。和尚これを聞きて、巌を望みて歎息し、三日祈念せり。一朝に雷電して巌悉く破れ砕けぬ。その殞《くず》れたる片石[10]は今に路の傍《かたわら》にあり。

太上法皇[11]、師となして廻心《えしん》戒[12]を受けたまへり。戒壇の上に紫金《しこん》の光を現ず。見る者随喜《ずいき》せり。もし宿病ある者は、和尚の鉢の飯を食《じき》するに、その苦患《くげん》するところ痊愈《せんゆ》[13]せずといふことなかりき。和尚俄《にわか》に微《すこし》き病ありて、一室

二礼をもいう。隆海は本書第二、第十一の智光ら元興寺三論宗の系脈。

13 阿弥陀如来は一般に両手を腹部に重ねる定印。ここは右手を挙げ、左手を下げた光明真言三身の化身印か。

六　増命

＊『扶桑略記』延長五年（九二七）十一月十一日条・卒伝「已上伝」。散逸した増命伝による。『高僧伝要文抄』、『日本紀略』、『僧綱補任』など。

1 太政官の文書を掌る役職、正六位上相当。安岑は伝未詳。

2 和上とも。法印大和尚位など僧位の名称だが、一般には高僧の尊称。宗派によって読みが異なる。神仏に祈って生まれた申し子。

3 戒行を厳しく守る僧。

4 仏菩薩が授記、付属などのため頭をなでること。頭をさすり愛撫すること。

5 円珍（弘仁五年（八一四）－寛平三年（八九一））。讃岐国の佐伯氏。空海の姪の

を洒掃《しゃそう》して、門弟子に告げて曰く、「人と生れて限りあり。本尊我を導きたまふ。汝等近く居るべからず」といへり。今夜《こよい》金光忽《たちま》ちに照し、紫雲自《おのずか》らに聳《そび》けり。音楽空に遍《あまね》く、香気室に満てり。[14]和尚西方を礼拝して、阿弥陀仏を念ず。香を焼《た》きて几《おしまずき》[15]に倚《よ》りて、眠れるごとくして気止《いき》みぬ。斂葬《れんそう》[16]の間に煙の中に芳気《ほうき》あり。天子、使を遣して労問《ろうもん》[17]したまふ。諡《いみな》[18]を静観《じょうがん》と賜へり。

延暦寺座主僧正増命。左大史桑内安岑子也。父母無児。祈生和尚。々々天性慈仁。少無児戯。夢有梵僧。来摩頂曰。汝莫退菩提心。如此数矣。受戒之後未曽臥寝。就智証大師受三部大法。和尚不分尊卑。有客来迎送之。叡岳嶺上透巌如舌。相向西塔。智徳之僧多以夭亡。古老曰。巌妖也。和尚聞之。望巌歎息。三日祈念。一朝雷電巌悉破砕。其殞片石今在路傍。

子。義真に師事、修験道にも関わり、仁寿三年(八五三)、唐の商船で入唐、密教を学び、五年後に唐商人の船で帰国。第五代天台座主となり、園城寺(三井寺)に住し、伝法灌頂の道場とした。後に比叡山を山門派が占拠したため、園城寺は寺門派の拠点。著述も多い。

6 金剛界、胎蔵界、蘇悉地の天台密教三部の法。

7 比叡山。東の頂を大比叡、西の頂を四明岳とする連峰の総称が比叡山。延暦寺は東側に位置し、山号とする。

8 出張っている。『名義抄』、『字類抄』「ツハクム」。

9 延暦寺三塔の一つ。東塔から北へ一キロほど、釈迦堂や担い堂を中心とする区域。さらに北が横川。巌の怪異譚は『宇治拾遺』二一、『私聚百因縁集』九・三他、例が多く、「毒龍の巌」と呼ばれる。

10 巌の破片。説話の信憑性を示す痕跡。

11 宇多法皇。貞観九年(八六七)-承平元年(九三一)。摂関家に抗して親政を進めよ

太上法皇為師受廻心戒。々壇之上現紫金光。見者随喜。若有宿病者。食和尚鉢飯。其所苦患莫不痊愈。和尚俄有微病。洒掃一室。告門弟子曰。人生有限。本尊導我。汝等不可近居。今夜金光忽照。紫雲自聳。音楽遍空。香気満室。和尚礼拝西方。念阿弥陀仏。焼香倚几。如眠気止。斂葬之間煙中有芳気。天子遣使労問。賜諡静観。

〔七　律師無空〕

律師無空《むくう》は、平生念仏を業となせり。衣食常に乏《とも》しくして、自《みずか》ら謂《おも》へらく、「我貧《まど》しければ亡《し》して後、定めて遺弟を煩はしめむ」とおもへり。窃《ひそか》に万銭をもて房内の天井の上に置きぬ。斂葬《れんそう》を支へむ[1]と欲《ねが》ふなり。律師病に臥して、言銭《ぜに》に及ばず、忽《たちま》ちにもて即世《そくせ》しぬ。

うとした。密教に力を入れ、自ら阿闍梨となり、光孝天皇勅願で仁和寺を開いた。

12 円頓戒のこと。『扶桑略記』延喜五年(九〇五)四月条に叡山戒壇院で増命より廻心戒を受け、壇上に紫金光が現れたという(「伝」)。

13 全快すること。

14 放光・紫雲・妙楽・芳香は極楽往生の奇瑞の典型例。全部揃った珍しい例。

15 脇息。座して肘をかけ身体を休める道具。

16 死者を埋葬すること。

17 ねぎらい、慰める。

18 贈諡は『扶桑略記』延長五年(九二七)十二月二七日条。

七 無空

＊出典未詳。『法華験記』上・七、『今昔』十四・一、『扶桑略記』天慶八年(九四五)九月五日条。

1 葬送の費用に宛てようとした。

枇杷《びわ》左大臣[2]、律師と故旧《こきゅう》ありき。大臣夢みらく、律師の衣裳垢穢《くえ》し、形容枯槁《ここう》[3]して、来りて相語りて曰く、「我伏蔵《われふくぞう》[4]の銭貨あるをもて、度《はか》らずして蛇《くちなわ》の身を受けたり。[5]願はくは、その銭をもて法花経を書写すべし」といへり。大臣自ら旧き房に到りて、万銭を捜り得たり。銭の中に一の小き蛇あり、人を見て逃れ去りぬ。大臣忽ちに法花経一部を書写供養せしめ了《おわ》りぬ。他日夢みらく、律師、法服鮮明にして、顔の色悦懌《えつえき》[6]なり。香鑪[7]を持ちて来りて、大臣に謂ひて曰く、「吾相府《われしょうふ》[8]の恩をもて、邪道を免るることを得たり。今極楽に詣るなり」といへり。[9]語り了へて、西に向ひて飛び去るとみたり。

律師無空。平生念仏為業。衣食常乏。自謂。我貧亡後定煩遺弟。窃以万銭置于房内天井之上。欲支斂葬也。

2 藤原仲平。天慶八年（九四五）没。基経の次男、時平の弟、忠平の兄。枇杷殿を伝領したのでその名がある。温和敦厚とされるが、昇進は忠平に及ばなかった。

3 やせ衰えた様。今昔「衰ヘ弊クシテ」。

4 地中などに隠した財宝の蔵。

5 私欲で金などを残した執着の報いで蛇に転生する話は『今昔』十三・四二、四三や『拾遺往生伝』中・一、『発心集』一・八など。また蛇や龍は伏蔵を守る存在とされる。

6 喜び。

7 柄のついた柄香炉。威儀を正した姿を示す。

8 大臣の唐名。

9 夢を媒介に交信し、法華経書写を依頼して畜生道から転生し、救済される。

律師臥病。言不及銭。忽以即世。枇杷左大臣与律師有故旧矣。大臣夢。律師衣裳垢穢。形容枯槁。来相語曰。我以有伏蔵銭貨。不度受蛇身。願以其銭可書写法花経。大臣自到旧房。捜得万銭。々中有一小蛇。見人逃去。大臣忽令書写供法花経一部了。他日夢。律師法服鮮明。顔色悦懌。持香鑪来。謂大臣曰。吾以相府之恩。得免邪道。今詣極楽。語了西向飛去焉。

〔八 律師明祐〕

東大寺の戒壇和尚《わじょう》[1]律師明祐《みょうゆう》は、一生持斎[2]して、全《また》くに戒律を護《まぼ》れり。毎夜《よごと》に堂に参じて、房舎には宿せず。命《みょう》終《じゅう》に及ぶまで念仏休まざりき。天徳《てんとく》五年二月十八日[3]入滅せり。一両日先より頗《すこぶ》る悩気《のうけ》ありて、飲食《おんじき》例《つね》にあらず。

八 明祐
＊『扶桑略記』天徳五年(九六一)二月条・卒伝、『今昔』十五・三、『元亨釈書』十三。
1 戒和尚。具足戒を授ける時の首座の僧。
2 仏事を行うため、心身を清浄に保つこと。正午以後食事をしないという戒めを守ること。

弟子等曰く、「終日《ひねもす》に食せず。粥を勧めむに如何」といふ。師の曰く、「斎《とき》の時[4]すでに過ぎぬ。命終らむこともまた近し。何《な》ぞ破るべきか」といふ。重ねて命じて曰く、「二月[5]は寺の例に修するところの仏事あり。我憖《なまじい》に生きてこれを過さむや」といへり。十七日の夕に、弟子等阿弥陀経[6]を誦し、廻向《えこう》[7]畢《は》てて後、師の曰く、「前《さき》のごとく[8]音楽を調すべし」といふ。答へて曰く、「音楽ありしことなし。何ぞ言の相誤れるか」といふ。師の曰く、「我心神爽《たが》はず[9]。前に音楽ありし[10]をもて陳《の》ぶるところなり」といへり。明くる日、即世せり。

東大寺戒壇和尚律師明祐。一生持斎。全護戒律。毎夜参堂不宿房舎。及于命終。念仏不休。天徳五年二月十八日入滅焉。先一両日頗有悩気。飲食非例。弟子等曰。

3 二月十六日に応和に改元。
4 食事の時間。
5 修二会。二月堂のお水取り。二月一日から二十七日間行われる十一面観音の悔過法要。
6『仏説阿弥陀経』一巻。姚秦の鳩摩羅什訳。浄土教の根本聖典、浄土三部経の一つ。短い経典で『無量寿経』の「大経」に対して、「小経」、「四紙経」とも。
7 死者の成仏を願って仏事供養をすること。自らの功徳を他にも差し向け、自他ともに悟りを得るための助けとすること。ここは師の往生のための文言を唱えたか。
8『今昔』「汝等、前ノ如ク阿弥陀経ヲ可誦シ。我レ只今、音楽ノ音ヲ聞ク」。
9 頭がおかしくなったわけではない。
10 来迎の楽音で明祐だけに聞こえていたことを示す。霊異が当人にしか見聞きできない型。

終日不食。勧粥如何。師曰。斎時已過。命終亦近。何可破乎。重命曰。二月者寺例有所修之仏事。我愁生而過之也。十七日夕。弟子等誦阿弥陀経。廻向畢後師曰。如前可調音楽。答曰。無有音楽。何言之相誤乎。師曰。我心神不爽。以前有音楽所陳也。明日即世矣。

〔九　僧都済源〕

僧都済源《さいげん》は、心意潔白にして世事《せじ》に染まず、一生の間念仏を事となせり。命終るの日、室に香気あり、空に音楽あり。常に騎《の》るところの白馬[1]、跪《ひざまず》きてもて涕泣《ていきゅう》す。米《よね》五石[2]を捨てて薬師寺[3]に就《つ》けて、諷誦《ふじゅ》[4]を修せしめ、陳《の》べて曰く、「我昔、寺の別当となりしに、借用せしところこれのみ。今終《おわり》に臨みてもてこれに報ゆるなり」といへり。

九　済源

＊出典未詳。『今昔』十五・四、『宇治拾遺』五五は異伝。『元亨釈書』十。

1 白は聖性をイメージさせる。

2 一石は十斗、百升。『今昔』は五斗。『今昔』では、五斗の米を返済しなかったため、地獄から火の車が迎えに来て、一石を返して往生できたという。

3 天武天皇が皇后の病平癒を祈って発願、平城京遷都に伴い、右京六条二坊の現在地に移る。法相宗の拠点。

4 経文や偈頌を声をあげてよむこと。

僧都済源。心意潔白不染世事。一生之間念仏為事。命終之日。室有香気。空有音楽。常所騎白馬。跪以涕泣。捨米五石就薬師寺。令修諷誦。陳曰。我昔為寺別当。所借用是而已。今臨終以報之。

〔一〇　僧成意〕

延暦寺定心院《じょうしんいん》1の十禅師《じゅうぜんじ》2成意《じょうい》は、素性潔白にして染《ぜん》着《じゃく》3するところなかりき。本《もと》より持《じ》斎《さい》を好まず、朝夕これを食せり。弟子前《すす》みて曰く、「山上の名徳《みょうとく》は多く斎食《さいじき》をなす。我が師何ぞ独りこのことを忽諸《いるかせ》4にするか」といふ。師答へて曰く、「我本より清貧なり。日供《にちく》5の外にまた得るところなし。今ただあるに随ひて供米《くまい》を食すのみ。あ

一〇　成意

＊出典未詳。『扶桑略記』延喜十七年(九一七)条、『今昔』十五・五、『元亨釈書』九。

1 叡山東塔にあり、仁明天皇の勅で承和十三年(八四六)、円仁が建立。

2 勅願で諸寺に置かれた修法を勤める役僧。内供奉十禅師は宮中の内道場に奉仕した知徳兼備の十人の僧。

3 執着。

4 おろそかにする。

5 日々の供物。寺院から提供される米など。

る経[6]に曰く、「心は菩提を礙《さまた》ぐ、食は菩提を礙げず」といへり。弟子舌を呑みて罷《や》[7]みぬ。

　数年の後、弟子の僧に命じて曰く、「今日の食は常の量より倍《ま》すべし。例の時よりも早《すみやか》にせよ」といへり。弟子等晨《あした》に炊《かし》きて供進す。便ち鉢の中の飯、各一両匙《し》をもて、普《あまね》く諸《もろもろ》の弟子に分けて曰く、「汝曹《たち》我が食を食すること、ただ今日ばかりのみ」といふ。食し了《おわ》りて弟子に語りて曰く、「汝、無動寺《むどうじ》[8]の相応和尚《そうおうかしょう》[9]の御房《ごぼう》に参じて申して云へ。成意、只今極楽に詣る。かの界において奉謁すべし」といふ。

　又千光院《せんこういん》[10]の増命《ぞうみょう》和尚[11]の御房に参じて、「陳ぶること前言のごとくあれ」といふ。弟子の曰く、「この言妄《みだり》に近し」[12]といふ。師の云はく、「我もし今日死せざれば、我の狂言[13]となすべし。汝において何の愧《は》づるところあらむ

6 出典不明。飲酒食肉が菩提を妨げないとする主張は『廬山蓮宗宝鑑』など禅の語録にみえる。

7 驚き何も言えない状態。

8 東塔無動寺谷にある塔頭、千日回峰行の拠点。明王堂、大乗院、法曼院、弁天堂などあり。『相応伝』によれば、貞観七年(八六五)に相応が建立、天台別院。「南山」と呼ばれる。

9 天長八年(八三一)-延喜十八年(九一八)。平安時代前期の天台宗の僧。建立大師とも。近江国浅井郡、櫟井氏。比叡山に無動寺を開創。千日回峰行の祖。数々の霊験譚が伝えられ、『無動寺大師伝』(『日本高僧伝要文抄』)、『天台南山無動寺建立和尚伝』、『拾遺往生伝』下・一、『扶桑略記』延喜十八年十一月二日条、『真言伝』四、『元亨釈書』十など。

10 比叡山東塔西谷、増命の師延最院主が創建。

11 第六「増命伝」参照。

12 妄語。五悪、十悪の一つで、嘘言、

か」といへり。弟子等便ち両所に之《ゆ》けり。いまだ帰り来るに及ばざるに、西に面《むか》ひて入滅せり。

延暦寺定心院十禅師成意。素性潔白無所染着。本自不好持斎。朝夕食之。弟子前曰。山上名徳多為斎食。我師何独忽諸此事乎。師答曰。我本清貧。日供之外亦無所得。今只随有食供米而已。或経曰。心礙菩提。食不礙菩提。弟子呑舌而罷。
数年之後命弟子僧曰。今日之食倍於常量。早自例時。弟子等晨炊供進。便以鉢中飯各一両匙。普分諸弟子曰。汝曹食我食。只今日而已。食了語弟子曰。汝参無動寺相応和尚御房。申云。成意只今詣極楽。於彼界可奉謁。又参千光院増命和尚御房。陳如前言。弟子曰。此言近妄。師云。我若今日不死者。可為我之狂言。於汝有何所愧乎。弟子等便之両所。未及帰来。面西入滅矣。

不実な言葉。
13 道理に合わない言葉、誤ったたわ言。飾り立てた言葉の「綺語」とセットで使われる。『今昔』「我ガ狂テ云ケル」。

〔一一　僧智光・頼光〕

元興寺《がんごうじ》[1]の智光《ちこう》・頼光《らいこう》両《ふたり》の僧は、少年の時より同室修学[2]せり。頼光暮年《ぼねん》に及び人と語《ものがたり》せず、失するところあるに似たり。智光怪《あや》しびてこれを問ふに、すべて答ふるところなし。数年の後、頼光入滅せり。智光自《みずか》ら歎きて曰く、「頼光はこれ多年の親友なり。頃年《としごろ》言語なく[3]行法《ぎょうぼう》[4]なく、徒《いたずら》にもて逝去せり。受生《じゅしょう》の処[5]、善悪知りがたし」といへり。

二、三月の間、心を至して祈念す。智光夢に頼光の所に到りぬ。これを見るに浄土に似たり。問ひて曰く、「これ何処か」といふ。答へて曰く、「これは極楽なり[6]。汝が懇志《こんし》[7]をもて、我が生処《しょうしょ》を示すなり。早く帰去すべし。汝が居る所にあらず」といふ。智光曰く、「我浄土に生

一一　智光・頼光

＊出典未詳。『往生拾因』、『扶桑略記』白雉二年、『今昔』十五・一、『私聚百因縁集』七・五、『普通唱導集』下末、『水鏡』孝徳、『十訓抄』五・五、『建久御巡礼記』元興寺、『直談因縁集』五・四四、『元亨釈書』二一。

1 蘇我馬子が飛鳥に建立した日本最古の仏教寺院の法興寺（飛鳥寺）が、平城京遷都に伴って移転したもの。南都七大寺であるが、中世以降次第に衰退。現在は極楽坊が中心。

2 極楽坊を指す。

3 無言行。無言を実践する苦行法。第二二「勝如伝」。

4 修行法。

5 死後、生を受け転生する処。地獄などの悪道か浄土の極楽か。

6 阿弥陀仏のいる西方極楽浄土。『往生要集』に詳しい。

7 熱心な思い。

8 行住坐臥の四つで僧尼の守るべき作法、ふるまい。

れむことを願ふ。何《な》ぞ還るべけむや」といふ。頼光答へて曰く、「汝行業なし。暫くも留るべからず」といふ。重ねて問ひて曰く、「汝生前に所行なかりき。何ぞこの土《ところ》に生るることを得たるか」といふ。答へて曰く、「汝我が往生の因縁を知らざるか。我《われ》昔経論を披《ひら》き見て、極楽に生れむと欲《ねが》ひき。靖《しずか》にこれを思ひて、容易《たやす》からざることを知りき。これをもて人事を捨て言語を絶ちき。四威儀[8]の中に、ただ弥陀の相好《そうごう》[9]、浄土の荘厳《しょうごん》[10]を観じけり[11]。多年功《く》を積みて今纔《わずか》に来れるなり。汝心意散乱して善根《ぜんごん》[12]微少《みしょう》なり。いまだ浄土の業因《ごういん》とせむには足らず」といふ。智光自らこの言《こと》を聞きて、悲泣《ひきゅう》して休《や》まず。重ねて問ひて曰く、「何《いか》にしてか決定《けつじょう》して往生を得べきや」といふ[13]。頼光曰く、「仏に問ふべし」といふ。即ち智光を引きて共に仏の前に詣りぬ。智光頭面礼拝[14]して、仏に白《もう》して言

9 仏の三十二相、八十種随形好。序文参照。
10 仏身、仏土をおごそかに飾ること。ここは阿弥陀の姿形や極楽浄土の景観の全容。
11 阿弥陀仏像や極楽浄土図を前に観想すること。『往生要集』に詳しい。
12 種々の善を生じる根本。「散乱」は煩悩に惑わされ、心が乱れ定まらないこと。「定」の対語。
13 この前後、智光と頼光の関係は『日本霊異記』中・七の智光が行基に嫉妬して地獄に堕ちて改心する話の二人とも似かよう(小林真由美論)。第二伝。
14 頭や顔を仏の足につけて礼拝すること。
15 智光の言を仏が繰り返す。
16 仏が掌に極楽浄土の様を映し出した。『観無量寿経』第八像想観、極楽の観念に「極めて明了ならしむること、掌中を観るがごとくせよ」とある。
17 仏画を描く専門の絵師。
18 智光曼荼羅と呼ばれる浄土曼荼羅図。

はく、「何の善を修してか、この土に生るることを得むか」といふ。仏、智光に告げて曰く、「仏の相好、浄土の荘厳を観ずべし[15]」とのたまふ。智光言はく、「この土の荘厳、微妙広博《びみょうこうはく》にして心眼及ばず。凡夫《ぼんぶ》の短慮何ぞこれを観ずることを得む」といふ。仏即ち右の手を挙げて、掌《たなごころ》の中に小浄土を現じたまへり[16]。

智光夢覚めて、忽《たちま》ちに画工[17]に命じて、夢に見しところの浄土の相[18]を図せしめたり。一生これを観じて終《つい》に往生を得たり。

元興寺智光頼光両僧。従少年時同室修学。頼光及暮年与人不語。似有所失。智光怪而問之。都無所答。数年之後。頼光入滅。智光自歎曰。頼光者是多年親友也。頃年無言語無行法。徒以逝去。受生之処善悪難知。

阿弥陀三尊を中心に極楽浄土の荘厳の様を描いた方一尺数寸の作。原本は宝徳三年(一四五一)焼失。院政期から鎌倉初期の板絵本など模本がある。小型板絵の正本系と智光・頼光二人を描いた流布本系とがある。『今昔』では末尾に「其ノ後、其ノ房ヲバ極楽房ト名付テ、其ノ写セル絵像ヲ係テ、其ノ前ニシテ念仏ヲ唱ヘ講ヲ行フ事、于今不絶ズ」と念仏講にふれる。

二三月間至心祈念。智光夢到頼光所。見之似浄土。問曰。是何処乎。答曰。是極楽也。以汝懇志。示我生処也。早可帰去。非汝所居。智光曰。我願生浄土。何可還耶。頼光答曰。汝無行業。不可暫留。重問曰。汝生前無所行。何得生此土乎。答曰。汝不知我往生因縁乎。我昔披見経論。欲生極楽。靖而思之。知不容易。是以捨人事絶言語。四威儀中。唯観弥陀相好。浄土荘厳。多年積功今纔来也。汝心意散乱。善根微少。未足為浄土業因。智光自聞斯言。悲泣不休。重問曰。何為決定可得往生。頼光曰。可問於仏。即引智光共詣仏前。智光頭面礼拝白仏言。得修何善生此土。仏告智光曰。可観仏相好浄土荘厳。智光言。此土荘厳。微妙広博心眼不及。凡夫短慮何得観之。仏即挙右手。而掌中現小浄土。

智光夢覚。忽命画工。令図夢所見之浄土相。一生観之。終得往生矣。

〔一二 東塔住僧某甲〕

延暦寺東塔の住僧某甲《それがし》は、頸の下に癭《こぶ》あり、万方《ばんぽう》1すれども痊《い》えず。襟《ころものくび》をもてこれを掩《おお》ふといへども、なほ衆に交るに憚《はばか》りありき。楞厳院《りょうごんいん》2の砂碾《すなうす》の峰3を卜《し》めて、もて隠居せり。素より尊勝《そんしょう》・千手陀羅尼《せんじゅだらに》4を誦せり。また常に弥陀仏を念じたり。数年の後、治せずして自《おのずか》らに痊えぬ。自《みずか》ら謂《おも》へらく、「仏力の致すところなり。縦ひ我故《われもと》の屋に帰りて、また世事《せじ》を営むとも、世にある日短ければ、念仏するにしかじ」とおもへり。これより蹤《あと》を刊《けず》りて5砂碾を出でざりき。

同山の僧普照《ふしょう》6、一夏《げ》7の間同院に住せり。麦の粥を煮てもて寺中に施《せ》せむと欲《おも》ひて、一夜湯屋《ゆや》8の鼎《あしがなえ》の辺《ほとり》にありき。時に奇香、山に薫じ、妙なる楽、空に満てり。耳鼻

一二 瘤僧

＊出典未詳。『今昔』十五・六。

1 様々な治療。

2 第四「円仁伝」参照。

3 砂碓堂。『今昔』「砂碓ノ峰」。横川の元三大師堂の南斜面。

4 仏頂尊勝陀羅尼と大悲心陀羅尼。前者は仏頂尊勝の内証功徳を説き、後者は千手観音の内証功徳を説く。罪障消滅、除厄、延寿などの効験。

5 退路を断って。

6 伝未詳。

7 四月十六日から七月十五日まで一箇所に集まって修行する安居の期間。夏安居とも。

8 浴室、温室とも。鼎は湯を沸かす三足の大きい釜。『是害坊絵巻』などに図像。

9 飾り立てた輿。往生者を乗せる。

10 楽人を指す。黄帝の臣下の名で竹をもとに楽律を作ったことにちなむ。

11 実際に夏安居で集まっている僧達で語られる話題であったろう。前半は当

の聞くところ心、自《おのずか》らにこれを怪ぶ。普照仮寐《うたたね》して夢みらく、一の宝輿《ほうよ》[9]あり、砂礫より西方を指して飛び去りぬ。僧侶および伶倫《れいりん》[10]、輿《みこし》の左右《そう》を囲繞《いにょう》せり。遥に輿の中を見るに、砂礫の僧これに乗るとみたり。普照覚めて後、「虚実《こじつ》を知らむ」と欲《おも》ふに、人あり即ち入滅を告げぬ。普照同法等[11]に相語りて曰く、「我正《まさ》しく往生極楽の人を見つ」といへり。

人の様子。後半は同法(同行)の夢を媒介に往生の様を確認する。同法の寄り合う語りの場で往生伝がはぐくまれる。

延暦寺東塔住僧某甲。頸下有瘻。万方不痊。雖以襟掩之。尚有憚交衆。卜楞厳院砂礫峰以隠居。素誦尊勝千手陀羅尼。又常念弥陀仏。数年之後不治自痊。自謂仏力所致也。縦我帰故屋。又営世事。在世日短。不如念仏。自此刊蹤不出砂礫。

同山僧普照。一夏之間住于同院。欲煮麦粥以施寺中。一夜在湯屋鼎辺。于時奇香薫山。妙楽満空。耳鼻所聞心自怪之。普照仮寐夢。有一宝輿。自砂礫指西方而飛去矣。僧侶及伶倫囲繞輿之左右。遥見輿中。砂礫僧乗之。普照覚後。欲知虚実。有人即告入滅。普照相語同法等曰。我正見往生極楽之人焉。

〔一三　僧兼算〕

梵釈寺《ぼんしゃくじ》1の十禅師《じゅうぜんじ》2兼算《けんさん》は、性《ひととなり》布施を好みて、心に瞋恚《しんい》3少かりき。少年の時より弥陀仏を念じ、不動尊4に帰せり。往年夢みらく、人あり告げて曰く、「汝はこれ前生《ぜんしょう》に弥陀仏に帰せし一乞人《こつにん》なり」といへり。兼算病に臥して辛《しん》苦《ぐ》す。七日の後、忽然《こつぜん》として起居せり。心神明了《みょうりょう》なり。弟子の僧に語りて曰く、「我が命まさに終りなむとす。空中に微細《みさい》の伎《ぎ》楽《がく》5あり。諸《みな》の人聞くや不《いな》や」といへり。

一三　兼算

＊出典未詳。『今昔』十五・七。

1 桓武天皇により、大津京跡近くに延暦五年(七八六)建立。『今昔』「三井寺ノ北」。

2 第一〇「成意伝」参照。桓武天皇が清行十禅師を置き、三綱も選んだという。

3 怒り。貪・瞋・痴の三毒心の一つ。

4 不動明王。密教で信奉された明王の一つで、山岳修験などにも尊崇された。顕密兼行を示唆する。

5 呉楽とも。推古朝頃に中国から百済経由で伝来した無言仮面劇。雅楽寮に

便ち諸《もろもろ》の弟子と一心に念仏せり。少《しばら》くありてまた臥しぬ。口に念仏を廃《や》めず、手は定印《じょういん》6を乱さずして入滅せり。

梵釈寺十禅師兼算。性好布施。心少瞋恚。自少年時念弥陀仏。帰不動尊。往年夢。有人告曰。汝是前生帰弥陀仏一乞人也。兼算臥病辛苦。七日之後忽然起居。心神明了。語弟子僧曰。我命将終。空中有微細伎楽。諸人聞不。便与諸弟子一心念仏。少而又臥。口不廃念仏。手不乱定印而入滅矣。

〔一四　僧尋静〕

延暦寺楞厳院《りょうごんいん》1の十禅師《じゅうぜんじ》尋静《じんじょう》は、本性慳惜《りんぜき》2するところなかりき。人の来ることあるごとに、先づ飲食《おんじき》を勧めたり。十余箇年山門を出でず、昼は金剛般若3を読み、夜は阿弥

伎楽師らが置かれたが、雅楽や声明の隆盛により廃れた。ここは来迎の楽音。
6 第四「円仁伝」参照。両手で阿弥陀の印契を結ぶこと。

一四　尋静
＊出典未詳。『今昔』十五・八。
1 第四「円仁伝」参照。安和元年(九六八)、十禅師と年分度者を置く(『叡岳要記』、『山門堂舎記』)。
2 物惜しみすること。『今昔』「心ニ邪見離レテ、正直ニシテ物ヲ惜ミ貪ボル事無シ」。

陀仏を念じたり。修するところの種々《くさぐさ》の善根《ぜんごん》は、ただ極楽を期《ご》せり。行年七十余歳の正月に病に臥せり。弟子に命じて三時[4]に念仏三昧[5]を修せしむ。二月上旬、弟子等に語りて曰く、「我夢みらく、大きなる光の中に、数十の禅僧[6]、宝輿《ほうよ》をもて音楽を唱へ、西方より来りて虚空《こくう》の中に住す。自ら謂《おも》へらく、「これ極楽の迎なり」」といへり。五、六日を歴《へ》て、更に沐浴を加へ、三ケ日夜、永く喰飯《さんぱん》を絶ちて、一心に念仏せり。また弟子の僧に命ずらく、「汝僧、水漿《すいしょう》[7]を勧め問訊《もんじん》を致すべからず。観念[8]を妨ぐることあるが故なり」といへり。即ち西面合掌して終りぬ。

延暦寺楞厳院十禅師尋静。本性無所悋惜。毎有人来。先勧飲食。十余箇年不出山門。昼読金剛般若。夜念阿

3 鳩摩羅什訳の『金剛般若波羅蜜経』一巻。金剛石のごとく煩悩や執着を裁断すべきことを釈迦と主に弟子の須菩提との対話を通して語る。般若波羅蜜は智恵の完成を意味する。その霊験譚を集成した『金剛般若経集験記』は『日本霊異記』などに影響を与えている。

4 ここでは昼の晨朝、日中、日没を指す。

5 念仏の行法をいうが、阿弥陀の相好を観想する念仏と名号を唱える口称念仏とがある。

6 広く三昧を修した僧。極楽の使い。禅宗の僧ではない。ここも輿に乗せる型。

7 水と重湯。漿はこみず、こんず。

8 観察思念の略、観想念仏をいう。

‖弥仏。所修種々善根。只期極楽。行年七十余歳正月臥病。命弟子三時令修念仏三昧。二月上旬語弟子等曰。我夢。大光中数十禅僧。将宝輿唱音楽。従西方来住虚空中。自謂。是極楽迎也。歴五六日更加沐浴。三箇日夜永絶喰飯。一心念仏。又命弟子僧。汝僧不可勧水漿致問訊。有妨観念之故也。即西面合掌而終矣。

〔一五〕 僧春素

延暦寺定心院《じょうしんいん》[1]の十禅師《じゅうぜんじ》春素《しゅんそ》は、一生摩訶止観《まかしかん》[2]を披見《ひけん》し、また常に阿弥陀仏を念じたり。春秋七十有四の冬十一月に、弟子の僧温蓮《うんれん》[3]に語りて云はく、「弥陀如来、我を迎《げい》接《せつ》せむと欲《おも》ひたまふ。その使の禅僧[4]一人・童子[5]一人、共に白衣を着たり。衣の上に画あり、花の片《はし》[6]を重ぬるがごとし。明くる年の三、四月、これその期《ご》なり。今より須《すべか》ら

一五 春素
＊出典未詳。『今昔』十五・九。
1 第一〇「成意伝」参照。
2 天台大師智顗による円頓止観の法を説いた書。十巻。天台法華三大部の一つ。止は三昧、観は智恵を意味する。
3 伝未詳。
4 前伝に同じ。『今昔』「貴キ僧」。
5 『今昔』「天童」。
6 極楽浄土を象徴する蓮花の弁であろう。
7 『今昔』なし。この前後、『今昔』は温蓮の「心細ク悲ク思フ」など弟子の

く飯食を断ち、ただ茶を飲むべきのみ」[7]といへり。明くる年の四月に至りて、また温蓮に命じて曰く、「前《さき》の使重ねて来りて、我が眼前に在り。定めて閻浮《えんぶ》[8]を去るべきなり」といへり。日中に至りて遷化《せんげ》せり。

延暦寺定心院十禅師春素。一生披見摩訶止観。又常念阿弥陀仏。春秋七十有四冬十一月。語弟子僧温蓮云。弥陀如来欲迎接我。其使禅僧一人童子一人。共着白衣。々上有画。如重花片。明年三四月是其期也。自今須断飲食。唯飲茶耳。至于明年四月。又命温蓮曰。前使重来。在我眼前。定可去閻浮也。至日中遷化矣。

〔一六　僧正延昌〕

延暦寺の座主僧正延昌《えんしょう》は、加賀《かが》国[1]の人なり。僧正兼て

対応や感情にふれる。
8 閻浮提。第二「行基菩薩伝」参照。『今昔』「此ノ土」。

一六　延昌
＊出典未詳。『法華験記』上・六、『扶桑略記』応和四年(九六四)正月・卒伝。
1 現在の石川県。江沼郡、槻本氏(『天

顕密を学び、専《もは》らに分寸を惜む。戒を受けてより以降《このかた》、毎夜に尊勝陀羅尼《そんしょうだらに》[2]百遍を誦す。毎月の十五日、諸《もろもろ》の僧を招延《しょうえん》して、弥陀の讃[3]を唱へ、兼て浄土の因縁[4]、法花の奥義を対論[5]せしむ。平生常に曰く、「命終の期《ご》に先《さき》だちて、三七日の不断念仏[6]を修せむと欲《おも》ふ。その結願《けちがん》の日は、我が入滅の時なり」といへり。往年夢みらく、四品《しほん》朝服[7]の人あり。神彩《しんさい》[8]甚だ閑《みやびか》にして、僧正に語りて曰く、「もし極楽に生れむと欲《ねが》はば、一切の衆生のために、法花百部を書写せよ」といへり。僧正衣鉢《えはつ》[9]を捨てて書写供養す。

天徳《てんとく》三年[10]十二月廿四日に、門弟子に命じて、三七日の間不断念仏を修せしめ、明くる年[11]の正月十五日に入滅せり。この日僧正沐浴して浄衣《じょうえ》にて、本尊の像に向ひ願ひて曰く、「西山日暮れ[12]、南浮《なんぶ》[13]露消ゆ。今夕を過さず、必ず相迎へたまふべし」といへり。言訖《ことおわ》りて右脇[14]にしても

台座主記』)。

2 第一二「瘤僧伝」参照。

3 阿弥陀仏の功徳を讃歎する偈頌。

4 極楽浄土に到る因縁を説くことで、直接には往生をめぐる説話を指すか。

5 『法華経』の教義を論ずることで、対論は論義問答をいう。天台の教学の焦点が『法華経』にあった。

6 円仁が五台山念仏三昧法を伝えた常行三昧。貞観七年（八六五）、相応が始め、諸寺にひろまる。『三宝絵』下・八月、比叡不断念仏。十一日から十七日まで三所に分かれて行ったという。念仏を称えながら弥陀像の廻りを行道する。

7 四品は四位、朝服は出仕に着ける正装。ここは貴族の束帯姿をした極楽の使い。

8 おごそかな風体。

9 僧が最低限身につけている袈裟と鉢。一切を投げうって行に打ち込む比喩。

10 九五九年。『法華験記』、『扶桑略記』は応和三年（九六三）。天徳は誤りか。

11 天徳四年ではなく、応和四年（康保

て臥す。枕の前に弥陀・尊勝の両像を安じ奉りて、糸をもて[15]仏の手に繋《か》けて、我が手を結び着く。その遷化《せんげ》の期、果して前《さき》に言ひしがごとし。朱雀《すざく》・邑上《むらかみ》両帝[16]、帰依して師となしたまへり。後に慈念《じねん》[17]と謚《いみな》せり。

延暦寺座主僧正延昌者。加賀国人也。僧正兼学顕密。専惜分寸。受戒以降。毎夜誦尊勝陀羅尼百遍。毎月十五日招延諸僧。唱弥陀讃。兼令対論浄土因縁。法花奥義。平生常曰。先命終之期。欲修三七日不断念仏。其結願之日。我入滅之時也。往年夢。有四品朝服之人。神彩甚閑。語僧正曰。若欲生極楽者。為一切衆生。書写法花百部。僧正捨衣鉢書写供養。

天徳□年十二月廿四日。命門弟子。三七日間令修不断念仏。明年正月十五日入滅。此日僧正沐浴浄衣。向本尊像願曰。西山日暮。南浮露消。不過今夕。必可相迎。言訖右脇以臥。枕前奉安弥陀尊勝両像。以糸繫于仏手。

元年）。

12 日が西に傾くように老境に達した。

13 南閻浮提のこと。この世から消え去る比喩。

14 釈迦涅槃の頭北面西にちなみ、北枕で右脇で臥した。

15 阿弥陀仏像の手に五色の糸を引いて自分の手に掛けて極楽に導いてもらうという習俗を示す早い例。藤原道長の臨終の例が有名（『栄花物語』つるのはやし）。

16 朱雀天皇（九二三–九五二）と村上天皇（九二六–九六七）。朱雀は醍醐天皇の後を嗣ぐが病弱だった。村上は同母弟。後に延喜天暦の治と讃えられる。

17 『日本紀略』天元二年（九七九）八月二十八日条に贈謚号。

結着我手。其遷化之期。果如前言。朱雀邑上両帝帰依為師。後謚慈念矣。

〔一七　沙門空也〕

沙門空也《しゃもんこうや》は、父母を言はず、[1]亡命《ぼうめい》して世にあり。或いは云はく、「潢流《こうりゅう》より出でたり」といふ。口に常に弥陀仏を唱ふ。故《かるがゆえ》に世に阿弥陀聖[2]と号《な》づく。或いは市中に住して仏事を作《な》し、また市聖《いちのひじり》と号づく。嶮《さが》しき路[3]に遇ひては即ちこれを鏟《けず》り、橋なきに当りてはまたこれを造り、井《せい》なきを見るときはこれを掘る。号づけて「阿弥陀の井」と曰ふ。

播磨《はりま》国揖穂《いいほの》郡峰合《みねあい》寺[4]に一切経《いっさいきょう》ありて、数《あまた》の年披閲《ひえつ》せり。もし難義あれば、夢に金人《きんじん》ありて常にこれを教へたり。

一七　空也

＊主な出典は源為憲『空也誄』。『扶桑略記』康保四年(九六七)条の卒伝は本書により、六波羅蜜寺創建にもふれる。

1 出自は不明。「亡命」は名籍を離れること。「潢流」は皇族を指す。皇族出身説は『皇胤紹運録』が仁明皇子常康親王の子、『帝王編年記』や『撰集抄』は醍醐皇子とするが根拠不明。

2 門閥寺院を離れ、苦行や布教活動に身を処した修行者が「聖」。『空也誄』に間髪を入れず南無阿弥陀仏を唱えたのでその名があるという。尾張国分寺で剃髪したとも。

3 以下、『空也誄』に拠る。土木業は僧聖や教団が担った。

4 今の兵庫県姫路市内。峰相山鶏足寺。中世の『峯相記』に貞観年間に廃絶後、

阿《あ》波《わ》・土《と》左《さ》両州の間に島ありて、「湯島」[5]と曰ふ。人伝ふらく、「観音の像ありて霊験掲焉《けちえん》なり」といふ。上人腕《ただむき》の上に香を焼き、[6]一七日夜、動《はたら》かず眠《ねぶ》らず。尊像新に光明を放ち、目《まなこ》を閉づれば見えたり。

一の鍛冶《かじ》の工《たくみ》[7]、上人を過《よぎ》り、金を懐《ふところ》にして帰る。陳《の》べて曰く、「日暮れ路遠くして、怖畏《ふい》なきにあらず」といふ。上人教へて曰く、「弥陀仏を念ずべし」といへり。工人中途にして果して盗人《ぬすびと》に遇ふ。心に窃《ひそか》に仏を念ずること上人の言のごとくせり。盗人来り見て「市聖」[8]と称《い》ひて去りぬ。

西の京[9]に一の老尼あり。大和介伴典職《とものののりもと》[10]が旧室なり。一生念仏して上人を師となせり。上人一に衲衣《のうえ》[11]を補綴《ほてち》せしむ。尼補《つづ》り畢《おわ》りて婢《ひ》に命じて曰く、「我が師今日遷化《せんげ》すべし。汝早く齎《も》て参るべし」といへり。婢還りて入滅を

空也や性空が籠山して霊場として尊崇を集めたという。

5 阿南市伊島町の伊島とされる。観音霊場で空也の来島伝承あり（神野富一論）。『空也誄』「地勢霊奇、天然幽邃」。

6『法華経』薬王品、臂の上で香を焼く燃臂供仏の行にちなむ。

7 この段は『空也誄』になし。鍛冶師などの職能と空也の接点を示す。

8 盗人には工人が市聖即空也のごとく見えた。

9 保胤『池亭記』によれば、すでに西の京は湿地帯で都市が発展せずさびれていた。

10 未詳。『空也誄』では、この老尼が空也と情好有り、善友と称していたという。

11 布を縫い合わせて作った法衣。

12 引摂に同じ。引導摂取。

13 弟子への語りは『空也誄』なし。

14『空也誄』は郷里の長幼が房にひしめき走り、端座して香炉をささげる姿を見て、「呼嗟天也、嗚呼哀哉」と長

陳ぶるときに、尼曽《すなわ》ち驚歎せず。見る者これを奇《あやし》ぶ。

上人遷化の日に、浄衣を着て、香鑪《こうろ》を擎《ささ》げ、西方に向ひてもて端座し、門弟子に語りて曰く、「多くの仏菩薩、来迎引接《らいごういんじょう》[12]したまふ」といへり。[13]気《いき》絶ゆるの後、猶《なお》し香鑪を擎げたり。この時音楽空に聞え、香気室に満てり。[14]

嗚呼《ああ》、上人[15]化《け》縁《えん》[16]已に尽きて、極楽に帰り去りぬ。[17]天慶《てんぎょう》より以往《さきつかた》[18]、道場聚落《どうじょうしゅうらく》に念仏三昧を修すること希有《けう》なりき。何《いか》に況《いわん》や小人愚女多くこれを忌めり。上人来りて後、自ら唱へ他をして唱へしめぬ。その後世を挙げて念仏を事とせり。誠にこれ上人の衆生を化度《けど》するの力なり。

沙門空也。不言父母。亡命在世。或云。出自潢流。口常唱弥陀仏。故世号阿弥陀聖。或住市中作仏事。又号市聖。遇嶮路即鏟之。当無橋亦造之。見無井則掘之。

大息したという。

15 以下は『空也誄』になし。保胤の空也評となっている。

16 教化の因縁。

17 空也の没年は、『空也誄』は虫損で不明。七十歳で東山西光寺で没したという。

18 承平八年(九三八)-天慶十年(九四七)を境に観想の念仏三昧から口称の念仏に転換したことを強調。空也は天暦二年(九四八)叡山で得度、光勝を名乗り、延昌から受戒、天暦五年に疫病に際し、十一面観音像を造立、応和三年(九六三)に賀茂川西で大般若経書写の勧進供養を行った(『日本紀略』、『本朝文粋』十三・三善道統「大般若経供養願文」)。また、保胤は六波羅蜜寺の供花会での「賦一称南無仏詩序」を書いており、空也が如来の使いとなって娑婆世界の濁悪の衆生を済度する、という(『本朝文粋』十)。

号曰阿弥陀井。
播磨国揖穂郡峰合寺有一切経。数年披閲。若有難義者。夢有金人常教之。阿波土左両州之間有島。曰湯島矣。人伝。有観音像霊験掲焉。上人腕上焼香。一七日夜不動不眠。尊像新放光明。閉目則見。
一鍛冶工過於上人。懐金而帰。陳曰。日暮路遠。非無怖畏。上人教曰。可念弥陀仏。工人中途果遇盗人。心窃念仏如上人言。盗人来見称市聖而去。
西京有一老尼。大和介伴典職之旧室也。一生念仏。上人為師。上人令補綴一衲衣。尼補畢命婢曰。我師今日可遷化。汝早可賫参。婢還陳入滅。尼曽不驚歎。見者奇之。
上人遷化之日着浄衣。擎香鑪向西方以端座。語門弟子曰。多仏菩薩来迎引接。気絶之後猶擎香鑪。此時音楽聞空。香気満室。
嗚呼上人化縁已尽。帰去極楽。天慶以往。道場聚落修念仏三昧希有也。何況小人愚女多忌之。上人来後。自唱令他唱之。爾後挙世念仏為事。誠是上人化度衆生之力也。

〔一八　阿闍梨千観〕

延暦寺の阿闍梨《あざり》伝燈大法師位千観《せんかん》は、俗姓《ぞくしょう》橘氏、その母、子なかりき。窃《ひそか》に観音に祈りて、夢に蓮華一茎《けい》を得たり。後に終《つい》に娠《はら》みて、闍梨を誕《う》めり。[1] 闍梨心に慈悲あり、面《おもて》に瞋《いかり》の色なし。顕密を兼ね学びて、博く渉らずといふことなし。食の時を除くの外、書案《ふづくえ》を去らず。阿弥陀の倭讃《わさん》[2]廿余行を作りて、都鄙《とひ》老少、もて口実《くじつ》[3]となせり。極楽結縁《けちえん》の者、往々《ところどころ》にして多し。

闍梨夢みらく、人あり語りて曰く、「信心これ深し。あに極楽上品の蓮《はちす》を隔てむや。善根《ぜんごん》無量なり。定めて弥

一八　千観

＊出典未詳。『扶桑略記』永観二年（九八四）八月条・卒伝、『今昔』十五・一六、『古事談』三、『発心集』一・四、『古今著聞集』二・四八、『雑談鈔』、『三井往生伝』上・四、『園城寺伝記』六、『寺門伝記補録』一五、『元亨釈書』四、『三国伝記』一・二一、五・一八、『金龍寺縁起』。

1 観音の申し子に相当。保胤と同時代。

2 和讃は和語の偈頌、七五の語句を連ねた今様体を指す。千観の『極楽国弥陀和讃』六十八句が伝わる。『扶桑略記』では、三宗にわたる法華釈文や義科奥旨を記し、巻にまとめたという（前者は現存『法華三宗相対釈文』）。

3 愛唱、口ずさみ。

4 兜率天にいて、釈迦涅槃後五十六億

勒下生《げしょう》の暁4を期《ご》せむ」といへり。闍梨八事《はちじ》5をもて徒衆《としゅ》を誡《いまし》め、十願6を発して群生《ぐんじょう》を導けり。遷化《せんげ》の時、手に願文を掘《にぎ》り、口に仏号を唱へたり。

権中納言敦忠《あつただ》7卿の第一の女子《にょし》、久しくもて師となせり。相語りて曰く、「大師命終りての後、夢の中に必ず生れむ処を示したまへ」といふ。入滅していまだ幾《いくばく》ならざるに夢みらく、闍梨蓮花の船8に上《のぼ》りて、昔作りしところの弥陀の讃を唱へて西に行くとみたり。

延暦寺阿闍梨伝燈大法師位千観。俗姓橘氏。其母無子。窃祈観音。‖得蓮華一茎。後終有娠。誕于闍梨。々々心在慈悲。面無瞋色。兼学顕密。莫不博渉。除食時外。不去書案。作阿弥陀倭賛廿余行。都鄙老少以為口実。極楽結縁者往々而多矣。

闍梨夢。有人語曰。信心是深。豈隔極楽上品之蓮。善

七千万年後に菩薩から仏となって衆生を教化するという。兜率天往生も阿弥陀の極楽往生と並んで信仰された。

5 守るべき八条の禁戒。五十巻抄の千観作『可守禁八箇条事』。『千観内供八ケ条起請』(書陵部蔵)もある。『菩提抄』(西教寺蔵)、『金龍寺縁起』にも。

6 千観作の『十願発心記』。大乗菩薩の自覚による十の大願。

7 左大臣藤原時平の子。枇杷、本院中納言。天慶六年(九四三)没。三十六歌仙の一人。

8 蓮花でできた船。誕生の母の夢の「蓮華一茎」に応ずる。

根無量。定期弥勒下生之暁。闍梨以八事而誡徒衆。発十願而導群生。遷化之時。掘願文。口唱仏号。権中納言敦忠卿第一女子。久以為師。相語曰。大師命終之後。夢中必示生処。入滅未幾夢。闍梨上蓮花船。唱昔所作弥陀賛西行焉。

〔一九 僧明靖〕

延暦寺の僧明靖《みょうしょう》は、俗姓藤原氏、素《もと》より密教を嗜《たしな》み、兼て弥陀を念じたり。暮年《ぼねん》に小病あり。弟子の僧静真《じょうしん》[1]を召して語りて曰く、「地獄の火遠く病の眼に現ぜり。念仏の外誰か敢へて救はむ者ぞ。須《すべから》く自他共に念仏三昧を修すべし」[2]といへり。即ち僧侶を枕の前に請《しょう》じて、仏号を唱へしむ。また静真に語りて曰く、「眼前の火漸く[3]に

一九 明靖

＊出典未詳。『今昔』十五・一〇、『私聚百因縁集』九・一一。

1『明匠略伝』に明靖の弟子、大江匡房の『谷阿闍梨伝』に皇慶、覚運が法興院十禅師静真の弟子とある。

2 臨終の念仏業は当人だけでなく、同行(同法)と共に行い、記録を残すことが『往生要集』大文六・二などに説かれる。

3『今昔』「前ニ告ツル地獄ノ火」。念仏によって地獄の猛火が消えて西方の微かな月の光に転じた。眼前の光の変

滅《き》え、西方の月微《すこ》しく照す。誠にこれ弥陀引摂《いんじょう》の相《そう》なり」といへり。命終るの日、強《あながち》に微力を扶《たす》け、沐浴して西に向ひて気《いき》絶えぬ。

延暦寺僧明靖。俗姓藤原氏。素嗜密教。兼念弥陀。暮年有小病。召弟子僧静真語曰。地獄之火遠現病眼。念仏之外誰敢救者。須自他共修念仏三昧。即請僧侶枕前。令唱仏号。又語静真曰。眼前之火漸滅。西方之月微照。誠是弥陀引摂之相也。命終之日。強扶微力。沐浴西向気絶矣。

〔二〇　**僧真頼**〕

石山寺[1]の僧真頼《しんらい》は、内供奉《ないぐぶ》十禅師《じゅうぜんじ》[2]淳祐《しゅんにゅう》[3]に就きて、真言の法[4]を受けき。三密[5]に明かなり。法を受けてより以《この》

化が往生を予兆。

二〇　**真頼**

＊出典未詳。『今昔』十五・一三。『続伝燈広録』、『江州石山寺阿闍梨真頼伝』。

1滋賀県大津市。瀬田川沿の高台。『石山寺縁起』では良弁の開祖。平安

降《かた》、若干《そこばく》の年、三時[6]の念誦、一時も休《か》かず。命終るの日、受法の弟子長教《ちょうきょう》[7]を喚《よば》ひて相語りて曰く、「今日決定《けつじょう》して入滅すべし。いまだ授け畢《おわ》らざるところの金剛界《こんごうかい》[8]の印《いん》契《げい》[9]・真言等、一界を尽すべし」[10]といへり。便ち沐浴して授け了《おわ》りぬ。諸《もろもろ》の弟子に命じて曰く、「我寺の中を出でて山の辺《ほとり》に移らむと欲す」といふ。弟子等、響に応じて輿《こし》を肩《にな》ひて移したり。即ち西に向ひて阿弥陀仏を念じて気絶《いき》えぬ。同じ寺の僧真珠《しんじゅ》[11]夢みらく、数十の禅僧・丱《うない》の童[12]等、真頼を迎へて去りぬとみたり。

石山寺僧真頼。就内供奉十禅師淳祐。受真言法。明於三密。受法以降若干年。三時念誦。一時不休。命終之日。喚受法弟子長教相語曰。今日決定可入滅。所未授畢金剛界印契真言等可尽一界。便沐浴授了。命諸弟子

時代以降、観音霊場として名高い。真言宗。

2 宮中の内道場に供奉して御斎会の読師や夜居を勤める。

3 源激の子、菅原淳茂の子とも。観賢の弟子。六十四歳。

4 『続伝燈広録』に天慶四年（九四一）十一月七日、伝法灌頂を受けたという。

5 修行者が身・口・意三業によって、手に印契を持し、口に真言を唱え、意に本尊を観想し、仏の三密と一体化すること。

6 第一四「尋静伝」参照。

7 伝未詳。長斅とも。『諸嗣宗脈紀』、『血脈類集記』に真頼の弟子。『真言伝法灌頂師資相承血脈』には淳祐の弟子とある。

8 大日如来を知徳からとらえた法門。煩悩を破る力からの名称。大日の理や菩薩心からとらえた胎蔵界と対。

9 印相とも。主に密教の作法で手と指を組み合せて印を結び、仏菩薩の悟りを示す。契は剣や法縄などの道具を持

曰。我出寺中欲移山辺。弟子等響応肩輿移之。即西向念阿弥陀仏気絶矣。同寺僧真珠夢。数十禅僧丱童等。迎真頼而去。

〔二一　僧広道〕

大日寺《だいにちじ》[1]の僧広道《こうどう》は、俗姓橘《たちばな》氏、数十年来《このかた》、専《もは》らに極楽を楽《ねが》ひて、世事を事《つかまつ》らざりき。寺の辺に一の貧しき女ありて寄居せり。両《ふたり》の男子あり、天台の僧となりて、兄をば禅静《ぜんじょう》と曰ひ、弟をば延睿《えんえい》[2]と曰ふ。その母は即世せり。二の僧心を一にして、昼は法花経を読み、夜は弥陀仏を念じて、[3]偏《ひとえ》に慈母の極楽に往生せむことを祈る。

　この時に当りてや、広道夢みらく、極楽・貞観《じょうがん》の両の寺[4]の間に、無量の音楽を聞けり。驚きてその方を望むに、

つこと。

10 金剛界の修法すべてを伝授する意。

11 伝未詳。

12 髪をうなじで結んで垂らした童児。『今昔』「天童」。

二一　広道

*出典未詳。『法華験記』下・一二〇、『拾遺往生伝』中・二八、『今昔』十五・二一、『言泉集』。前二例は老女の伝とする。

1 摂津国（大阪市西成区）。

2 いずれも伝未詳。

3 天台宗の行業で、朝懺法・夕念仏ともいう。

4 極楽寺と貞観寺。いずれも京の深草の地。前者は藤原基経の発願による。後者は基経の父良房が清和天皇のために嘉祥寺の西に建立。

5『法華経』譬喩品の有名な三車の喩にもとづくか。母と子の禅静・延睿を乗せる車。

三の宝車[5]あり。数千の僧侶、香鑪を捧げて囲繞《いにょう》し、直《ただ》に亡《し》にける女の家に到りて、女を引きて天衣《てんえ》を着せしめ、共に載せて還りなむと欲す。便ち二の僧に勅《のたま》ひて曰く[6]、「汝、母のために懇志《こんし》あり。これをもて来迎《らいごう》するなり」とのたまふ。一《おなじ》夢の中に、また広道往生の相あり。広道幾《いくばく》の年を歴《へ》ずして入滅せり。この日、音楽空に満ちぬ。道俗耳を傾《かたぶ》けて、随喜《ずいき》し発心する者多し。

大日寺僧広道。俗姓橘氏。数十年来。専楽極楽。不事世事。寺辺有一愛女寄居矣。有両男子。為天台僧。兄曰禅静。弟曰延睿。其母即世。二僧一心。昼読法花経。夜念弥陀仏。偏祈慈母往生極楽。

当斯時也。広道夢。極楽貞観両寺間。聞無量音楽。驚望其方。有三宝車。数千僧侶捧香鑪囲繞之。直到亡女家。女令着天衣。共載欲還。便勅二僧曰。汝為母有懇

6 発話の主体は数千の僧侶。『今昔』ではその後に続けて、広道にも往生の相を伝え、夢から覚めた広道が二人の僧に夢の内容を語り、僧達が涙を流して悲しび尊んだという。

志。是以来迎也。一夢之中。亦有広道往生之相。広道不歴幾年入滅。此日音楽満空。道俗傾耳。随喜発心者多矣。

〔二二　僧勝如〕

摂津《つの》国島下《しまのしもの》郡勝尾《かちお》寺[1]の住僧勝如《しょうにょ》は、別に草庵を起《つく》りて、その中に蟄居《ちっきょ》せり。十余年の間、言語を禁断す[2]。弟子童子、相見ること稀なり。夜中に人あり[3]、来りて柴の戸を叩きぬ。勝如言語を忌むをもて、問ふことを得ず。ただ咳《しわぶき》の声をもて、人ありと知らしむ。戸外にて陳べて言はく、「我はこれ播磨《はりま》国賀古《かこ》郡賀古駅《のむまや》[4]の北の辺《ほとり》に居住せる沙弥《しゃみ》教信《きょうしん》なり。今日極楽に往生せむと欲す。上人年月ありて、その迎へを得べし。この由を告げむがために、

二二　勝如と教信

＊出典未詳。『後拾遺往生伝』上・一七は本書にふれつつ、より詳細な「本伝」に拠る。『今昔』十五・二六は本書に拠るが教信を主人物とする。『往生拾因』、『浄土宗法語』、『元亨釈書』九、『私聚百因縁集』八・二、『一言芳談』下、護国寺本『諸寺縁起集』、『勝尾寺縁起』、『峯相記』など。

1 大阪府箕面市、勝尾山。善仲、善算の開山、光仁皇子開成が創建、弥勒寺と称したが清和天皇が臨幸して改称。

2 無言行。第一一「智光・頼光伝」。

3 『後拾遺往生伝』では、貞観八年(八六六)八月十五日とする。

4 駅は諸道に三十里ごとに置かれた施

故《ことさら》にもて来れるなり」といふ。言訖《いいおわ》りて去りぬ。

勝如驚き怪びて、明旦《みょうたん》、弟子の僧勝鑑《しょうかん》[5]を遣し、かの処を尋ねしめ、真偽を撿《み》せむと欲せり。勝鑑還り来りて曰く、「駅の家の北に竹の廬《いおり》[6]あり。廬の前に死人あり。群がれる狗《いぬ》[7]競《きお》ひ食《じき》せり。廬の内に一の老嫗《おうな》・一の童子あり。相共に哀哭《あいこく》せり。勝鑑便ち悲べる情《こころ》を問ふに、嫗の曰く、「死人はこれ我が夫《おうと》[8]沙弥教信なり。一生の間、弥陀の号《な》を称《とな》へて、昼夜休まず、もて己の業《わざ》となせり。隣里の雇ひ用ゐるの人、呼びて阿弥陀丸《あみだまろ》となす。今嫗老いて後に相別れぬ。これをもて哭《な》くなり。この童子は即ち教信の児《こ》なり」といふ」といへり。

勝如この言を聞きて自ら謂《おも》へらく、「我の言語なきは、教信の念仏に如《し》かず」とおもへり。故《かるがゆえ》に聚落に往き詣《いた》りて自他念仏[9]す。期《ご》の月に及びて、急《たちま》ちにもて入滅[10]せり。

設。『播磨国風土記』に記載あり。

5 伝未詳。

6 『峯相記』は「賀古郡西の野口」にあり、後の教信寺とする。野口の大念仏会が知られる。

7 死骸を犬が喰らう様は「九相図」や「六道絵」に描かれる。

8 俗聖は妻子がいる場合が多い。

9 当初、勝如は自力の無言行を徹底していたが、教信の行業を知って、利他の念仏業に転ずる。劇的な回転に焦点があるが、『今昔』はただ日夜に念仏を称えるだけで利他への転換は見られない。『後拾遺往生伝』は、八月二十一日に大乗を宣説、衆生を教訓、「丈六阿弥陀仏絵図」九体、『法華経』六部を供養したという。

10 『後拾遺往生伝』は貞観九年八月十五日。

摂津国島下郡勝尾寺住僧勝如。別起草庵。蟄居其中。十余年間禁断言語。弟子童子相見稀矣。夜中有人。来叩柴戸。勝如以忌言語。不得問之。唯以咳声。令知有人。戸外陳言。我是居住播磨国賀古郡賀古駅北辺沙弥教信也。今日欲往生極楽。上人年月。可得其迎。為告此由。故以来也。言訖而去。

勝如驚怪。明旦遣弟子僧勝鑑。令尋彼処欲撿真偽。勝鑑還来曰。駅家北有竹廬。々前有死人。群狗競食。廬内有一老嫗一童子。相共哀哭。勝鑑便問悲情。嫗曰。死人是我夫沙弥教信也。一生之間称弥陀号。昼夜不休。以為己業。隣里雇用之人。呼為阿弥陀丸。今嫗老後相別。是以哭也。是童子者即教信之児也。

勝如聞斯言自謂。我無言語。不如教信念仏。故往詣聚落。自他念仏。及于期月。急以入滅焉。

〔三三　箕面滝樹下修行僧〕

摂津《つの》国豊島《てしま》[1]の箕面《みのお》の滝[2]の下に、大きなる松の樹あり。修行の僧あり、この樹の下に寄居《ききょ》[3]せり。八月十五日[4]、夜閑《しずか》にして月明かなり。天上に忽《たちま》ちに音楽および櫓《ろ》の声あ[5]り。樹の上に人ありて曰く、「我を迎へむと欲するか」といふ。空中より答へて曰く、「今夜は他人《あだしびと》のために他所に向ふなり。汝を迎ふべきときは明年の今夜なり」といふ。また他の語《ことば》なし。音楽漸くに遠ざかりぬ。樹の下の僧、初めて樹の上に人あるを知れり。便ち樹の上の人に問ひて言はく、「これ何《な》ぞの声か」といふ。樹の上の[6]人答へて曰く、「これ四十八大願《だいがん》[7]の筏《いかだ》[8]の声なり」といへり。樹下の僧[9]、窃《ひそか》に明年の八月十五日の夜を相待てり。期日《ごじつ》に至りて、果してその語のごとし。微細《みさい》の音楽、相

三三　樹上僧

＊出典未詳。『扶桑略記』永観二年(九八四)八月条、『今昔』十五・二五。

1『今昔』「嶋ノ郡」。豊島郡は大阪府豊中、池田、箕面市辺。

2『扶桑略記』は、本書第一八「千観伝」を引用し、「私曰」として千観が箕面滝で祈雨法を行じ、滝壺に黒雲が昇って雨を降らせたという「故老伝」を引き、それに続いて本伝を挙げる。役行者が夢にこの滝穴から入って龍樹にまみえる話が『私聚百因縁集』や『元亨釈書』にある。

3樹下に宿るのは十二頭陀行の樹下坐に相当。

4中秋の名月が極楽往生の奇瑞性を高める。

5極楽往生の道行きを空飛ぶ船や筏にたとえる。

6樹上で来迎をひたすら待ち続ける修行僧の存在を示し、声しか感知できない。樹上は異界に等しい。名月の下で樹上と樹下の僧が対話する構図。

迎へて去りぬ。

摂津国豊島箕面滝下。有大松樹。有修行僧。寄居此樹下。八月十五日夜閑月明。天上忽有音楽及櫓声。樹上有人曰。欲迎我歟。空中答曰。今夜為他人向他所也。可迎汝者明年今夜也。又無他語。音楽漸遠。樹下僧初知樹上有人。便問樹上人言。此何声哉。樹上人答曰。此四十八大願之筏声也。樹下僧窃相待明年八月十五日夜。至于期日。果如其語。微細音楽相迎而去。

〔二四 僧平珍〕

法広寺《ほうこうじ》1の住僧平珍《びょうちん》は、少壮の時より修行を事とせり。晩年に一寺を建立して、常に寺の中に住す。別に小堂を起《つく》りて、極楽浄土の相《そう》を彫《え》り剋《きざ》んで2、常にもて礼拝せり。

7『無量寿経』上巻に説く、阿弥陀仏がまだ法蔵比丘の時、衆生の済度を期した四十八の誓願。
8 此岸から彼岸へ赴くべき四十八大願を、苦海を渡る乗り物の筏にたとえる。先の「櫓の声」に対応する。
9 一年後に樹上僧の往生を見届ける視点人物の役割。

二四 平珍
＊出典未詳。『今昔』十五・一七。
1 未詳。
2 小堂の壁面に極楽浄土曼荼羅を刻んだのであろう。持仏堂に相当。
3 儀礼の作法が正しくかなっていること。
4『観無量寿経』に説く。常行三昧の一。

平生常に曰く、「入滅の時、威儀を具足《ぐそく》して[3]極楽に往生せむ」といへり。命終らむとするに及びて、弟子等をして念仏[4]三昧を修せしむ。相語りて曰く、「音楽近く空中に聞ゆ。定めてこれ如来の相迎へたまふなり」といへり。便ち新浄衣を着て、念仏して気《いき》絶えぬ。

法広寺住僧平珍。少壮之時修行為事。晩年建立一寺。而常住寺中。別起小堂。彫刻極楽浄土之相。常以礼拝。平生常曰。入滅之時。具足威儀往生極楽。及于命終。令弟子等修念仏三昧。相語曰。音楽近聞空中。定是如来相迎也。便着新浄之衣。念仏気絶矣。

〔三五　沙門増祐〕

三五　**増祐**
＊出典未詳。『扶桑略記』天延四年（九七六）正月条、『今昔』十五・一八、『三

沙門増祐《ぞうゆう》は、播磨《はりま》国賀古《かこ》郡蜂目《はちめの》郷[1]の人なり。少《わか》かりし日、京に入りて如意寺《にょいじ》[2]に住し、念仏読経せり。天延《てんえん》四年[3]正月、身に小さき瘡《かさ》あり、飲食《おんじき》例にあらず。ある人夢みらく、寺の中の西の井の辺《ほとり》[4]に三の車[5]あり。問ひて曰く、「何《な》ぞの車か」といふ。車の下の人答へて曰く、「増祐上人を迎へむがためなり」といふ。重ねて夢みらく、車初めは井の下にありしに、今は房の前にありとみたり[6]。

同月晦日《つごもり》に、増祐弟子に謂ひて曰く、「死期已に至れり。葬具を儲《もう》くべし」といへり。寺の僧これを聞きて、相共に会集して、釈教の義理、世間の無常を論談す[7]。晩《ばん》頭《どう》に弟子の僧に扶《たす》けられて葬処に向ふ。これより先だちて寺を去ること五、六町ばかり、一の大きなる穴[8]を穿《ほ》れり。上人穴の中において念仏して即世せり[9]。この時、寺の南に廿ばかりの人、声を高くして弥陀の号を唱《な》ふ[10]。驚

井往生伝』上・五。

1　不明。

2『続本朝往生伝』第三一、保胤の没したという東山の如意輪寺と同一かどうか不明。『阿娑縛抄』、『諸寺略記』や『拾芥抄』に白川東山に平親信建立の如意寺がみえる。

3　九七六年。

4　水の湧き出る所。井戸とは限らない。一つの境界。

5　第二一「広道伝」。極楽浄土からの来迎の車。

6　車が次第に近づき、往生を予知させる。

7『今昔』「智恵有ル者ハ、相共ニ法文ノ義理ヲ談ジテ令聞メ、亦、世間ノ無常ナル事ヲ令聞ム」。

8　埋葬の意味があるが異界への通路にもなる。

9　即身仏の入定や道教の尸解仙に近い。

10　車と共に極楽に迎えに来た人々。

11『三井往生伝』「指西方行、遥聞有声、尋見無人矣」。

きて尋ね見るに、已に人なかりけり。[11]

沙門増祐。播磨国賀古郡蜂目郷人也。少日入京住如寺。念仏読経。天延四年正月身有小瘡。飲食非例。或人夢。寺中西井辺有三車。問曰。何車乎。車下人答曰。為迎増祐上人也。重夢。車初在井下。今在房前。同月晦日。増祐謂弟子曰。死期已至。可儲葬具。寺僧聞之。相共会集。論談釈教義理。世間無常。晩頭被扶弟子僧向葬処。先是去寺五六町許。穿一大穴。上人於穴中念仏即世矣。此時寺南廿許人。高声唱弥陀号。驚而尋見。已無人焉。

〔二六　僧玄海〕

陸奥《むつ》国新田《にうたの》郡小松寺[1]の住僧玄海《げんかい》は、初め妻子を具して、

二六　玄海

＊出典未詳。『法華験記』上・一二、『今昔』十五・一九、『真言伝』七・一六。

1 今の宮城県登米市・栗原市・大崎市

暮年《ぼねん》に離れ去りぬ。日《ひび》に法花経一部を読み、夜は大仏頂《だいぶっちょう》真言《しんごん》[2]七遍《へん》を誦して、もて恒の事となせり。夢みらく、左《そ》右《う》の腋に[3]各《おのおの》羽翼を生じ、西に向ひて飛び去る。千万の国を過ぎて、七宝の地[4]に到りぬ。自らその身を見るに、大仏頂真言をもて左の翼となし、法花経の第八巻[5]をもて右の翼となせり。この界に廻り望むに、宝樹楼閣、光彩隠映《いんえい》[6]たり。一の聖僧あり、語りて曰く、「汝が今来る所は極楽界の辺地《へんじ》[7]なり。却《かへ》りて後三日[8]、汝を迎ふべきのみ」といへり。玄海この語を頂受《ちょうじゅ》して、飛び帰ること初めのごとしとみたり。

門弟子等、初め已に死せりと謂《おも》ひて、皆尽《ことごと》くに悲び泣きぬ。玄海蘇《よみがえ》ることを得て、[9]弥《いよいよ》真言経典を読誦す。後三年にして遷化《せんげ》せり。予《あらかじ》め死期を知れり。

田尻辺。「延喜式神名帳」の新田郡子松神社と関係するか。

2『大仏頂経』の仏頂尊勝陀羅尼。罪障消滅、延命長寿、除厄の功徳あり。

3経典が両翼となって飛翔するイメージは観想に拠るのであろう。『法華伝記』五「僧衍伝」に『法華経』を毎日一遍、千部を三千称えて、夢に経文の両翼が生えて飛行、七宝池に到る話がある。『百座法談聞書抄』にも。

4極楽浄土の池、七宝は『法華経』授記品に「金、銀、瑠璃、硨磲、瑪瑙、真珠、玫瑰」、『大無量寿経』上には「金、銀、瑠璃、玻璃、硨磲、珊瑚、瑪瑙」。

5『法華経』の最後の巻で、観音普門品、陀羅尼品、妙荘厳王本事品、普賢菩薩勧発品(第二十五―二十八品)。最も信仰された巻の一つ。

6光が輝いたりかげったりする様。

7中心からはずれた地。『無量寿経』下で、過咎のある者は浄土の辺地の七宝宮殿に生まれ、五百年は諸厄を受けるという。

陸奥国新田郡小松寺住僧玄海。初具妻子暮年離去。日読法花経一部。誦大仏頂真言七遍。以為恒事。夢左右腋各生羽翼。向西飛去。過千万国。到七宝地。自見其身。以大仏頂真言為左翼。以法花経第八巻為右翼。廻望此界。宝樹楼閣光彩隠映。有一聖僧。語曰。汝今所来者極楽界之辺地也。却後三日可迎汝耳。玄海頂受此語。飛帰如初。

門弟子等初謂已死。皆尽悲泣。玄海得蘇。弥読誦真言経典。後三年而遷化。予知死期矣。

〔二七　沙門真覚〕

延暦寺の沙門真覚《しんがく》は、権中納言藤敦忠《あつただ》卿[1]の第四の男なり。初め俗にありし時、官《つかさ》右兵衛佐《すけ》を歴《へ》たり。康保《こうほう》四年[2]に出家し、師に従ひて両界の法[3]・阿弥陀供養の法[4]を受け

8 浄土で聖僧に三日後と言われたのが娑婆では三年後に相当する。彼岸と此岸の時差を示す。
9 夢見の話だが、蘇生譚の様相となっている。

二七 **真覚**
＊出典未詳。『扶桑略記』貞元三年(九七八)条・卒伝、『今昔』十五・三一、『大雲寺縁起』、『真言伝』五・九。
1 藤原時平の三男。枇杷中納言。天慶六年(九四三)没。三十八歳。歌人。管絃にも秀でる。
2 九六七年。『蜻蛉日記』康保四年七

て、三時にこれを修して、一生廃《や》めざりき。臨終の時、微《すこ》しき病あり。同法等[5]に相語りて曰く、「尾長き白き鳥[6]あり。囀《さえず》りて曰く、「去来々々《いざいなん》」といふ。即ち西に向ひて飛び去る」といふ。また曰く、「目を閉づれば、即ち極楽の相髣髴《ほうひ》として現前す」といへり。

入滅の日、誓願して曰く、「我十二ケ年に修するところの善根《ぜんごん》を、今日惣《すべ》てもて極楽に廻向《えこう》す[7]」といへり。入滅の夜、三人同じく夢みらく[8]、衆僧龍頭《りょうどう》[9]の舟に上り、来りて相迎へて去りぬとみたり。

延暦寺沙門真覚者。権中納言藤敦忠卿第四男也。初在俗時。官歴右兵衛佐。康保四年出家。従師受両界法。阿弥陀供養法。三時是修。一生不廃。臨終之時有微病。相語同法等曰。有尾長白鳥。囀曰。去来々々。即向西

月条に出家の記載あり。『大雲寺縁起』には真覚が大雲寺を造営したという。

3 密教の金剛界と胎蔵界による修法。

4 密教では阿弥陀の十八契印による十八道の修法があるが、ここでは従来型の常行三昧の念仏行であろう。

5 同じ修行者仲間。「同行」とも。

6 極楽の鳥は妙音で鳴く迦陵頻伽が有名。他に鳥は白鵠、孔雀、鸚鵡、舎利、共命鳥等々がいる(『阿弥陀経』)。

7 ここでは、往生のために積み上げてきた善根の功徳をすべて極楽に差し向けること。

8 共同体や複数の人が同時に同じ夢を見るのは夢が重んじられていた前近代の特徴。同法の紐帯の強さをうかがわせる。

9 龍頭鷁首の二隻一対の船。龍は水神、鷁(きげ)は高く飛ぶので、水難除け。ここは極楽からの来迎の船。

飛去。又曰。閉目即極楽之相髣髴現前。入滅之日誓願曰。我十二箇年所修善根。今日惣以廻向極楽。入滅之夜。三人同夢。衆僧上龍頭舟。来相迎而去。

〔二八　沙弥薬蓮〕

沙弥薬蓮《やくれん》は、信濃《しなの》国高井《たかいの》郡中津村[1]の如法寺《にょほうじ》[2]に住す。一生の間、阿弥陀経を読誦し、兼て仏の号《な》を唱へたり。一男一女あり[3]、薬蓮に相従ふ。二子に語りて曰く、「明日の暁、極楽に詣るべし。衣裳を浣濯《かんたく》[4]し、身体を洗浴せむと欲《おも》ふ」といへり。両《ふたり》の子これを営む。薬蓮夜に投《いた》りて衣を調《ととの》へて、独り仏堂に入りぬ。即ち語りて曰く、「明日《あす》の午の剋に至るまで、堂の戸を開くべからず」といへ

二八　薬蓮

＊出典未詳。『今昔』十五・二〇。

1 現、長野県上高井・下高井郡。中津村は諸資料になし。「中野」なら現在の中野市。

2 所在未詳だが、現在、中野市中野に如法寺あり。

3 在地の俗聖で妻子がいた。

4 洗いすすぐこと。

5 神仙の尸解仙に近い。『今昔』はこの結末に納得せず、往生は身体を留めてその相を現わすものなのに、身体がないのは逃走して山寺に行ったのかと疑いつつ、子供はその場にいるし、堂

り。暁更に微細《みさい》の音楽、堂中に聞ゆ。明日の午後、開きてこれを見るに、已にその身《むくろ》[5]および持経等なし。

沙弥薬蓮。住信濃国高井郡中津村如法寺。一生之間読誦阿弥陀経。兼唱仏号。有一男一女。相従薬蓮。語二子曰。明日暁可詣極楽。欲浣濯衣裳洗浴身体。両子営之。薬蓮投夜調衣。独入仏堂。即語曰。至于明日午剋。不可開堂戸。暁更微細音楽聞于堂中。明日午後開而見之。已無其身及持経等。

〔二九 沙弥尋祐〕

沙弥尋祐《じんゆう》は、河内《こうちの》国河内郡[1]の人なり。俗を脱《はな》れし後、和泉《いずみ》国松尾《まつのお》の山寺[2]に移り住む。常に弥陀を念じ、兼て印仏[3]を修せり。性《こころ》に慈悲多く、施心尤も深し。行年五十有

は閉じられたままで、ついに何も分からず、「暁ノ音楽ノ音ヲ思フニ、往生ハ疑ヒ無シ。但シ、体ヲバ地神ナドノ取テ浄キ所ニ置テケルナメリ、トゾ疑ヒケル」と、最後は地神が遺骸を浄所に移したかと執拗に追究している。

二九 尋祐

＊出典未詳。『今昔』十五・三二。

1 現、東大阪市東部。

2 和泉市松尾寺町。『色葉字類抄』に名がみえる。天台宗、役行者の開祖とされる。

3 香で仏の形を作って焼き、功徳を衆生に施す法。

余、正月一日に尋祐自ら頭痛すと称《い》へり。[4] 戌の剋より亥の剋[5]に至りて、大光明あり[6]、普《あまね》く山中を照せり。草木枝葉皆悉《ことごと》く分明《ふんみょう》なること、昼日に異ならず。この時に当りて、尋祐入滅せり。光明漸くに消えぬ。今夜事ありて[7]、男女寺に集会《しゅうえ》す。この相を見て、悲感せずといふことなし。

明くる朝《あした》に里人互いに相問ひて云はく、「昨《きのう》の夜、松尾の山寺に忽《たちま》ちに大光ありき。これ何《な》ぞの光ぞや。もしは失火か」といへり[8]。退きて尋祐の入滅を聞きて、皆随《ずい》喜《き》を致せり。

沙弥尋祐。河内国内郡人也。脱俗之後。移住和泉国松尾山寺。常念弥陀兼修印仏。性多慈悲。施心尤深。行年五十有余。正月一日尋祐自称頭痛。自戌剋至亥剋。

4 頭痛の例は経典類にも多い。『後拾遺往生伝』下・一八「頭痛難愈」。

5 午後八時から十時頃。

6 極楽往生の奇瑞。阿弥陀の来迎の放光。光明の例は唐の『瑞応刪伝』に第一八「頂上円光、光明遍空」、第一九「金色光明照数百里」、第二二「光明照耀一寺」、第二九「五色光明、西上騰雲」、第四二「光明満宅、半夜謂如白日」等々、例が多い。

7 元旦の法会、修正会の催しであろう。『今昔』では光明の噂を聞いて人々が集まる。

8 失火を疑う里人の反応ぶりに山寺との距離感や聖と俗の対比がうかがえる。

有大光明。普照山中。草木枝葉皆悉分明。不異昼日。当于斯時。尋祐入滅。光明漸消。今夜有事。男女集会於寺。見此相莫不悲感。
明朝里人互相問云。昨夜松尾山寺忽有大光。是何光乎。若失火歟。退聞尋祐入滅。皆致随喜。

〔三〇　**光孝天皇孫尼某甲**〕

尼某甲《それがし》は、光孝《こうこう》天皇[1]の孫《むまご》なり。少《わか》き年に人に適《ゆ》きて、その三子ありき。年を連ねて亡《う》せたり。[2]幾《いくばく》もなくして、その夫《おうと》もまた亡せたり。寡婦《やもめ》として世の無常を観じ、出家して尼となりぬ。日に再食せず、年数周《すしゅう》に垂《なんな》むとして、忽《たちま》ちに腰病を得て、起居《たちい》便《たやす》からず。医《くすし》の曰く、「身疲労せり。肉食《にくじき》[3]にあらざれば、これを療《いや》すべからず」といへり。

三〇　尼某
＊出典未詳。『今昔』十五・三六。この段から三例、尼の往生譚。
1 仁明天皇の第三皇子。仁和三年(八八七)没。小松天皇と称す。
2 子供があいついで亡くなった。
3 病気の際の肉食は罪にはならない。第一〇「成意伝」。
4 身体をいたわることなく。
5 蚊虻に身を任せるのは慈悲行の一環。『瑞応刪伝』蔵禅師「盛夏に衣を脱ぎて草を入れ、蚊蚋の餧う」、『高僧伝』十一・釈是法「毎夕、輒く衣を脱ぎ、

尼身命を愛することなく、[4]弥《いよいよ》弥陀を念じたり。その疾《や》み苦ぶところ自然《おのずから》に平復せり。尼自ら性柔和《にゅうわ》にして、慈悲を心となす。蚊虻《かあぶ》[5]身を餧《くら》へど敢へてこれを駈《か》らず。春秋五十有余、忽ちに小病あり。空中に音楽あり、隣里驚き怪ぶ。[6]尼曰く、「仏、已に相迎へたまふ。吾今去らむと欲す」といへり。言訖《ことおわ》りて気《いき》絶えぬ。

尼某甲。光孝天皇之孫也。小年適人有三子。連年而亡。無幾其夫亦亡。寡婦観世無常。出家為尼。日不再食。年垂数周。忽得腰病。起居不便。医曰。身疲労。非肉食不可療之。尼無愛身命。弥念弥陀。其所疾苦自然平復。尼自性柔和。慈悲為心。蚊虻餧身不敢駈之。春秋五十有余。忽有小病。空中有音楽。隣里驚怪。尼曰。仏已相迎。吾今欲去。言訖而気絶焉。

露坐し以て蚊蝱を飼う」、『法華験記』下・八八、『今昔』十五・二二など。
6 隣里の人々は来迎の音楽であることを理解していない。

〔三一　寛忠大僧都姉尼某甲〕

尼某甲《それがし》は、大僧都寛忠《かんちゅう》[1]の同産の姉なり。一生寡婦《やもめ》にして終《つい》にもて入道[2]しぬ。僧都寺の辺に相迎へて、晨昏《しんこん》[3]に養育しけり。尼衰暮《すいぼ》に及びて、ただ弥陀を念じたり。僧都に語りて曰く、「明後日に極楽に詣《まい》るべし。この間不断念仏[4]を修せむと欲《ねが》ふ」といへり。僧都衆僧をして三ケ日夜、念仏三昧を修せしむ。重ねて僧都に語りて曰く、「西方より宝の輿《こし》[5]飛び来りて眼前にあり。ただし仏、菩薩は濁穢《じょくえ》[6]あるをもて帰り去りぬ」といへり。言《こと》涙と倶《とも》にす。僧都をして諷誦《ふじゅ》[7]を修せしむること両度なり。

明くる日、尼の曰く、「聖衆《しょうじゅ》重ねて来りぬ。往生の時至る」といへり。几《おしまずき》[8]に隠《よ》りて坐し、念仏して入滅せり。

三一　尼某

＊出典未詳。『今昔』十五・三七。

1 池上僧都。宇多天皇の孫、敦固親王の三男。貞元二年(九七七)没。東寺長者、権少僧都。保胤とほぼ同時代。

2 在家の信者で剃髪した者。

3 朝晩、終日。

4 第一六「延昌伝」「三七日の間不断念仏」。通常は三七日(二十一日)間、行う常行三昧。

5 来迎の乗り物は他に車、舟などあり、一定しない。

6 まだ煩悩が残っているため。

7 経典を読誦する意だが、音曲を伴う声明の意にも使われる。

8 脇息。坐したまま入滅する型を示す。

尼某甲。大僧都寛忠同産姉也。一生寡婦終以入道。僧都相迎寺辺。晨昏養育。尼及衰暮。唯念弥陀。語僧都曰。明後日可詣極楽。此間欲修不断念仏。僧都令衆僧三箇日夜。修念仏三昧。重語僧都曰。自西方宝輿飛来在眼前。但仏菩薩以有濁穢帰去。言与涙倶。使僧都修諷誦両度。

明日尼曰。聖衆重来。往生時至。隠几而坐。念仏入滅焉。

〔三二　伊勢国尼某甲〕

尼某甲《それがし》は、伊勢《いせ》国飯高《いいたかの》郡上平《かんつひらの》郷[1]の人なり。暮年《ぼねん》に出家して、偏《ひとえ》に弥陀を念じたり。尼多年、手の皮を剝《は》ぎて[2]、極楽浄土を図し奉らむの意ありき。懇志《こんし》ありといへども、自ら剝ぐこと能はず。時に一の僧来り向ひて、尼の手の皮を剝ぎ、忽焉《こつえん》[3]として見えず。浄土の相を図し奉

三二　尼某

＊出典未詳。『今昔』十五・三八。

1『和名抄』に「上牧郷」。現、三重県松坂市田牧辺り。第四一にも飯高郡の老婦の往生伝あり。

2 捨身業の一つ。剝いだ皮に写経する行。指を灯りとして燃やす指燈もあった。僧尼令では焚身・捨身は禁止されていた。

3 たちまち、にわかに。忽然。

4 霊験で現れた僧が手の皮をはぎ、そ

り、一時もその身を離たず。[4] 命終るの時、天に音楽ありき。

石山寺《いしやまでら》の真頼《しんらい》法師[5]は、「これその末孫《ばっそん》なり。真頼が一の妹の女《むすめ》、また極楽に往生す」云々といふ。一族往生の者三人なり。

尼某甲。伊勢国飯高郡上平郷人也。暮年出家。偏念弥陀。尼多年有意。剝手皮奉図極楽浄土。雖有懇志不能自剝。于時一僧来向。剝尼手皮。忽焉不見。奉図浄土之相。一時不離其身。命終之時。天有音楽。石山寺真頼法師。是其末孫也。真頼一妹女。又往生極楽云々。一族往生者三人矣。

こに極楽浄土を描いていつも持っていた。第一一「智光伝」では仏が掌に浄土を示す。

5 以下は内閣文庫本や版本では割り注。真頼は第二〇の伝。『今昔』にはこの部分あり。

〔三三　高階真人良臣〕

宮内卿《くないきょう》従四位下高階真人良臣《たかしなのまひとよしおみ》は、少《わか》くして進士《しんじ》[1]の挙に応じて、才名をもて自《みずか》ら抽《ぬき》でたり。多く諸司を歴《へ》て、累《かさ》ねて六郡[2]を宰《おさ》めたり。歯《よわい》知命《ちめい》[3]に迨《およ》びて、深く仏法に帰し、日に法花経を読み、弥陀仏を念じたり。天元《てんげん》三年[4]正月、初めて病を得たり。素より修するところの念仏読経は、敢へて一も廃《や》めざりき。

死に先だつこと三日、その病忽《たちま》ちに平《たいら》ぎぬ。この間首《かしら》を剃りて五戒[5]を受け、七月五日に卒《し》せり。この時に当りてや、家に香気あり、空に音楽あり。暑月に遇ひて数日を歴《へ》たりといへども、身は爛壊《らんえ》[6]せず、存生《ぞんしょう》の時のごとし。

三三　高階良臣

＊出典未詳。『法華験記』下・一〇一、『扶桑略記』天元三年(九八〇)条・卒伝、『今昔』十五・三四。保胤と同時代。以下は優婆塞(男の在家信者)の往生伝。

1 大学寮の文章生。『今昔』「殊ニ身ニ才有テ、文ノ道ニ達レリ」。

2 陸奥の奥六郡とすれば、東国密使に任ぜられたことと関係するか(実際は赴任せず)。

3 五十歳。『論語』為政「五十にして天命を知る」で有名。

4 九八〇年。

5 出家・在家ともに守るべき殺生・偸盗・邪淫・妄語・飲酒の五の戒律。

6 腐爛した状態。『今昔』「極熱ノ比ニテ、死人ノ身乱レテ甚ダ臭カルベキニ、日来ヲ経ト云ドモ、身不乱ズシテ臭キ気無カリケリ」。遺骸が傷まないことも往生の証しとされた。

三四　藤原義孝

宮内卿従四位下高階真人良臣。少応進士挙。以才名自抽。多歴諸司。累宰六郡。歯迫知命。深帰仏法。日読法花経。念弥陀仏。天元三年正月初得病。素所修念仏読経。不敢一廃。先死三日。其病忽平。此間剃首受五戒。七月五日卒。当斯時也。家有香気。空有音楽。雖遇暑月歴数日。身不爛壊。如存生時。

〔三四　**少将義孝**〕

右近衛《うこのえ》少将藤原義孝《よしたか》は、太政大臣贈正一位謙徳公《けんとくこう》[1]の第四の子なり。[2]深く仏法に帰して、終《つい》に葷腥《くんせい》[3]を断てり。勤王[4]の間、法花経を誦す。[5]

天延《てんえん》二年[6]の秋、疱瘡《いもがさ》[7]を病《わずら》ひて卒せり。命終るの間、[8]方《ほう》便品《べんぼん》[9]を誦す。気《いき》絶ゆるの後、異香《いきょう》室に満てり。同じ府の

＊出典未詳。『法華験記』下・一〇三、『扶桑略記』天延二年(九七四)条・卒伝は本書に拠る。『今昔』十五・四二は本伝のみならず他書もふまえる。『今昔』二十四・三九、『栄花物語』二、『大鏡』伊尹伝、『江談抄』四、『袋草紙』四、『宝物集』二、『続古事談』二・六、『元亨釈書』十七、『普通唱導集』下末等々。

1 伊尹。天禄三年(九七二)没。師輔の子。太政大臣、一条摂政。歌人。

2 親賢、惟賢、挙賢、義孝の順。母は代明親王の子、恵子女王。義孝の弟が義懐、子が行成。保胤と同時代。

3 なまぐさい野菜や肉。『今昔』では、宴会で鮒の子鱠が出たのを、母の肉に子を和えたものを食べるとは、と目に涙を浮かべて退出したという。

4 ここは出仕の意であろう。

5 『大鏡』では、宮中の北の陣から『法華経』を唱えながら世尊寺まで赴き、紅梅の下で「滅罪生善、往生極楽」を称え、礼拝したという。『今昔』もほぼ同話だが、『法華経』は「方便

亜将《あしょう》藤高遠《たかとお》[10]は、同じく禁省《きんしょう》[11]にありて、相友として善し。義孝卒して後幾《いくばく》ならずして、夢の裏[12]に相伴ふこと宛《あたか》も平生のごとし。便ち一句を詠《うた》ふらく、

しかばかりちぎりしものをわたりがはかへるほどに
はかへすべしやは[13]

といふ。詩に云はく、

昔は契りき蓬莱《ほうらい》宮の裏の月に　今は遊ぶ極楽界の中
の風に[14]

といへり。

右近衛少将藤原義孝。太政大臣贈正一位謙徳公第四子也。深帰仏法。終断葷腥。勤王之間誦法花経。天延年秋病疱瘡卒矣。命終之間。誦方便品。気絶之後異香満室。同府亜将藤高遠。同在禁省。相友善矣。義

品の比丘偈」として具体化される。

6 九七四年。疱瘡が大流行した年。

7 天然痘。ウイルス感染症の一種。

8 『大鏡』では、疱瘡で同じ日の朝に兄挙賢、弟義孝があいついで亡くなった、という。

9 『法華経』巻一第二品。方便として一仏乗を説く教学上重要な章。後半は長い偈が続く(比丘偈)。

10 藤原高遠。亜将は近衛中将、少将の唐名。長和二年(一〇一三)没。斉敏の子。実資の兄。歌人。

11 宮中。

12 高遠の夢に現れた。歌集系では、夢を見るのは義孝の母。

13 この歌は底本のみで他本になく、本伝の同類話にもない。『後拾遺集』十・哀傷五九八、『義孝集』、『大鏡』、『今昔』二十四・三九、『袋草紙』、『宝物集』などにみえる。あれ程約束を交わしたのに、三途の川から戻ってくる間に忘れてしまわれるとは。枕を代えてしまったので、蘇生できなかった恨みの歌。

孝卒後不幾。夢裏相伴宛如平生。便詠一句。
シカハカリチキリシモノヲワタリカハカヘルホトニ
ハカヘスヘシヤハ
詩云。
昔契蓬萊宮裏月。今遊極楽界中風。

〔三五　源憩〕

源憩《いこう》は内匠頭《たくみのかみ》適《かなう》1の第七男なり。少年の時より志仏法にあり、敏給《びんきゅう》2にして書を読めり。行年廿有余、病に臥すこと廿余日、遂に世間《よのなか》を厭《いと》ひて出家入道せり。平生偏《ひとえ》に弥陀を念じ、病の裏に弥《いよいよ》これを念じたり。兄の僧安法《あんぼう》3と相語りて云はく、「西方に音楽あるを聞くことを得るか」といふ。答へて曰く、「これを聞かず」といふ。また曰

「渡り川」は「三途の川」の歌語。
14 昔は宮中の月下で親交を結んだが、今は極楽浄土で一人風に吹かれて遊んでいる。蓬萊は東方の彼方の理想郷だが、ここは宮中を指す。極楽の風は、『大無量寿経』に「自然の徳風、徐かに起りて微動す。寒からず暑からず、温涼柔軟にして、遅からず疾からず」「風その身に触れなば、みな快楽を得」。

三五　源憩
＊出典未詳。『今昔』十五・二三。
1 源融の孫、昇の子。内匠寮は調度の製作・殿舎の装飾を司る役職。保胤と同時代人。
2 聡く口達者なこと。『今昔』「因果ヲ知リ、殊ニ慈悲有ケリ」。
3 俗名源趁。河原院に住む。歌人。『今昔』「川原ノ院ニ住セリ」(同二十四・四六に拠る)。『安法法師集』一〇五に「秋の日。加賀介、内記などして老いを嘆きて」とある「内記」は保胤

く、「一の孔雀あり、[4]我が前に翔《かけ》り舞ふ。毛羽光麗なり」といへり。手に定印《じょういん》を結び、西に向ひて気絶《いき》えぬ。

源憩者。内匠頭適第七男也。自少年時志在仏法。敏給読書。行年廿有余。臥病廿余日。遂厭世間出家入道。平生偏念弥陀。病裏弥念之。相語兄僧安法云。西方得聞有音楽。答曰。不聞之。又曰。有一孔雀。翔舞我前。毛羽光麗。手結定印。向西気絶。

〔三六　越智益躬〕

伊予《いよ》国越智《おちの》郡[1]の土人越智益躬《おちのますみ》[2]は、当州の主簿《しゅぼ》[3]たり。少《わか》きときより老に及《いた》るまで、勤王[4]して倦《う》まず。法に帰すること弥《いよいよ》劇《いそがわ》し。朝《あした》は法花を読み、[5]昼は国務に従ひ、夜は

を指すか(紀時文とも)。正暦二年(九九一)、河原院での仁康の五時講願文を書いた大江匡衡をその場にいた保胤が絶讃したという(『江談抄』六・一五)。この講会に関しては『続古事談』四・二四にも詳しく、保胤や寂照も参集したとあり、河原院在住の安法との接点を示唆する。

4『阿弥陀経』に極楽には種々の奇妙な雑色の鳥、「白鵠、孔雀、鸚鵡、舎利、迦陵頻伽、共命鳥」がいるという。第二七「真覚伝」。音楽よりも孔雀の羽色の鮮やかさへの視覚形象が勝る。

三六　越智益躬

＊出典未詳。『法華験記』下・一一一、『今昔』十五・四四。

1現、愛媛県今治市。保胤が組織した勧学会が、伊予国司として赴任した大江以言によって伊予楠本寺でも開かれた(『本朝文粋』十「九月十五日、予州楠本道場において、勧学会を擬し、法

弥陀を念じて、もて恒のこととなせり。いまだ鬢髪《びんぱつ》を剃らずして、早く十戒6を受けて、法名7を自ら定真《じょうしん》と称《い》へり。臨終に身苦痛なく、心迷乱《めいらん》せず、定印《じょういん》を結び西に向ひて、念仏して気《いき》止みぬ。

　時に村里の人、音楽あるを聞きて、歎美せずといふことなし。8

伊予国越智郡土人越智益躬。為当州主簿。自少及老。勤王不倦。帰法弥劇。朝読法花。昼従国務。夜念弥陀。以為恒事。未剃鬢髪。早受十戒。法名自称定真。臨終身無苦痛。心不迷乱。結定印向西念仏気止。時村里人聞有音楽。莫不歎美矣。

華経を講ずるを聴き、同じく寿命量るべからざることに賦す」）。

2 その土地を本貫とする者。

3 国々の目《さかん》（第四等官）。『法華験記』、『今昔』「大領」。

4 『法華験記』「勤公」、『今昔』「公事ヲ勤テ怠ル事無シ」。

5 『今昔』「昼ハ法花経一部ヲ必ズ誦シ」（昼の国務がない）。

6 『法華験記』、『今昔』「十重禁戒」。沙弥の守るべき十の戒律。不殺生、不偸盗、不淫、不妄語、不飲酒、不着華鬘好香塗身、不歌舞倡伎、不得坐高広大牀上、不得非時食、不得捉銭金銀宝物。

7 出家した僧名。

8 ここでは村里の人にも来迎の音楽が聞こえ、往生が讃嘆される。

〔三七　女弟子伴氏〕

女弟子伴《ともの》氏は、江州の刺史《しし》彦真《ひこざね》[1]が妻《め》なり。少年の時より常に弥陀を念じたり。春秋三十有余、姪《めい》[2]をもてこれに妻《あ》ひけれど、牀笫《ゆかむしろ》[3]を同じくせざりけり。命終るの日に当りて、座を胎蔵界曼荼羅《たいぞうかいまんだら》[4]の前に移せり。この女、彦真に語りて言はく、「頃年洗賨《としころせんとう》の女[5]、久しく臭穢《しゅうえ》を忍びぬ。定めて罪報あらむ。宅《いえ》一区《まち》[6]を与へむと欲《ねが》ふ」といふ。彦真即ち諾せり。また曰く、「我極楽に詣るに、少し停滞《ていたい》あり。閑《しずか》にこれを思量《しりょう》すれば、往年人あり、鮒《ふ》魚《な》[7]数隻を送りけり。その中に生きたる鱗《いろくず》二隻ありき。便ち井の中に放ちけり[8]。恐るらくはかれ咫尺《しせき》[9]の中にして、久しく江湖の思[10]に労《つか》れたらむことを。妾暫く閡《とどま》るは、もしはこれをもてか」といへり。響に応じて井の底に捜り求めて、

三七　伴氏女

＊出典未詳。『今昔』十五・四八。以下は女人の優婆夷の往生伝。

1 生没年未詳。美濃守、播磨守を歴任。近江守は天徳三年（九五九）。刺史は国守の唐名。『二中歴』一能歴の良吏に名が見える。

2 この女人は彦真の姪でもあり、妻となった。

3 閨房。同衾しなかった。

4 胎蔵界は母の胎内のごとき仏の大悲に衆生が擁護される法門。金剛界と対になる。曼荼羅は諸尊を壇上に配置した図。曼荼羅図を掛けた持仏堂があったのであろう。

5 召使いの女。

6 家一軒。長年汚い仕事ばかりやらせていたので罪の報いを受けるかも知れないから、家を与えて自由にさせてやりたい、の意。

7 近江の琵琶湖の特産。熟れ鮨は発酵食。隻は生き物を数える数詞。

8 放生の行。

江の中に放たしめたり。

この女綿惙《めんてつ》[11]の間、蓮香室に満ち、雲気簾に入れり。[12]身に苦しみ慟《いた》みなくして、西に向ひて終りぬ。

女弟子伴氏。江州刺史彦真妻也。自少年時常念弥陀。春秋三十有余。以姪妻之。不同牀笫。当命終日。移座于胎蔵界曼荼羅前。此女語彦真言。頃年洗賓女。久忍臭穢。定有罪報。欲与宅一区。彦真即諾。又曰。我詣極楽。少有停滞。閑思量之。往年有人。送鮒魚数隻。其中有生鱗二隻。便放井中。恐彼咫尺之中。久労江湖之思。妾暫閡。若以此歟。響応捜求井底。令放江中。此女綿惙之間。蓮香満室。雲気入簾。身無苦慟。向西而終矣。

9 短く狭いこと。井の中を指す。『今昔』「狭キ所ニ久ク有テ」。
10 広い世界へのあこがれを示す(『荘子』内篇・逍遥游一)。もとの世界に帰りたい思い。ここでは琵琶湖に相当。『今昔』「広キ所ニ有ラムト悲ムラン」。
11 病で息も絶え絶えになる様。
12 『拾遺往生伝』下・九「雲気垂窓、薫香満室」。

〔三八　女弟子小野氏〕

女弟子小野氏は、山城守《やましろのかみ》喬木《たかき》[1]が女《むすめ》、右大弁《うだいべん》佐世《すけよ》[2]が妾《め》なり。少年のときより始めて、心は仏法にありき。兄の僧延教《えんきょう》[3]に語りて曰く、「我《われ》菩提の道を覚知せむと欲す。幸《ねが》はくは開示を垂れよ」といふ。延教、観無量寿経[4]および諸《もろもろ》の経論の中の要文《ようもん》[5]を抄出して、これに与へけり。この女昼夜兼ね学びて、拳々《けんけん》[6]倦《ものう》むことなし。月の十五日[7]の黄昏《ゆうぐれ》に至るごとに、五体を地に投げて[8]、西に向ひて礼拝して唱へて曰く、「南無《なも》西方日想安養浄土《さいほうにちそうあんようじょうど》[9]」といふ。父母相誡《いまし》めて云はく、「少壮の人必ずしもかくのごとくならず。恐らくは精神を労し、定めて形容を減じてむ[10]」といへり。

女年廿有五にして、初めて一女を生めり。産の後月余、

三八　小野氏女

＊出典未詳。『今昔』十五・四九、『言泉集』亡妻帖、『私聚百因縁集』九・二、『普通唱導集』下末。

1 小野氏。生没年未詳。図書頭、刑部大輔。仁和三年（八八七）、山城守。

2 藤原氏。昌泰元年（八九八）没か。菅雄の子。大学頭、右大弁。藤家儒者の祖とも。『日本国見在書目録』の編者。

3 伝未詳。

4 『観経』とも。宋の元嘉年間、畺良耶舎の訳。一巻。浄土三部経の一。仏が摩訶陀国の王舎城内で韋提希等に浄土往生を説いた経典。阿弥陀や極楽浄土の荘厳、十六観想を説く。

5 極楽往生に関する経論から関連する文言を抜書きしたもの。源信の『往生要集』も基本は要文の抄出集である。この種の試みが種々あったことを示唆する。『今昔』「極楽ノ要文ヲ書キ出シテ」。

6 胸に捧げ持つ。

7 平安後期以降、十五日は阿弥陀の縁

悩気《のうけ》自《おのずか》らに発《おこ》りぬ。病に臥すこと旬に渉り、遂にもて即世《そくせ》せり。[11]瞑目《めいもく》の夕、音楽空に満つ。隣里随喜《ずいき》せり。[12]

女弟子小野氏。山城守喬末女。右大弁佐世妾也。始自小年。心在仏法。語兄僧延教曰。我欲覚知菩提道。幸垂開示。延教抄出観無量寿経及諸経論中要文与之。此女昼夜兼学。拳々無倦。毎至月十五日黄昏。五体投地。西向礼拝唱曰。南無西方日想安養浄土。父母相誡云。小壮之人不必如此。恐労精神。定減形容。女年廿有五。初生一女。産後月余。悩気自発。臥病渉旬。遂以即世。瞑目之夕。音楽満空。隣里随喜。

〔三九　女弟子藤原氏〕

女弟子藤原氏は、心意柔軟《にゅうなん》にして、慈悲甚だ深し。常

日とされた。十八日が観音、二十四日が地蔵。
8 五体投地。両膝両肘と頭を地に着けて敬礼する最上の敬礼。「一心帰命五体投地、遥礼西方阿弥陀仏」(『往生要集』大文四)
9 安養浄土は極楽浄土。日想は『観無量寿経』に説く十六観想の一、西方に没する夕日を念じて極楽浄土を観想する法。『今昔』は最後に「弥陀仏」が付く。
10『今昔』「此レ身ノ衰フル根元也」。
11 十日間。産後の日だちが悪かった。
12 隣里の人々にも来迎の音楽が聞こえ、共感されている。

三九　藤原氏女
＊出典未詳。『今昔』十五・五〇。
1 来迎の雅楽の音。年ごとに楽音が近づく漸層的な聴覚形象。念仏を称える

に極楽を慕ひて、念仏を廃《や》めず。漸くに暮《ぼ》年《ねん》に及びて、相語りて曰く、「音楽遥[1]に聞ゆ。これ往生の瑞《しるし》か」といふ。明くる年また曰く、「音楽漸くに近し」といふ。明くる年また曰く、「楽の声、年を追ひて已に近し。就中《なかんずく》に近き日、寝《ね》屋《や》の上に聞ゆ。今正に往生の時なり」といふ。言訖《ことおわ》りて即世《そくせ》せり。身に苦痛なし。

女弟子藤原氏。心意柔軟。慈悲甚深。常慕極楽。不廃念仏。漸及暮年相語曰。音楽遥聞。是往生之瑞歟。明年又曰。音楽漸近。明年又曰。楽声追年已近。就中近日聞寝屋上。今正往生之時也。言訖即世。身無苦痛。

〔四〇　近江国女人息長氏〕

だけの聴覚が研ぎ澄まされる。前伝と音楽による来迎の奇瑞で共通する。

四〇　息長氏女

＊出典未詳。『今昔』十五・五三。

1 現、滋賀県米原市。保胤は近江掾を

近江国坂田郡《さかたの》[1]の女人、姓《しょう》は息長氏《おきながの》[2]なり。毎年《としごと》に筑摩《つくま》の江[3]の蓮花を採りて、弥陀仏に供養したてまつり、偏《ひとえ》に極楽を期《ご》せり。かくのごとくすること数《あまた》の年、命終るの時、紫雲身に纏《まつわ》りぬ[4]。

近江国坂田郡女人。姓息長氏。毎年採筑摩江蓮花。供養弥陀仏。偏期極楽。如此数年。命終之時。紫雲纏身矣。

〔四一　**伊勢国一老婦**〕

伊勢国飯高郡《いいたかの》[1]に一の老婦あり。白月《びゃくがつ》[2]十五日は偏《ひとえ》に仏事を修し、黒月《こくがつ》十五日はまた世事[3]を営めり。その勤修するところは、常に香を買ひて[4]、郡中の仏寺に供し奉れり[5]。

歴任している(『続本朝往生伝』三一)。
2 坂田郡を本拠とする豪族。息長真人は応神天皇皇子の系統という。
3 現、米原市朝妻筑摩。琵琶湖に面する筑摩御厨で知られ、朝廷に醤鮒や鮨鮒などを献上していた。江は琵琶湖が筑摩の南側で湾入していた入江。
4 紫雲が身を包み込んだ。『今昔』「紫雲西ヨリ聳キ来テ、家ノ内ニ涌キ入テ、女ヲ纏テ有ケレバ、現ニ此レヲ見ル人多カリケリ」。前伝と対照的に蓮花と紫雲という視覚形象に拠る。

四一　飯高郡嫗
＊出典未詳。『今昔』十五・五一。
1 第三二「尼某伝」参照。
2 月の前半。黒月が月の後半。『今昔』「月ノ上十五日ニハ」「下十五日ニハ」。
3 『今昔』「世路」。
4 香は売買の対象になっていた。
5 諸寺に供養するのが慣例化していた。

春秋に至るごとに、花を折りて相加へ、兼てまた塩・米《よね》・菓《このみ》・菜《くさびら》等をもて、諸《もろもろ》の僧に分け施して、[6]もて恒の事となせり。常に極楽を願ひて、已に数《あまた》の年を経たり。

この女病を得て数日、子孫水漿《すいしょう》[7]を勧めむがために、病者を扶《たす》け起しぬ。身に本《もと》着たるところの衣服、自然《おのずから》に脱落せり。[8]その左の手を見れば、蓮花一茎を持《と》る。[9]葩《はなびら》の広さ七、八寸、自界の花に似ず。[10]光色鮮妍《せんけん》[11]として香気発《はっ》越《えつ》[12]せり。看病の人この花の由縁を問ふに、[13]答へて曰く、「我を迎ふるの人、[14]本《もと》この花を持ちたり」といふ。即時に入滅せり。衆人随喜《ずいき》せずといふことなし。[15]

伊勢国飯高郡一老婦。白月十五日偏修仏事。黒月十五日又営世事。其所勤修者。常買香奉供郡中仏寺。毎至春秋。折花相加。兼亦以塩米菓菜等分施諸僧。以為恒

6 香や食物を寄進するだけの財力がありそれなりの身分を示す。檀越に近い。
7 水と重湯。転じて飲食。『今昔』「飯食」。第一四「尋静伝」参照。
8『今昔』は話末で「心不得ヌ事」とし、主が極楽往生したので、汚穢の衣だから脱げ落ちたのだろうと合理的に解釈する。

9『今昔』「右ノ手ニ一葉ノ蓮花」。
10 この世の花とも思えなかった。
11『今昔』「光リ鮮ヤカニ色微妙(めでた)クシテ」。

12『今昔』「香馥バシキ事無限シ」。

13『今昔』は、どこの花で誰が持ってきたのか、直接問いただす会話文に仕立てる。

14『今昔』はその前に「此ノ花ハ、輒(たやす)ク人持来テ得サスル花ニモ非ズ」。

15『今昔』は話末で先の衣服脱落の件に加えて、蓮花は極楽の聖衆が持ってきたのだ、「凡夫ノ肉眼」には見えない、嫗は肉眼ではなく確かに見えたのだ、とする。

事。常願極楽。已経数年。此女得病数日。子孫為勤水漿。扶起病者。身本所着衣服。自然脱落。見其左手。持蓮花一茎。葩広七八寸。不似自界花。光色鮮妍。香気発越。看病人問此花由縁。答曰。迎我之人。本持此花。即時入滅。衆人莫不随喜之。

〔四二　加賀国一婦女〕

加賀国[1]に一の婦女あり。その夫《おうと》は富人なり。[2]良人亡《し》にて後は、志柏舟《はくしゅう》[3]にあり、数《あまた》の年寡居せり。宅《いえ》の中に小さき池あり。池の中に蓮花あり。常に願ひて曰く、「この花盛に開くの時、我正に西方に往生せむ。便ちこの花をもて贄《にえ》[4]として、弥陀仏に供養せむ」といへり。花の時に遇ふごとに、家の池の花をもて、郡中の諸《もろもろ》の寺に分ち供

四二　加賀国婦女

＊出典未詳。『今昔』十五・五二。

1　現、石川県南部。

2『今昔』「年来、人ノ妻トシテ世路ヲ営テ有ケルニ、家大キニ富テ財豊也ケリ」。

3『詩経』国風・柏舟「汎たる彼の柏舟、亦汎たるその流れ、耿耿として寐ねられず、隠憂有るがごとし」。夫を亡くした妻が貞操を守って、二度と結婚しないこと。中国の春秋時代、衛の太子共伯の妻共姜は、夫が亡くなった後に再婚を勧められても断り、「柏舟」の

へたり。[5]

寡婦長老の後、花の時に当りて恙《つつが》ありき。[6]自ら喜びて[7]曰く、「我花の時に及びて病を得たり。極楽に往生せむこと必せり」といふ。即ち家族隣人を招き集めて、別《べち》に盃盤《はいばん》[8]を具して、相勧めて曰く、「今日はこれ我が閻浮《えんぶ》[9]を去るの日なり」といへり。言訖《おわ》りて即世《そくせ》せり。今夜池の中の蓮花、西に向ひて靡《なび》けり。[10]

加賀国有一婦女。其夫富人也。良人亡後。志在柏舟。数年寡居。宅中有小池。々中有蓮花。常願曰。此花盛開之時。我正往生西方。便以此花為贄。供養弥陀仏。毎遇花時。以家池花分供郡中諸寺。

寡婦長老之後。当于花時有恙。自喜曰。我及花時得病。往生極楽必矣。即招集家族隣人。別具盃盤相勧曰。今日者是我去閻浮之日也。言訖即世。今夜池中蓮花西向

詩を作って、貞操を守り続けることを誓った故事。『言泉集』亡夫帖にみえるが、『今昔』は訳出せず。

4 供物のこと。

5 前伝と同様。

6 病気になった。

7 病が往生の機縁となる。「病はこれ真の善知識なり」(『後拾遺往生伝』下・二六「永観伝」)。

8 『今昔』「飲食ヲ与へ、酒ヲ勧メテ」。

9 閻浮提。須弥山をとりまく大海に浮かぶ四洲の一、人間の住む南の島。この世。『今昔』「此ノ界」。

10 極楽浄土のある西方。最後の三話は蓮花をめぐる奇瑞譚。蓮花が極楽をイメージさせて本書は閉じられる。冒頭の第一「聖徳太子伝」にも蓮花あり(二一〇頁)、呼応するか。

而靡矣。

都盧《すべて》四十五人。[1]

菩薩二所、比丘廿六人、沙弥三人、比丘尼三人、優婆《うば》塞《そく》四人、優婆夷《うばい》七人。

日本往生極楽記一巻

寛永元年五月十一日[2]書写し畢《おわ》りぬ。同日一交《きょう》し了《おわ》りぬ。

都盧四十五人

菩薩二所　比丘廿六人　沙弥三人　比丘尼三人　優婆塞四人　優婆夷七人

奥書

1 後世の加筆。独立した伝は四十二だが、以下の数え方で四十五人になる。「比丘伝」(三―二七)は二十五伝だが、第一一の「智光伝」の頼光をも加える。「沙弥伝」(二八、二九)は二伝だが、第二二の「勝如伝」の教信を加える。「優婆夷伝」(三七―四二)は六伝だが、第三二「尼某伝」の「真頼一妹女」を加える。菩薩は聖徳太子と行基。比丘、沙弥、比丘尼、優婆塞、優婆夷の配列は仏法者の序列により、迦才の『浄土論』に依拠する。

2 一六二四年。書写奥書の年時。

日本往生極楽記一巻

寛永元年五月十一日書写畢　同日一交了

続本朝往生伝

続本朝往生伝

〔一〕一条天皇
〔二〕後三条天皇
〔三〕堀河入道右大臣
〔四〕権中納言顕基
〔五〕参議左衛門督音人
〔六〕僧正遍照
〔七〕慈忍僧正
〔八〕権少僧都覚運
〔九〕権少僧都源信
〔一〇〕権少僧都覚超
〔一一〕権大僧都桓舜
〔一二〕沙門増賀
〔一三〕沙門仁賀
〔一四〕阿闍梨叡実
〔一五〕沙門寛印
〔一六〕真縁上人
〔一七〕阿闍梨理光
〔一八〕沙門入円
〔一九〕沙門良範
〔二〇〕阿闍梨範久
〔二一〕阿闍梨成尋
〔二二〕沙門能円

〔二三〕沙門高明
〔二四〕沙門安修
〔二五〕沙門助慶
〔二六〕阿闍梨覚真
〔二七〕阿闍梨延慶
〔二八〕沙門覚尊
〔二九〕沙門賢救
〔三〇〕沙門日円
〔三一〕慶保胤
〔三二〕大江為基
〔三三〕同定基
〔三四〕同挙周
〔三五〕但馬守章任
〔三六〕前伊与守頼義
〔三七〕小槻兼任
〔三八〕参議兼経妻
〔三九〕頼俊小女
〔四〇〕比丘尼願証
〔四一〕比丘尼縁妙
〔四二〕源忠遠妻

続本朝往生伝　序

黄門侍《こうもんじ》郎《ろう》江匡房《まさふさ》[1]撰

それ極楽世界は、不退[2]の浄土なり。花池宝閣[3]は往き易くして人なし。予《われ》車を奔《はし》らせて年迫り[4]、霜露《そうろ》[5]のここに重きことを慚《は》づ。瓫《ほとぎ》を覆《おお》ひて性《こころ》[6]愚かなれども、日月の曲げて照すを待つ。功徳の池[7]は、遠しといへども、賢聖《げんじょう》と斉《ひと》しからむことを思ひ、生死《しょうじ》の山は、高しといへども、誓を恃《たの》みて越えなむと[8]欲《おも》ふ。何に況や、我が朝に西方を念じて素意を遂げし者、古今絶えず。寛和《かんな》の年の中[9]に、著《ちょ》作郎《さくろう》[10]慶保胤《やすたね》が、往生の記[11]を作りて世に伝へたり。その後百余年、また往々にあり。

序

1 大江匡房。天永二年(一一一一)没。権中納言、大宰権帥。成衡の子。黄門侍郎は中納言の唐名。後三条、白河、堀河、鳥羽四代に仕えた院政期前期を代表する学者官僚。『江都督納言願文集』『江家次第』『本朝神仙伝』『狐媚記』『遊女記』『洛陽田楽記』『江談抄』等々、多くの著述を残した。

2 極楽浄土に往生すれば穢土には退堕しない意。

3 『瑞応刪伝』「無量寿経讃を唱えて曰く、「四十八願、荘厳浄土、華池宝樹、易往無人」」。

4 年月が経つのを車の走ることに喩える。

5 積み重ねた罪。病気のことにも喩える。

6 伏せた盆の中には日月の光も及ばないこと。『抱朴子』内篇・弁問「三光の覆盆の間を照らさざるを責むるなり」。

7 極楽の七宝池で八功徳の水が充満している(『阿弥陀経』)。

近《このごろ》感ずるところあり。[12]故《かるがゆえ》に蒭蕘《すうじょう》[13]に詢《と》ひ、朝野を訪ねて、或いは前の記の遺漏《いろう》するところを採《と》り、或いはその後の事を接《つ》ぎて、康和[14]に竟《お》へぬ。上は国王・大臣より、[15]下は僧俗・婦女に至るまで、都盧《すべて》四十二人、粗行業《ほぼぎょうごう》を記して、諸《もろもろ》の結縁《けちえん》に備ふと、爾《しか》云ふ。

続本朝往生伝　序

黄門侍郎江匡房撰

夫極楽世界者。不退之浄土也。花池宝閣易往無人。予奔車年迫。慚霜露之惟重。覆瓫性愚。待日月之曲照。功徳之池。雖遠賢聖思斉。生死之山。雖高恃誓欲越。何況我朝念西方遂素意之者。古今不絶。寛和年中。著作郎慶保胤作往生記伝於世。其後百余年。亦往々而在。近有所感。故詢蒭蕘訪朝野。或採前記之所遺漏。或接

8 阿弥陀仏の衆生救済の祈願。六道輪廻の生死の山を越えて極楽に往生すること。

9 九八五―九八七年。

10 中務省の内記。慶滋保胤。第三一「慶滋保胤伝」。

11 日本最初の往生伝『日本往生極楽記』。

12 大宰府から帰任直前、長子隆兼が病没(康和四年閏五月四日)。「四十九日供養願文」に「累祖相伝之書、収拾誰人。愚父憖遺命、扶持何輩」と慨嘆。三尺の阿弥陀像を造立、「西方九品の迎え、宜しく引摂を垂るべし」と極楽往生を祈願している。

13 草刈りや木こり。身分の低い者。様々な人から情報を集めたことの喩。

14 一〇九九―一一〇四年。匡房は康和四年(一一〇二)正月まで大宰権帥として大宰府にいた。本書末尾・第四二「源忠遠妻伝」に「康和三年正月」とあり、帰任後の編述を示す。

15 僧ではなく、天皇、公卿を優先させ

其後事而□康和。上自国王大臣。下至僧俗婦女。都盧四十二人。粗記行業。備諸結縁云爾。

る配列が本書の特徴。四十二人は『往生極楽記』に合わせたのであろう。

〔一　一条天皇〕

一条《いちじょう》天皇は円融院《えんゆういん》の子《みこ》なり。母は東三条院《ひがしさんじょういん》、七歳にして位に即《つ》き[1]たまひ、宇《あめのした》を御《おさ》めたまふこと廿五年の間、叡哲欽明《えいてつきんめい》にして、広く万事に長《すぐ》れたまへり。才学文章《もんじょう》の詞花《しか》、人に過ぎ、糸竹絃歌《しちくげんか》の音曲、倫《ともがら》に絶《すぐ》れたまへり。年始めて十一にして[2]、円融院[3]に幸《みゆき》し、自《みずか》ら龍笛《りょうてき》[4]を吹きてもて宸遊《しんゆう》に備へたまへり。佳句[5]既に多く、悉《ことごと》くに人口にあり。

時の人を得たること[6]、またここに盛《さかり》となせり。親王には後中書王《ごちゅうしょおう》、上宰[7]には左相《さしょう》・儀同三司《ぎどうさんし》、九卿《きゅうけい》[8]には右将軍実資《さねすけ》・右金吾斉信《ただのぶ》・左金吾公任《きんとう》・源納言俊賢《としかた》・拾遺納言行成《ゆきなり》・左大丞扶義《すけよし》・平納言惟仲《これなか》・霜台相公有国《そうたいしょうこうありくに》等の輩《ともがら》、朝《あした》には廊廟《ろうびょう》[9]に抗議し、夕には風月に預参《よさん》したり。雲客《うんかく》[10]に

一　一条天皇

*『宝物集』五、『普通唱導集』下末。為時の話は、『今昔』二十四・三〇、『古事談』一、『今鏡』九、『十訓抄』十など。慶円の話は、『古事談』三。

1 寛和二年(九八六)。

2 正暦元年(九九〇)正月十一日(『百練抄』)。『続古事談』一、『御遊抄』。

3 円融寺。円融天皇の勅願寺、天元六・永観元年(九八三)に創建。院が出家後に居住。後に徳大寺、その後、龍安寺となる。

4 雅楽で使われる管楽器、横笛の一種。低い音から高い音まで縦横に吹き分けられる。名前の由来は「舞い立ち昇る龍の鳴き声」によるという。

5 一条天皇の詩は、『本朝麗藻』『類題古詩』『新撰朗詠集』『十訓抄』など。

6 以下の名寄せは、『今鏡』九、『宝物集』七、『十訓抄』一などにも見える。本書二一九ページに「『続本朝往生伝』「一　一条天皇」人名注解」としてまとめた。

は実成《さねなり》・頼定《よりさだ》・相方《すけかた》・明理《あきまさ》、管絃[11]には道方《みちかた》・済政《なりまさ》・時《とき》中《なか》・高遠《たかとお》・信明《さねあきら》・信義《のぶよし》、文士[12]には匡衡《まさひら》・以言《これとき》・斉名《ただな》・宣《のぶ》義《よし》・積善《もりよし》・為憲《ためのり》・為時《ためとき》・孝道《たかみち》・相如《すけゆき》・道済《みちなり》、和歌[13]には道《みち》信《のぶ》・実方《さねかた》・長能《ながとう》・輔親《すけちか》・式部・衛門・曽禰好忠《そねのよしただ》、画工には巨勢弘高《こせのひろたか》、舞人には大伴兼時《おおとものかねとき》・秦身高《はたのさねたか》・多良茂《おおのよししげ》・同政《まさ》方《かた》、異能[14]には私 宗平《きさいちのむねひら》・三宅時弘《みやけのときひろ》・伊勢多世《いせのたせ》・越智経《おちのつね》世《よ》・公侯恒則《きみこのつねのり》・参春時正《みはるのときまさ》・真上勝岡《まかみのかつおか》・大井光遠《おおいのみつとお》・秦経正《はたのつねまさ》、近衛[15]には下野重行《しもつけのしげゆき》・尾張兼時《おわりのかねとき》・播磨保信《はりまのやすのぶ》・物部武文《もののべのたけふみ》・尾《お》張兼国《わりのかねくに》・下野公時《しもつけのきんとき》、陰陽《おんよう》[16]には賀茂光栄《かものみつよし》・安陪晴明《あべのせいめい》、有験《うげん》の僧[17]には観修《かんじゅ》・勝算《しょうさん》・深覚《じんかく》、真言[18]には寛朝《かんじょう》・慶円《きょうえん》、能説[19]の師には清範《せいはん》・静照《じょうしょう》・院源《いんげん》・覚縁《かくえん》、学徳[20]には源信《げんしん》・覚《かく》運《うん》・実因《じついん》・慶祚《けいそ》・安海《あんかい》・清仲《せいちゅう》、医方[21]には丹波重雅《たんばのしげまさ》・和気《わけ》正世《まさよ》、明法《みょうぼう》[22]には允亮《ただすけ》・允正《ただまさ》、明経《みょうきょう》[23]には善澄《よしずみ》・広澄《ひろずみ》、武士[24]には満仲《みつなか》・満正《みつまさ》・維衡《これひら》・致頼《むねより》・頼光《よりみつ》、皆これ天下の一物《いちぶつ》[25]

7 上級の官吏。摂政など。
8 古代中国で国政を担った九人の大臣。
9 御殿、執政所。
10 殿上人。四位、五位以上及び六位蔵人の昇殿を許された貴族。
11 以下の六人の内、道方、高遠以外は『二中歴』一三・管絃人。
12 十人の内、積善までの五人は『二中歴』一二・儒者諸大夫、為憲以下は文章生諸大夫にみえる。
13 以下の七人は『二中歴』一二・歌人。次の舞人は身高と政方が『二中歴』一三にあり。
14 ここでは相撲を指す。時弘、恒則、光遠以外は『二中歴』一三。
15 近衛舎人。近衛府の下級役人だが、騎馬、射芸など諸芸能で注目されていた。以下、兼時、武文以外は『二中歴』一三にみえる。
16 陰陽寮。天文暦数、占相に関わる。以下の二人、『二中歴』一三・陰陽師。
17 以下三人の中で勝算と深覚は『二中歴』一三・験者。

なり。
斉信卿[26]常に語りて曰く、「心の中に人を推挙せむと欲《おも》ひ、龍顔《りょうがん》に謁《まみ》ゆることを得たるの時は、先《ま》づ天下を淳素《じゅんそ》に返す[27]べきの勅命あり。仍《よ》りて私心を抑へたり」といへり。左相府[28]日毎に玉饌《ぎょくせん》[29]を奉れり。本はこれ頼親《よりちか》[30]朝臣の蓮《れん》府《ぶ》[31]に奉るなり。自《みずか》らこの言を聞きたまひて、敢へて進御《しんぎょ》したまはず。「これ暴悪《ぼうあく》の者[32]の何《な》ぞ供御《くご》に及ばむ」云々とのたまへり。

源国盛《くにもり》[33]朝臣は越前守に任じ、藤原為時[34]は淡路守に任ぜらる。為時朝臣、女房に附きて書《ふみ》を献りて曰く、「除《じ》目《もく》[35]の春の朝《あした》、蒼天眼《まなこ》にあり」といへり。主上これを覧《み》たまひて、敢へて膳《かしわで》を羞《すす》めたまはず、夜の御帳に入り、涕泣《な》きて臥したまへり。左相参入し、そのかくのごときことを知りて、忽《たちま》ちに国盛朝臣を召して辞書[36]を進《たてまつ》らしめ、

18 以下、真言の東密、台密から一人ずつ、いずれも『二中歴』一三・密教。
19 説教の名手。最初の三人は『二中歴』一三・説教。
20 優れた学僧。以下六人とも『二中歴』一三・顕教。
21 いずれも『二中歴』一三・医師。
22 明法道。大学寮で律令法を研究、教授した学科。以下の二人、『二中歴』一三にみえる。
23 明経道。大学寮において儒学を研究、教授した学科。以下の二人、『二中歴』一三にみえる。
24 「武者」「兵」に対して、平安期に「武士」の用例は少ない。以下、すべて『二中歴』一三・武者。
25 逸物。優れたもの。
26 先の一物一覧の九卿の一人。ここは一条天皇が政治に公正だったことを聞いて道長が心を改めた話。類話は『愚管抄』三、『古事談』一・三三。
27 すなおで飾りけのないこと。『江談抄』二は花山院の治世を「天下政、忽

為時朝臣をもて越前守に任じたり。国盛の家中の上下のもの啼泣《な》きぬ。国盛朝臣これより病を受け、秋に及《いた》りて播磨《はりま》守に任ずれども、猶《なお》しこの病に依りて死せり。

寛弘《かんこう》八年[37]の夏、御薬に依りて位を遁《のが》れ、一条院[38]において、飾を落して道に入り[39]、日を経て不予《ふよ》[40]なり。慶円[41]座主退下の間、已にもて崩御したまひぬ。帰参の後、夜の御所《おとど》に入りて、院源[42]を招きて曰く、「聖運《せいうん》限りあり。力の及ぶところにあらず。但し生前の約《ちぎり》あり。「必ず最後の念仏を唱へしむべし」とのたまへり。この事相違して、この恨み綿々たり[43]。霊山《りょうぜん》[44]の釈迦を請《しょう》ぜらるべし。試に仏力を仰がむ。定めていまだ遠くには遷御《せんぎょ》したまはざらむ」といへり。院源、鐘を打ちて啓白す[45]。慶円、その念珠を見て不動火界呪《ふどうかかいじゅ》[46]を誦するに、いまだ百遍に及ばざるに、漸くにもて蘇息《そそく》[47]したまへり。左相直廬《ちょくろ》[48]より衣裳を顚

反淳素」。

28 左大臣。ここは道長のこと。

29 炊金饌玉。贅沢なご馳走。

30 康保三年(九六六)-天喜五年(一〇五七)説もあるが未詳。源満仲の次男。頼光の弟。大和源氏の祖。大和国守。道長一族に近侍。道長が一条帝に献上した玉饌は頼親が道長に献上したものだった。

31 大臣の邸、大臣そのものを指す。

32 道長自らを指すが、同時に道長に「殺人上手」と言わしめ、南都の寺社と争いを起こし、土佐に配流された頼親をも暗に指しているだろう。

33 信明の子。讃岐守。この話のごとく越前守を辞退させられ、病没。

34 先の「一物」の「文士」に出る。紫式部の父。

35 地方官を任命する春の除目(県召)。以下の句で、『今昔』は「春朝」を「後朝」。上句は「苦学の寒夜、紅涙襟を霑す」。除目に選ばれなかった翌朝の天は青く澄み渡り、眼にしみることよ。淡路国は下国、越前国は大国で同

倒[49]して忩《いそ》ぎ参らる。慶円即ち生前の御語《ことば》に依りて、念仏百余遍を唱へしめ訖《おわ》りぬ。その後登霞《とうか》[50]したまへり。十善の業《ごう》[51]に依りて、万乗《ばんじょう》の位[52]を感じ、往昔《おうしゃく》五百の仏に事《つか》へて、今生霜露《そうろ》の罪[53]を少くしたまふ。最後の念仏かくのごとし。あに浄刹《じょうせつ》[54]に往生したまはざらむや。

一条天皇者円融院之子也。母東三条院。七歳即位。御宇廿五年間。叡哲欽明。広長万事。才学文章。詞花過人。糸竹絃歌。音曲絶倫。年始十一。幸於円融院。自吹龍笛以備宸遊。佳句既多悉在人口。

時之得人。也於斯為盛。親王則後中書王。上宰則左相。儀同三司。九卿則右将軍実資。右金吾斉信。左金吾公任。源納言俊賢。拾遺納言行成。左大丞扶義。平納言惟仲。霜台相公有国等之輩。朝抗議廊廟。夕預参風月。雲客則実成。頼定。相方。明理。管絃則道方。済政。

じ受領でも差が大きかった。同話は『今昔』二十四・三〇、『古事談』一・二六、『今鏡』九、『十訓抄』十・三一等々。『今昔』は国盛家の悲嘆や病死を語らない。一条院の影も薄く、道長主体の詩徳説話になっている。

36 辞表。

37 一〇一一年。六月十三日に譲位、十九日に落髪入道、御悩危急(『日本紀略』)。

38 「一条南大宮東二町、謙徳公の家、又、法住寺大臣為光の家となすなり」(『拾芥抄』)。以下の話は『古事談』三・三九。

39 高貴な人の出家。

40 天子の病。

41 先の「一物」の「真言」にみえる。当時は権僧正。天台座主は長和三年(一〇一四)。

42 先の「一物」の「能説の師」にみえる。当時は前権大僧都。天台座主は寛仁四年(一〇二〇)。

43 一条院の心残り。『長恨歌』に拠る。

時中。高遠。信明。信義。文士則匡衡。以言。斉名。宣義。積善。為憲。為時。孝道。相如。道済。和歌則道信。実方。長能。輔親。式部。衛門。曽禰好忠。画工則巨勢弘高。舞人則大伴兼時。秦身高。多良茂。同政方。異能則□宗平。三宅時弘。伊勢多世。越智経世。公侯恒則。参春時正。真上勝岡。大井光遠。秦経正。近衛則下野重行。尾張兼時。播磨保信。物部武文。尾張兼国。下野公時。陰陽則賀茂光栄。安陪晴明。有験之僧則観修。勝算。深覚。真言則寛朝。慶円。能説之師則清範。静照。院源。覚縁。学徳則源信。覚運。実因。慶祚。安海。清仲。医方則丹波重雅。和気正世。明法則允亮。允正。明経則善澄。広澄。武士則満仲。満正。維衡。致頼。々光。皆是天下之一物也。

斉信卿常語曰。心中欲推挙人。得謁龍顔時。先有可返淳素天下之勅命。仍抑私心。左相府毎日被奉玉饌。本是頼親朝臣奉蓮府也。自聞此言。敢不進御。是暴悪之者。何及供御云々。

44 霊鷲山。耆闍崛山、鷲峰山とも。摩訶陀国の王舎城の東北、尼連禅河の側にある小高い山。釈迦がここで『観無量寿経』や『法華経』を説いたとされ、霊山浄土、霊山会などと呼ばれる。叡山横川の霊山院で源信始行の釈迦講もあった。

45 法会や修法で趣意や願意を仏に申し述べる。表白。

46 密教で不動明王を祀る火生三昧の修法で、印を結び、大火炎が無限に流れ出るのを観想し、唱える呪文。

47 息を吹き返す。火界呪の効験。一条院の遺言をかなえ、念仏を唱えて送り出すため密教の不動の修法を行った。

48 宮中の摂関、大臣の宿所。

49 ころげながら駆けつける様をいう。

50 登遐。天皇や上皇が亡くなること。

51 十悪を犯さず、不殺生・不偸盗・不邪淫・不妄語・不綺語・不悪口・不両舌・不貪欲・不瞋恚・不邪見を守ること。十善戒、十善業道。前世にこれを

源国盛朝臣任越前守。藤原為時任淡路守。為時朝臣附於女房献書曰。除目春朝蒼天在眼。主上覧之。敢不羞膳。入夜御帳。涕泣而臥。左相参入。知其如此。忽召国盛朝臣令進辞書。以為時朝臣任越前守。国盛家中。上下啼泣。国盛朝臣自此受病。及秋任播磨守。猶依此病死。

寛弘八年之夏。依御遁位。於一条院落飾入道。経日不予。慶円座主退下之間。已以崩御。帰参之後。入夜御所。招院源曰。聖運有限。非力之所及。但有生前之約。必可令唱最後念仏。此事相違。此恨綿々。可被請霊山釈迦。試仰仏力。定未遠遷御。院源打鐘啓白。慶円見其念珠。誦不動火界呪。未及百遍漸以蘇息。左相自直廬顚倒衣裳被忩参。慶円即依生前之御語。令唱念仏百余遍訖。其後登霞。依十善之業。感万乗之位。往昔事五百之仏。今生少霜露之罪。最後念仏如此。豈不往生浄刹乎。

行なった果報で天子に生まれたとされ、天皇、天子をさす。十善の君。
52 天子の位。乗は車で、周代、天子は戦時に兵車一万台を徴発できたことによる。
53 衆生が犯す罪。懺悔によって消滅するため、霜や露に喩える。「衆罪は霜露のごとく、恵日能く消除せん」(『普賢観経』)。
54 浄土に同じ。『古事談』は最後に一条院が中宮に聞かせた辞世の歌を記す。「露の身の風の宿りに君を置きて遠くいでぬる事をしぞおもふ」。

〔三　後三条天皇〕

後三条《ごさんじょう》天皇は後朱雀院《ごすざく》1の第二の子《みこ》なり。母は陽明門院《ようめいもんいん》2なり。九五の位3を履《ふ》みて、一千の運に鍾《あた》り、聖化《しょうか》の、世に被《かぶらしむ》ること、殆《ほとほと》に承和《じょうわ》・延喜《えんぎ》4の朝に同じ。相伝へて曰く、「冷泉院《れいぜいいん》5の後、政《まつりごと》執柄《しっぺい》6にあり。花山《かざん》天皇7の二ケ年の間、天下大きに治まれり」といへり。その後、権また相門に帰りて、皇威廃れたるがごとし8。ここに、天皇五ケ年の間9、初めて万機《ばんき》を視《み》たまへり。俗は淳素《じゅんそ》に反《かえ》りて10、人は礼義を知り、日域塗炭《にちいきとたん》11に及ばず。民今にその賜《たまもの》を受くるの故のみ。和漢の才智は、誠に古今に絶《すぐ》れたまひ、耆儒《きじゅ》12元老といへども、敢へて抗論せず。雷霆《らいてい》13の威を発《おこ》したまはずといへども、必ず雨露《うろ》の沢《たく》あり。文武共に行はれて、寛猛《かんもう》相済《すく》へり14。太平の世、近くここに見《あらわ》れたり。

三　後三条天皇

＊『普通唱導集』下末に引用。

1 寛弘六年(一〇〇九)-寛徳二年(一〇四五)。在位九年。諱は敦良。一条天皇の第三皇子。母は中宮彰子。同母兄に後一条天皇。

2 長和二年(一〇一三)-寛治八・嘉保元年(一〇九四)。禎子内親王。三条天皇の第三皇女、後朱雀天皇の皇后、女院。母は藤原道長の娘で皇后姸子。後三条天皇の母。『大鏡』は末尾でこの禎子誕生を語ることで未来の予祝としている。

3 天子の位。九は陽、五は易の卦で天子の位をあらわす象。

4 承和は仁明天皇の年号(八三四-八四八)、延喜は醍醐天皇の年号(九〇一-九二三)。後者は延喜天暦の治として聖代視される。前者は最後の遣唐使の時代。

5 冷泉天皇。天暦四年(九五〇)-寛弘八年(一〇一一)。在位二年。村上天皇の第二皇子、母は藤原師輔の娘中宮安子。円融天皇の同母兄。安和の変を契機に譲位、藤原氏の摂関体制が強化。『大鏡』六

円宗寺《えんしゅうじ》15を作りて、始めて二会《にえ》16を置き、日吉《ひえ》の社17に幸《みゆき》して、深く一乗に帰したまへり。禅譲《ぜんじょう》18の後、遂にもて世を遁れたまへり〈法名〉。御大漸《たいぜん》19の剋、心を専《もはら》にして乱れず、先づ念仏を修して、一旦に崩御したまへり。

故備後《びんご》守保家《やすいえ》20朝臣の妻《め》は、出家して栖霞観《せいかかん》21にありき。延久《えんきゅう》五年五月七日の暁に夢みらく、綵雲《さいうん》西に聳《そび》きて、笙歌《しょうが》絶えず。夢の中に問へば、人皆謂ひて曰く、「これ仙院の御往生の相なり」といふ。寤《さ》めて後、人来り告げて曰く、「今朝晏駕《あんが》22したまへり」といへり。およそ人の泉《せん》に帰るとき、貴賤を論《い》はず、多くその霊あり。天皇に至りては、いまだその咎祟《きゅうす》23あらず。或人の夢に曰く、「他の澆泊《ぎょうはく》24の国を治めんがために、早くもて遷御《せんぎょ》したまへり」といへり。これ謬説《びゅうせつ》ならむ。偏《ひとえ》に極楽の新しき主25なり。宇治の前大相国《だいしょうこく》26、天皇の崩御を聞きて歎きて曰

や『愚管抄』三に冷泉辺りからの時代の変化が指摘される。

6 政権を担う意。ここは摂政関白を指す。

7 安和元年（九六八）-寛弘五年（一〇〇八）。在位二年。冷泉天皇の第一皇子。母は一条摂政藤原伊尹の娘女御懐子。三条天皇の異母兄。親政強化を試みるが、摂関家の圧力で退位。退位時の話は『大鏡』で有名。以後は西国札所巡礼の始祖や熊野御幸伝承などで知られる。『大鏡』や『栄花物語』、『今昔』、『古事談』などに逸話が多い。

8 暗に前段の一条朝など摂関体制の強まった時期の批判となる。

9 本書の著者大江匡房は後三条在位時に東宮学士、蔵人を歴任。『続古事談』一、『愚管抄』四などに逸話あり。

10 前伝・注27参照。

11 泥塗に陥り炭火に落ちて救いようのない苦しみ。

12 徳の高い学者。『今鏡』に博士にも勝る学才が讃えられる。

13 激しい雷。

く、「これ本朝不幸の甚しきなり」といへり。

後三条天皇者後朱雀院第二之子也。母陽明門院。履九五之位。鍾一千之運。聖化被世。殆同承和延喜之朝。相伝曰。冷泉院後政在執柄。花山天皇二箇年間。天下大治。其後権又帰於相門。皇威如廃。爰天皇五箇年之間。初視万機。俗反淳素。人知礼義。日域不及塗炭。民于今受其賜之故耳。和漢才智誠絶古今。雖耆儒元老。敢不抗論。雖不雷霆之威。必有雨露之沢。文武共行。寛猛相済。太平之世近見於斯。作円宗寺。始置二会。幸日吉社。沢《深歎》帰一乗。禅譲之後。遂以遁道。〈法名〉御大術《漸歎》之剋。専心不乱。先修念仏。一旦崩御。故備後守保家朝臣妻。出家在栖霞観。延久五年五月七日暁夢。綵雲西聳。笙歌不絶。夢中問之。人皆謂曰。此仙院御往生之相也。寤後人来告曰。今朝晏駕。凡人帰泉。不論貴賤多有其霊。至天皇者未有其咎祟。或人

14 治政には寛容と厳格の調和が必要という理念。『春秋左伝』昭公二十年。「太平の世」に関しては『今鏡』にもみえる。『江談抄』二・一七に強盗が全くいなくなったという。

15 延久二年(一〇七〇)建立、もと円明寺。現存せず、龍安寺の西、仁和寺の南、妙法寺の西北に当たる。円教寺、円乗寺、円融寺と合せて四円寺として栄えた。

16 最勝会と法華会。延久四年(一〇七二)、後三条が行幸して始めたという(『扶桑略記』)。法勝寺大乗会と共に天台の北京三会といわれた。

17 比叡山の守護神山王権現を祀る。近江の坂本に鎮座。『扶桑略記』延久三、四年(一〇七一、七二)に行幸の記事あり。

18 延久四年(一〇七二)十二月八日に貞仁親王(白河天皇)に譲位、翌年四月二一日に病により出家入道、五月七日に四十歳で没(『扶桑略記』)。

19 危篤。

20 権中納言藤原公信の子。春宮亮。康

夢曰。為治他澆泊之国。早以遷御。是謬説也。偏極楽之新主也。宇治前太相国。聞天皇崩御歎曰。此朝不幸之甚也。

〔三〕 堀河入道右大臣

堀川入道右大臣は、入道大相国《だいしょうこく》[1]の第二の子なり。母は盛明親王[2]の女《むすめ》なり。累葉《るいよう》の相門《しょうもん》を出でて、早く象岳《しょうがく》[3]に備はり、人間の栄花は、経歴《きょうりゃく》せずといふことなし。生前の間、ただ後世《ごせ》の業をのみ修して、天台の教門を学べり。[4]病の大漸なるに及びて、飾を落して道に入れり。[5]麁《あら》き布《ほ》衣《い》[6]を着て、念誦堂《ねんじゅどう》[7]に到り、沐浴潔斎して、香炉を捧げて念仏せり。子孫多しといへども、みな近づくことを得ず。恩愛の道を絶たむがためなり。遂にもて入滅せり。没《う》せ

平七年(一〇六四)閏五月卒(『尊卑分脈』)。以下の妻の夢想譚は『今鏡』にもあり。

21 源融の山荘、後に栖霞寺。嵯峨野の清凉寺の東にある阿弥陀堂(『花鳥余情』十)。

22 天子の崩御。延久五年は一〇七三年。泉は黄泉。

23 罪をとがめ禍を引き起こすこと。

24 人情が薄く世が乱れること。澆薄。

25 他に匡房の『江都督納言願文集』六「法華経三千部転読願文」に後三条の異母兄の後冷泉天皇を「極楽新君」とする例や「日吉社仁王経供養願文」に「万乗之新主」、『唱導抄』に「安養九品之新主」の例あり。

26 藤原頼通。正暦三年(九九二)-延久六年(一〇七四)。道長の長男。摂政、関白、太政大臣。宇治の平等院を創建、宇治殿と呼ばれる。『古事談』一にみえる。

三 藤原頼宗

＊関連資料未詳。

たる後にその手を見るに、弥陀の迎接《ごうしょう》の印[8]を作《な》せり。平生密教を知らざるに、自然《じねん》にかくのごとし。決定《けつじょう》往生[9]の相なり。

堀川入道右大臣者。入道大相国之第二子也。母盛明親王之母《女歟》也。出累葉之相門。早備象岳。人間栄花。無不経歴。生前之間。唯修後世之業。学天台教門。及病之大術。落飾入道。着麁布衣。念誦。沐浴潔斎。捧香炉念仏。子孫雖多。皆不得近之。為絶恩愛之道也。遂以入滅。没後見其手。作弥陀迎接之印。平生不知蜜教。自然如此。決定往生之相也。

〔四　権中納言顕基〕

権中納言源顕基《あきもと》は、大納言俊賢《としかた》[1]卿の子なり。少《わか》き年よ

1 道長。
2 延長六年(九二八)–寛和二年(九八六)。醍醐天皇の皇子。源高明の娘明子を養女とし、明子は高松殿と称される。
3 三公。
4 『入道右大臣集』に「法華経二十八品歌」あり。
5 出家。康平八年(一〇六五)正月。
6 粗末な衣服。
7 屋敷内にある持仏堂。
8 阿弥陀が迎えに来る印相。右手を挙げ、左手を垂れる印か八葉の印。『千載集』一九・一二〇八に「月に寄せて極楽を念ずる心」を詠んだ「入る月を見るとや人は思ふらん心をかけて西に向かへば」の和歌あり。
9 往生が確実に定まること。『浄土論』「勧道俗等、決定往生、得見諸仏」。

四 源顕基
*『栄花物語』三二、『袋草紙』上二、『今鏡』一、『古事談』一・四七、『発心

り書に耽《ふけ》り学を好めり。顕要《けんよう》重職を歴《へ》たりといへども、心は菩提にありき。後一条院の寵臣《ちょうしん》なり。晏駕《あんが》の期《ご》[2]に及びて、梓宮《しきゅう》[3]に燈を供へず。その由を問ふに曰く、「所司《しょし》[4]皆新主の事を勤めたり」云々といへり。これに因りて発《ほっ》心《しん》し、常に白楽天《はくらくてん》[5]が詩を詠じて曰く、「古き墓何《いずれ》[6]の世の人ぞ。姓と名とを知らず。化して道の傍《ほとり》の土となりて、年々春の草のみ生ひたり」といふ。また曰く、「忠臣は二君に仕へず」[7]といへり。

七々の聖忌《しょうき》[8]の後、忽《たちま》ちにもて出家せり。男女衣を引きて、[9]恩愛《おんあい》行を妨げたれども、敢へて拘留《こうりゅう》せられず。楞厳《りょうごん》院《いん》[10]に昇りて、飾を落して道に入り、大原山《おおはらやま》[11]に住せり。内《ない》外《げ》の典籍を好みて、念仏読経を修す。後に背の病を発《おこ》せり。良医曰く、「治《ち》すべし」といふ。納言入道曰く、「万病の中に正念《しょうねん》違はざるは、癰疽《ようそ》[12]に過ぎず。如《し》かじ、この

集』五・八、『撰集抄』四・五、『十訓抄』六・一一、『古今著聞集』四・一三六。

1 天徳四年(九六〇)–万寿四年(一〇二七)。源高明の三男。前出。一条朝の四納言の一人。

2 崩御。

3 梓で作る天子の棺、転じて陵墓。

4 官庁の役人。ここでは主殿寮。燈燭を司る役職だが、新天皇の仕事が優先された。

5 白居易。七七二–八四七年。唐代中期の漢詩人。詩文集の『白氏文集』は日本文学に多大な影響を与えた。

6 『白氏文集』二「続古詩十首」の第二。

7 『史記』田単列伝に拠る成語。

8 七日の誤写であろう。後一条は長元九年(一〇三六)四月十七日没、顕基は同二十一日に出家(『左経記』、『今鏡』)。

9 家族や周囲の者が引き止めた。

10 比叡山横川の中堂。

11 洛北、八瀬の北、門閥化する延暦寺

次《ついで》に早く九泉《きゅうせん》13に帰らむには」といへり。便ち療治《りょうじ》を止め、ただ仏を念じて、長くもて入滅せり。

権中納言源顕基者。大納言俊賢卿之子也。自少年耽書好学。雖歴顕要重職。心在菩提。後一条院之寵臣也。及晏駕之辞宮不供燈。問其由曰。所司皆勤新主之事云々。因此発心。常詠白楽天詩曰。古墓何世人。不知姓与名。化為道傍土。年々春草生。亦曰。忠臣不仕二君。

七々聖忌之後。忽以出家。男女引衣。恩愛妨行。敢不拘留。昇於楞厳院。落飾入道。住大原山。好内外典籍。修念仏読経。後発背之病。良医曰。可治。納言入道曰。万病之中正念不違。不過癰疽。不如此次早帰九泉。便止療治。唯念仏長以入滅。

を離れて叡山僧が移住、多くの貴顕、上人が入った別所。補陀洛寺、勝林院、来迎院、三千院などで著名。

12 腫物。癰は六腑、疽は五臓にでき、五寸から一尺の大きさ（『医心房』十五）。

13 黄泉。墓地の意から転ず。

〔五　参議左衛門督音人〕

参議左衛門督《さえもんのかみ》大江音人《おとんど》卿は、大同《だいどう》[1]の後の阿保《あぼ》親王[2]の子なり。早く儒業《じゅぎょう》[3]を遂げて、高く公卿に昇り、大弁を歴《へ》て、大理《たいり》[4]に居れり。少《わか》き日より才名世に被《かぶ》らしめぬ。その瑞《ずい》応《おう》を謂へば、或いは蛇《くちなわ》[5]の足を見、或いは北斗四星[6]を酌《く》みて飲めり。船助道《ふなのすけみち》[7]が献冊《けんしゃく》[8]の時答へて曰く、「本朝には問ふべきの人なし、将《まさ》に異国に渡らむとす」といへり。天皇大きに怪びて、音人をして問はしめたまふ。問ふところの義、みな通ぜざるものなし。世のひと大きに感じたり。

その行状に至りては、国史[9]に見え、別伝[10]に詳《つばびらか》なり。今重ねて叙《の》べず。最後の瞑目《めいもく》の剋、尊勝陀羅尼《そんしょうだらに》[11]を誦すること七遍にして気《いき》絶えたり。人《ひと》往生の人なりと称《い》へり。

五　大江音人

＊『三代実録』、『扶桑略記』元慶元年十一月条・卒伝、『江談抄』二・一七。

1 平城天皇。宝亀五年(七七四)‐天長元年(八二四)。桓武天皇皇子。弟に嵯峨天皇。大同は八〇六‐八一〇年。平城の在位は大同元年(八〇六)‐大同四年(八〇九)。

2 延暦十一年(七九二)‐承和九年(八四二)。父は平城天皇、高岳親王は弟。在原仲平、行平、業平の父。音人の父説は親王が薬子の変に連座したため、大枝本主の養子になった等々、諸説あり。

3 紀伝道を学び、対策に及第したこと。

4 大弁は弁官職の上位。大理は検非違使別当の唐名。『江談抄』に音人が獄舎を改良し、囚人に恩を施した話あり。

5『扶桑略記』卒伝に九歳の時に赤色のごとき蛇の短足が連なっている姿を見たという。

6 四星は七星の方形の部分。同卒伝に音人が柄杓で汲んで飲み、巨勢文雄にも飲ませたという。

7 貞観五年(八六三)八月九日、菅野朝臣

参議左衛門督大江音人卿者。大同後阿保親王之子也。早遂儒業。高昇公卿。歴大弁居大理。自少日才名被世。謂其瑞応。則或見蛇足。或酌北斗日皇而飲。船助道献冊之時答曰。本朝無可問之人。将渡異国。天皇大怪。令音人問之。義皆無不通。世大感之。至其行状者。見於国史。詳於別伝。今不重叙。最後瞑目之剋。誦尊勝陀羅尼七遍而気絶。人称往生之人。

の姓を賜わる(『三代実録』)。大外記。貞観十年(八六八)没。
8 冊は対策。官吏登用試験の解答論文。
9 『三代実録』の卒伝をさす。
10 単独の音人伝をさすか。『本朝書籍目録』に「音人伝」。
11 仏頂尊勝の功徳を説く陀羅尼。八十七句あり、長寿快楽を得、極楽往生の功徳があるとされた。

〔六　僧正遍照〕

僧正遍照は承和《じょうわ》[1]の寵臣《ちょうしん》なり。俗名は宗貞《むねさだ》。近衛将《このえのしょう》[2]を歴《へ》て、蔵人頭《くろうどのとう》に補せられたり。累葉清花《るいようせいか》[3]の家より出でて、前疑後丞《ぜんぎこうじょう》[4]の任に居れり。才操《さいそう》相兼ねて、衆望《しゅうぼう》の帰するところなり。また和歌[5]に長《すぐ》れたり。宮車の晏駕《あんが》[6]したまへるに及びて、恋慕に堪へず、遂にもて道に入れり。[7]慈覚大《じかくだい》

六　僧正遍照
＊『真言伝』四・一二、『普通唱導集』下末。出家譚は『今昔』十九・一。
1 仁明天皇をさす。元号は八三四―八四八年。
2 ここでは左近衛少将。
3 大臣に到る代々貴い家柄。父安世は桓武天皇の皇子で良峯姓を名乗る。
4 天子の前後で補佐する臣下。
5 『古今集』仮名序「僧正遍昭は歌のさまはえたれども、まこと少なし」。

師《し》[8]の弟子にして、安然《あんねん》和尚[9]の師匠なり。難行苦行して、自《おのずか》らに効験《こうげん》多し。公家捨てずして、授くるに僧正の職をもてし、兼て御持僧《ごじそう》となせり。

天狗[10]、人に託《つ》きて曰く、「貞観《じょうがん》[11]の世に北山《きたやま》[12]に住したり。当世の有験《うげん》の僧を知らむと欲《おも》ひ、変じて小《おさな》き僧となりて、樹の下に立てり。一《ひとり》の樵夫《しょうふ》に逢ふ。謂ひて曰く、「我を当時《そのかみ》の執政《しゅうせい》の家に送れ、将《まさ》に大きに報いること有らむとす」といふ。夫の曰く、「将《まさ》に何《いか》がはせむ」といふ。我曰く、「一の革の嚢《ふくろ》[13]を持ちて、明夕来るべし」といへり。又その言のごとくしたり。即ち飛鳶《ひえん》[14]となりて嚢に入る。晩頭《ばんどう》右相[15]の家の中門に到りて、その口を開くに、便ち寝殿に到りて、足をもて右相の胸を踏みつ[16]。頓《にわか》の病ありと称《い》ひて、家の中大きに騒ぐ。足を挙げ足を下すに、或いは活き或いは死す。当時の名徳《みょうとく》を請《しょう》ずるに、敢へて畏る

6 天子の崩御。
7 嘉祥三年(八五〇)三月二十八日に出家(『文徳実録』)。
8 円仁。『往生極楽記』第四伝。
9 承和八年(八四一)–延喜十五年(九一五)頃。近江国の出自。最澄と同族とされる。天台宗の僧。五大院阿闍梨・阿覚大師・福集金剛・真如金剛などと称される。円仁につき、その死後は遍照に師事して顕密、戒学、悉曇学を修得。中国には渡らず、『悉曇蔵』を著す。元慶寺座主。比叡山に五大院を創建、天台教学・密教教学に専念。台密を大成する。
10 流星や山中の怪異などそのイメージは多岐に及ぶが、次第に翼を持って飛行する妖怪とされ、仏法に敵対する魔物となる。中世には天狗道という魔界となり、天魔や怨霊の化身にまで成長する。以下は天狗が人に取り憑いて自らの体験を語る。天狗の視線を通した往生譚として特異。類似の型は『拾遺往生伝』上・一五「長慶伝」にもあり。

べきの人なし。

一両日を経て、家司《けし》来りて曰く、「猶《なお》し花山の僧正を請ぜらるべし」といへり。巳時に請書《しょうしょ》[17]を遣せるに、未時に領状《りょうじょう》[18]あり。総角《あげまき》[19]二人、白き杖を捧げて、状に随ひて相副《そ》ふ。我頗《すこぶ》る恐れたり。暫くして壇場を塗らむ[20]がために、承仕《しょうじ》[21]以下到来せり。また護法[22]五、六人あり。夜に入りて僧正光臨《こうりん》し、護法の数、十余人に及べり。我漸くに足を収めて、意《こころ》に任すこと能はずして、相忍びて居れり。修法すること七日の間に、病已に平愈《へいゆ》したれども、いまだ我を伏《ぶく》するに及ばず。家司重ねて請じて、延ぶるに二ケ日をもてせり。この時に術尽きて、已に方計《ほうけい》を失へり。

第二の日の暁に、鉄《くろがね》の網[23]をもて我を入れて、炉壇《ろだん》[24]の火の中に置く。焦《こが》れ灼《や》けて煨燼《わいじん》となりぬ。壇の灰を捨つるに及びて、幸に厠の辺[25]に置く。便ち食気に就きて蘇生せ

11 清和天皇の年号で八五九―八七七年。
12 京の北西の丹波高地に連なる山間部の呼称。
13 革製の袋で、鳶でも飛ばずに袋に入ったまま、家の中門まで木樵に運ばせる。中は異界ともいえる袋に入ることの意味があろう。
14 天狗はしばしば鳶の姿になる。
15 当時の右大臣は源多。元慶六年(八八二)、右大臣。
16 周囲の人にはその姿は見えない。悪霊が取り憑く型に同じ。『続古事談』五・一二に丹波守貞嗣がもののけに胸を踏まれ、頓死して蘇生する話があり、「天狗のしわざ」とされる。
17 招聘状。祈禱を依頼する時の作法。
18 受け取り状。依頼が巳時、承諾が未時で午前十時頃から午後二時頃。
19 古代の少年の髪型。髪を左右に分け、頭上の左右に輪を作る。少年をも指す。
20 密教の修法のための護摩壇。もとは泥で塗り固めたのでその言い方が残る。日本では木製。

り。この処に居ること六年、もし門を出でむと欲するときは、護法独り猶《なお》し拘留《こうりゅう》して敢へて寸歩《すんぽ》すること能はず。たまたま水門[26]より出でぬ。

ここにこの人、本朝の一物《いちぶつ》[27]なることを知りぬ。必ず嬈《にょう》乱《らん》[28]を致さむと欲し、仍《よ》りて花山《かざん》[29]に到る。他の所には居難し。或いは廁の辺に住すること三年なり。僧正来るごとに、護法五、六人必ず守護せり。終《つい》にその隙《ひま》を得ず[30]。また最後の臨終のとき、その妨を成すべしと思ひ、その命の期《ご》するときを尋ねて、かの山に向ふといへども、護法衛護し、聖衆来迎《しゅうじゅらいごう》して、敢へて二、三里の内に入ること能はず。ただ空中の管絃を聞き、山上の雲気を望みて止[31]みぬ」といへり。本伝は国史[32]にあり。今恐らくは異聞[33]を伝ふるのみ。

21 使いの者。
22 護法童子。聖僧に使える、一般の目には見えない童子。
23 地獄の攻め具のイメージ。
24 護摩壇の火炉。
25 糞便が天狗の食糧となった。『今昔』二十・一の天竺天狗は叡山の廁までたどりつき、廁の水まで法文を唱える様に心打たれ改心する。廁は聖界と俗界の境界の位置。
26 これも境界に相当。円仁が纐纈城の難を脱出するのも「水門」(『今昔』十一・一二)。
27 第一・一条天皇伝「天下の一物」。
28 悩まし乱す。
29 東山区山科。元慶寺。陽成天皇の誕生を母后高子が祈願して創建。遍照が定額寺とする。
30 高僧を護法童子が守っているため、天狗が妨害できない型は是害坊天狗譚に共通(『今昔』二十・二、『是害坊絵巻』)。
31 結果として天狗が往生の奇瑞の目撃

僧正遍照者承和之寵臣也。俗名宗貞。歴近衛将。補蔵人頭。出自累葉清花之家。居於前亂後承之任。才操相兼。衆聖所帰。又長和歌。及宮車晏駕。不堪恋慕。遂以入道。慈覚大師之弟子。相応和尚之師匠也。難行苦行。自多効験。公家不捨。授以僧正職。兼為御持僧。天狗託人曰。貞観之世住於北山。欲知当世有験之僧。変為小僧。立於樹下。逢一樵父《夫歟》。謂曰。送我於当時執政之家。将有大報。父曰。将何為。我曰。持一革嚢。明夕可来。又如其言。即為飛鳶入嚢。晩頭到於右相家中門。開其口便到寝殿。以足踏右相胸。称有頓病。家中大騒。挙足下足。或活或死。請当時名徳。敢無可畏之人。

経一両日。家司来曰。猶可被請花山僧正。巳時遣請書。未時有領状。総角二人捧白杖。随状相副。我頗恐之。暫而為塗壇場。承仕以下到来。又有護法五六人。入夜僧正光臨。護法数及十余人。我漸取足。不能任意。相忍而居。修法七日之間。病已平瘉。未及伏我。家司重

者となる。

32 遍照の死は寛平二年(八九〇)で、「国史」はない。『本朝書籍目録』にいう「新国史四十巻」や『拾芥抄』にいう「新国史五十巻」(『続三代実録』)を指すか。

33 その出処は不明だが、この種の説話が種々語られ、流布していたことを示す。

請。延以二箇日。此時術尽已失方計。第二日暁。以鉄網入我。置於炉壇之火中。焦灼為煨燼。及捨壇灰幸置廁辺。便就食気蘇生。居此処六年。若欲出門。則護法独猶拘留。敢不能寸歩。適出自水門。於是知此人為本朝一物。必欲到嬈乱。仍到花山。他所雑居。或住廁辺三年。僧正毎来。護法五六人必守護之。終不得其隙。又思最後臨終可成其妨。尋其命期。雖向彼山。護法衛護。聖衆来迎。敢不能入於二三里之内。唯聞空中管絃。望山上雲気而止。本伝国史。今恐伝異聞而已。

〔七 慈忍僧正〕

慈忍《じにん》僧正は諱《いみな》は尋禅《じんぜん》、九条右大臣[1]の子なり。累葉《るいよう》将相《しょう》の家より出でて、四明天台《しめいてんだい》[2]の道に入り、楞厳院《りょうごんいん》[3]に住し

七 慈忍
*『真言伝』五・八。
1 藤原師輔。延喜八年(九〇八)―天徳四年(九六〇)。忠平の次男。小野宮実頼の弟。道長の祖父。右大臣。有職故実・学問に長じ、九条流。没後に長女の中宮安

て、慈恵《じえ》僧正[4]をもて師となせり。大僧正、大臣と師檀《しだん》の[5]契深し。即ち託《つ》くるに鍾愛《しょうあい》の子をもてせり。僧正忍辱《にんにく》[6]をもて衣となし、慈悲をもて室となす。天性聡敏《そうびん》にして、顕密《けんみつ》に通達し、霊験掲焉《けちえん》にして、人神信伏せり。然れども敢へて魔軍《まぐん》を調伏《ちょうぶく》[7]することを好まず、ただ偏《ひとえ》に生を浄土に託せむことを期《ご》するのみ。朝家重んじて、[8]推して職位を加へたり。一身阿闍梨《あざり》[9]の源はこの人に起りぬ。

冷泉《れいぜい》天皇[10]邪気に依りて御煩《わずら》ひあり、連年不予《ふよ》なり。僧正参入《さんにゅう》して、護身結界[11]せり。天皇大きに怒りて、剣を抜きて斬らむとしたまふ。僧正大きに恐れて、南の階《はし》の下に逃れ入る。而《しこ》うして堂の上に留むるところの三衣筥《さんえばこ》[12]、護法[13]これを守る。天皇この筥の下に自ら縛られたまふこと数百遍なり。いよいよこの道[14]を厭《いと》ひて、ただ仏果《ぶっか》を求めたまへり。後に天台座主[15]に至る。再三辞譲《じじょう》すれども、

子の皇子が冷泉天皇・円融天皇としてそれぞれ即位、天皇の外戚として栄えた。

2 中国浙江省の天台宗聖地の名にちなみ、比叡山も四明岳と称された。

3 比叡山の横川の中堂。第四「源顕基伝」。

4 良源。延喜十二年(九一二)―永観三年(九八五)。近江の木津氏。天台宗の僧。慈恵大師、元三大師とも。天台座主。比叡山延暦寺の中興の祖とされ、源信ら弟子も多い。民間では「厄除け大師」「角大師」「豆大師」など独特の信仰を集める。

5 師僧と檀家のつながり。

6 侮辱や苦しみに耐え忍び、心を動かさないこと。六波羅蜜の第三。『法華経』四・法師品「如来の衣とは柔和忍辱の心」、五・勧持品「当に忍辱の鎧を著るべし」。

7 密教の五大明王を念じて護摩を修し、悪魔怨敵を退治する修法。

8 『大鏡』三に「世中の一の験者にて、

公家山僧共に聴《ゆる》さず。ここに印と鎰《かぎ》とを三綱《さんごう》16に委《まか》せ付け、敢へて事に従はず。長く飯室《いいむろ》17に籠りて、念仏して終に極楽の迎へを得たり。

慈忍僧正諱尋禅。九条右大臣之子也。出自累葉将相之家。入四明天台之道。住楞厳院。以慈恵僧正為師。大僧正与大臣師檀契深。即託以鍾愛之子。僧正以忍辱為衣。以慈悲為室。天性聡敏。通達顕蜜。霊験掲焉。人神信伏。然而敢不妨調伏魔軍。唯偏期託生浄土耳。朝家重之。惟《推歟》加職位。一身阿闍梨源起此人。冷泉天皇依邪気有御煩。連年不予。僧正参入。護身結界。天皇大怒。抜剣欲斬。僧正大恐。逃入於南階之下。而所留於堂上之三衣篋。護法守之。天皇於此篋下自縛数百遍。弥厭此道。唯求仏果。後至天台座主。再三辞譲。公家山僧共不聴。爰委付印鎰於三綱。敢不従事。長籠於飯室。念仏終得極楽之迎。

仏のごとくに公私頼み仰ぎ申さぬ人なし」。
9 名門でその人一身に限って伝法灌頂を授けた者。
10 天暦四年(九五〇)–寛弘八年(一〇一一)。在位三年。村上天皇の第二皇子。母は藤原師輔の娘安子。円融天皇の同母兄。安和の変で円融に譲位。気の病からの奇行でも知られる。本話はその典型。
11 密教の加持祈禱で身を守り、境界を設けて清浄にし、魔の難を払うこと。
12 私有を許された三種(僧伽梨、鬱多羅僧、安陀会)の袈裟を入れる箱。
13 護法童子。前伝参照。
14 魔の退治、調伏。
15 第十九代。『華頂要略』一二一、『天台座主記』に永祚元年(九八九)、再三辞して籠居。ために寺門の余慶を座主に任じたが山門が猛反発し、陽生が任に就いた。尋禅は翌年没。
16 寺院の僧侶を統括し、実務を管轄する役。上座、寺主、都維那。
17 横川の別所の宝満寺。

〔八　権少僧都覚運〕

権少僧都覚運《かくうん》は洛陽《らくよう》の人なり。延暦寺に住せり。少《わか》くして才名に富みて、一山の亀鏡《きけい》[1]なり。早《つと》に菩提《ぼだい》を求めて、念仏を業となせり。ここに慈恵《じえ》僧正以下《いげ》、相議《はか》りて曰く、「かくのごときの人の大業[2]を遂げざるは、道の恥なり」といふ。推して竪義《りゅうぎ》[3]せしむ。四種三昧《ししゅさんまい》[4]の義を立てり。暮年《ぼねん》[5]に及びて、布衣《ほい》[6]を着て堂に入る。見聞《けんもん》の大衆[7]、歎息せずといふことなし。題を読む剋に、意に止観《しかん》[8]を論ずる者は、西方阿弥陀仏を念ずといふに及びて、覚えず涕泣《ていきゅう》せり〈道心者たるに依りて、探題《たんだい》[9]この算[10]を作る〉。満堂皆感涙を垂れぬ。竪義に及びて、九題已に得たり。第十の算に及ぶ。また拘《かか》ふところなし。探題禅芸《ぜんげい》[11]が力の及ばざるとこ

八　覚運

＊関連資料未詳。

1 お手本。

2 ここでは竪義を指す。

3 立義とも。良源（慈恵）が安和元年（九六八）六月に最澄の忌日に始めた広学竪義（『扶桑略記』）。学僧の教学研鑽の試験で、問答論義形式の儀式。出題し論場を仕切る探題、答える竪者、難詰する問者、審判の精義者、事務を統括する会行事などからなる。

4 常坐、常行、半行半坐、非行非坐三昧の行法。

5 老年。

6 質素な麻衣。

7 寺院の僧侶。次第に下層の僧兵らを指すようになる。

8 智顗の『摩訶止観』に説く天台宗の禅法。その具体が四種三昧。常行三昧で阿弥陀仏を念ずる。

9 竪義で論題を出し、論場を統括する

ろなり。慈恵僧正は、「道のためにいまだ曽《むかし》にもあらざる全得《ぜんとく》の人なり。我、将《まさ》に精義《しょうぎ》[12]せむ」といふ。六観世音[13]を広うすれば、即ちこれ廿五三昧[14]の題に付きて、問ふに真言六観音の種子《しゅじ》[15]の義をもてす。密教を習はざるに依りてその由を謝す。僧正曰く、「既に広学[16]と謂へり。何ぞ真言の教を知らざらむ」といふ。「仍《よ》りて九題一[17]はいまだ判ぜず」といへり。

　後に密教を成信《じょうしん》上人[18]に受けたり。その後に曰く、「尤も易きことなり。知らずんば何かはせむ」といへり。成信臨終のとき、師となすべき人を問ふ。成信、皇慶《こうげい》[19]を挙げたり。この時に年いまだ卅に及ばず。覚運下問《かもん》[20]を恥ぢず、随ひてまた稟承《ほんしょう》[21]せり。皇慶の鎮西《ちんぜい》[22]に赴くに及びて、宿徳《しゅくとく》の身をもて地に下りて跪《ひざまず》けり。道を尊ぶに依りてなり。

要職。
10 短籍とも。算木に書かれた論題。その題目を読み上げて論義する。
11 生没年未詳。園城寺長吏、権少僧都。『二中歴』名人歴の顕教に名がある。
12 証義とも。竪義の問答の可否を判定する役。第十題で禅芸が行き詰まったので良源が自ら出題を買って出た。
13 大悲、大慈、師子無畏、大光普照、天人丈夫、大梵深遠の六観音。『請観世音経』の大吉祥六字章句を六道の救主に当てたもの。『摩訶止観』二・上に詳しい。
14 念仏三昧。
15 悟りを開こうとする心。「仏種」に応ずる。
16 題目が内典外典に及ぶこと。広学竪義。
17 十題のうち、残りの一題が及第しなかった。
18 静真。『往生極楽記』第一九伝参照。
19 貞元二年(九七七)-永承四年(一〇四九)。天台宗の僧。曽祖父は橘広相。性空の甥。

左相府の三十講[23]に、常に証義者《しょうぎしゃ》[24]となり、諸宗の章疏《しょうしょ》[25]は悉《ことごと》くにみな暗誦せり。慶祚《けいそ》[26]曰く、「顕密の教を学ぶ人かくのごとし。後に注《なずら》ふべし」といへり。遍救《へんく》僧都[27]は左府に竪義たり、覚運精義となれり。唯識《ゆいしき》・因明《いんみょう》[28]の奥旨《おうし》に、本宗の人皆驚きぬ。神我《じんが》勝[29]の意、この日始めて源信《げんしん》[30]僧都の案に題として出でたり。寛印《かくいん》[31]かの算の問者となる。これ南京《なんきょう》[32]にいまだ曽《むかし》よりあらざる義のみ。主上《しゅしょう》ならびに左府[33]、師となして経を受けたり。源信法門[34]を造るごとに、覚運に送りて点読《てんどく》[35]せしめて曰く、「この人の読むは、義、述者[36]より勝れたり」云々といへり。

重き癰疽《ようそ》[37]背に発《おこ》りたり。衆《もろもろ》の医《くすし》治《いや》して曰く、「已に差《いや》せり、水を止《とど》めたり」といへり。重源闍梨《ちょうげんじゃり》[38]〈滋秀《しげひで》の孫〉後に到り、瘡《かさ》を見て手をもて沃《い》るところの水を汲み、見て曰く、「この病いまだ差《い》えず、一時を待ちて到るべし」

静真の弟子。谷阿闍梨・丹波阿闍梨・池上阿闍梨とも。台密谷流の祖。四国や九州など諸国を遍歴、寂照と中国に渡ろうとして果たさず、晩年は比叡山東塔南谷井ノ房に住んだ。大江匡房の『谷阿闍梨伝』。

20 目下の者に問うこと。

21 受けること。

22 九州に赴き、景雲から東密の法を受ける(『谷阿闍梨伝』)。

23 道長が寛弘元年(一〇〇四)と翌年に主催した法華講(『御堂関白記』)。三十講は、『法華経』二十八品に開結二経(『無量義経』、『観普賢経』)を加えて一講ずつ行う講会。

24 精義者に同じ。前出。

25 仏教の経論章疏。章は編章を分けて教義を論じ、疏は経論の通釈。

26 第一「一条天皇伝」に出。

27 応和二年(九六二)―長元三年(一〇三〇)。天台宗。覚忍、是算に師事。静慮院。少僧都。

28 唯識は、あらゆる存在は八種類の識

といへり。同じき未時に遷化《せんげ》[39]せり。仏を念じて乱れず、禅坐して終りぬ。公家権僧正[40]を贈り、檀那院《だんないん》[41]を即ち御願《ごがん》寺《じ》となす。覚運の申し立つるところなり。

権少僧都覚運者洛陽人也。住延暦寺。少富才名。一山亀鏡也。早求菩提。念仏為業。爰慈恵僧正以下相議曰。若人不遂大業者。道之恥也。推令竪義。立四種三昧義。及暮年着布衣入堂。見聞大衆莫不歎息。及読題剋。意論止観者。念西方阿弥陀仏。不覚涕泣。〈依為道心者探題作此算〉満堂皆垂感涙。及竪義九題已得。及第十之算。又無所拘。探題禅芸力所不及。慈忍僧正為道未曾有全得之人。我将精義。付広六観世音即是廿五三昧之題。問以真言六観音種子之義。依不習蜜教謝其由。僧正曰。既謂広学。何不知真言教。謝其由（ママ）仍九題未判。後受蜜教於成信上人。其後曰。尤易事。不知何為。成信臨終。問可為師人。成信挙皇慶。此時年未及卅。覚

（前五識、意識、末那識、阿頼耶識）によって成り立っているという大乗仏教の根本教義。因明はインドの論理学。五明（声明・工巧明・医方明・因明・内明）の一つ。物事の真偽を探究。宗・因・喩からなる。玄奘により漢訳され、東アジアに広まる。源信に『因明論疏四相違略註釈』があり、宋にも送られた。

29 竪義の問答の題。

30 次の第九「源信伝」参照。

31 第一五「寛印伝」参照。

32 南都、奈良の諸大寺を指す。東大寺は華厳、興福寺は法相の拠点。

33 一条天皇と道長。いずれも覚運から仏教を学んでいた（『権記』寛弘二年八月、長保四年正月条）。

34 仏教の教学。論義に関わることか。

35 訓点を施して読むこと。

36 作成者。ここでは源信自身。

37 第四「源顕基伝」。

38 『続古事談』五・七に「嵯峨の滝殿の阿闍梨」として後朱雀院の瘡を診る類

運不恥下問。随又稟承。及皇慶赴鎮西。以宿徳之身下地而跪。依尊道也。

左相府三十講。常為証義者。諸宗章疏悉皆暗誦。慶祚曰。学顕蜜之教之人若此。後可注。遍数僧都。於左府竪義。覚運為精義。唯識因明之奥旨。本朝之人皆驚之。神我勝之意。此日始題出源信僧都之案。寛印為彼算問者。此南京未曽有義而已。主上幷為師受経。源信毎造法門。送於覚運令点読曰。此人読之。義勝述者云々。重雅（ママ）癰疽発背。衆医治之曰。已差。止水。重源闍梨〈滋秀孫〉後到。見瘡以手汲所沃之水。見曰。此病未差。可待一時到。同未時遷化。念仏不乱。禅坐而終。公家贈権僧正。檀那院即為御願寺。覚運所申立也。

〔九　権少僧都源信〕

専心行業の事。[1]〇廿五三昧過去帳[2]に云はく、長和《ちょうわ》二年

話あり。滋秀も『続古事談』五・九に逸話あり。

39『権記』寛弘四年（一〇〇七）十一月一日条に卒去、「仏法棟梁、国家珍宝」。

40『日本紀略』治安元年（一〇二一）五月二十七日条に一条天皇と道長の師として大僧正が贈られた。

41比叡山東塔東谷。寛和三年（九八七）に御願寺。檀那流の由来にもなる。

九　源信

*『楞厳院二十五三昧結衆過去帳』、『法華験記』下・八三、『延暦寺首楞厳院源信僧都伝』とは別伝。『今昔』十

正月一日著《あらわ》すところの願文に云はく、生前に修行せるところの法は、今略《あらあら》に録す。念仏は二十九倶胝《くてい》遍《へん》[3]なり。大乗経五万五千五百巻、法花経八千巻、阿弥陀経一万巻、般若経三千余巻等を読み奉る。大呪百万遍[4]は、千手の呪七十万遍、尊勝の呪三十万遍、ならびに弥陀・不動・光明[5]・仏眼《ぶつげん》[6]等の呪少々を念じ奉るといふ。その後に作《な》せしところはまた別記にあり。この外にまた一巻十余紙の書記あり。一生作せしところの善根《ぜんごん》は、その中に或いは仏像を造り、或いは経巻を書き、或いは布施を行ひ、或いは他の善を助けたり。かくのごとき大小の事理、種々の功徳は、具《つぶさ》に記すこと能はず、云々といへり。別伝[7]と聊《いささ》かに相違せり。仍《よ》りて書《しる》す。

権少僧都源信《げんしん》は、大和国《やまと》　葛上《かずらきのかみの》　郡当麻《たいまの》[8]郷の人なり

《ム《それがし》云はく、僧都の別伝に云はく、俗姓《ぞくしょう》は卜部《うらべ》、大和国葛城《かずらき》

二・三二一、『普通唱導集』下末。

1 以下は後人の書き入れであろう。以下の「ム云はく」も同様（「ム」は「私」の略）。

2 『楞厳院二十五三昧結衆過去帳』。二十五三昧会に結集した人々の過去帳。勧学会から発展した念仏結社で、源信と保胤を中心に叡山の横川の楞厳院で毎月十五日に開催された。長和二年（一〇一三）七月十八日、それまでの物故者の名簿、伝が記載される。

3 倶胝はインドの数詞。億または千万。とてつもない念仏の数をいう。

4 以下の千手陀羅尼や尊勝陀羅尼を指す。

5 不空大灌頂光明真言。大日如来の真言で一切諸仏菩薩の総呪。

6 仏眼尊または仏母尊。

7 『延暦寺首楞厳院源信僧都伝』を指すか。

8 『過去帳』や『法華験記』は葛木下郡。当麻寺で知られる。

9 教義などの正邪を分別し決断するこ

郡の人なりといふ》。童児の時に、延暦寺に登りて、慈恵《じえ》僧正を師として事《つか》へたり。少年の時より、才智輩《ともがら》に抽《ぬきい》でたり。問答決択《けっちゃく》[9]の庭には、その人を屈属《くっしょく》[10]せしめずといふことなし。常に曰く、「倶舎《くしゃ》[11]・因明《いんみょう》は穢土《えど》[12]において極め、唯識《ゆいしき》は浄土を期《ご》して、宗義は仏果《ぶっか》を待つ」といへり。作りしところの書、往生要集[13]三巻は、宋朝に渡せり。[14]かの国の人は、その影像[15]に向ひて〈宋朝の求めに依りて、生前真影を写せり。承円《しょうえん》[16]闍梨書けり〉、楞厳院《りょうごんいん》の源信大師[17]と称《い》へり。また因明の注釈[18]三巻、疏《しょ》[19]一巻、大乗対倶舎抄《だいじょうたいくしゃしょう》[20]十五巻、要法門[21]二巻、一乗要決[22]三巻、ならびに大小の義式[23]等、惣て計ふれば百余巻に及ぶ。皆一宗の亀鏡《きけい》にして、末学《まつがく》の耳目[24]たり。今にその義を称ふ者は、人敢へて間然せず。[25]誠にこれ如来の使のみ。

ム云はく、別伝[26]に云はく、或人偸《ひそか》に問ひて云はく、

と。

10 相手を屈服させ従わせること。『過去帳』「論義決択、世称絶倫」。

11 倶舎は世親が説一切有部の思想をまとめた論著の真諦訳『阿毘達磨倶舎釈論』や玄奘訳『阿毘達磨倶舎論』を中心にした学。源信作『大乗対倶舎抄』『倶舎論頌疏正文』など。因明は仏教論理学。『因明論疏四相違略註釈』は宋に送って疑問を正そうとした。

12 穢れた現世。来世の浄土に対する。

13 寛和元年(九八五)編。経典や論疏から極楽往生に関する重要な文章を集めた仏教書。全三巻。極楽往生のための教義、指南書として厭離穢土・欣求浄土を根本理念とし、六道世界、特に地獄や極楽の具体的なイメージは後世の文化、思想に圧倒的な影響を与え、多くの絵図や曼荼羅をもたらした。称名念仏とは別に、瞑想による観想念仏が説かれる。

14『往生要集』末尾付載の、正月十五日付(九八八年)の与宋周文徳書と二月

「和尚の智行は等倫《とうりん》なし。薫修《くんじゅ》行業、何等を先となす」といふ。答謝《こた》ふらく、「念仏を先となす」といふ。また問はく、「諸《もろもろ》の行の中に理をもて勝《まさ》るとなす。念仏の間法身を観ずるや否や」といふ。答ふらく、「ただ仏号を唱ふるのみ」といふ。また問はく、「何ぞ理[27]を観ぜざる」といふ。答ふらく、「往生の業は、称名を足るとなすこと、本より存せり。故《かるがゆえ》に理を観せず。ただし観ずることはいまだ難しとせず。我理観《りかん》の時、心意明了[28]にして障礙《しょうげ》あることなし」云々といへり。

昔、相者〈敦光《あつみつ》[29]〉に詣《まい》るに曰く、「才学《さいがく》已にあり。官職なきにあらじ。世間飢ゑざらしめむ」といへり。僧綱[30]の望なしといへども、朝家の貴べるところに依りて、推して法橋《ほっきょう》[31]に叙したり。大極殿《だいこくでん》の千僧読経[32]の講師《こうじ》なり。弟子厳久《ごんく》[33]の譲に依りて、少僧都[34]に任じたり。並びに我が求む

十一日付の周文徳申状による(『朝野群載』二〇)。源信は『往生要集』と良源の「観音讃」、保胤の「日本往生伝」(『往生極楽記』)と「十六相讃」、為憲の「法華経賦」を宋の海商朱仁聡の船に乗っていた僧斉隠に託した。返書によれば、これらを天台山の国清寺に贈り、随喜した道俗貴庶五百余人が喜捨して五十間廊屋が造進されたという。国清寺施入は『二十五三昧過去帳』の寂照の書状にもみえる。成尋『参天台五台山記』にも記事あり。

15 真影とも。肖像画。肖像画が実際にあったかどうかは確認できない。

16 伝未詳。『源信僧都伝』では、木工権少允巨勢広貴が画いたという。

17 大師の称は先の周文徳の書の宛名に「天台楞厳院源信大師禅室」とあり、『二十五三昧過去帳』の宋僧行辿の書状にみえる。行辿は婺州雲黄山の僧で海商楊仁紹からの『往生要集』を一読して感激し、源信宛に書状を送る。

18 『因明論疏四相違略註釈』三巻を指

るにあらず。深く往生を慕ひて、敢へて他の業なく、一事已上《いじょう》35、ただ極楽に廻向《えこう》せり。

昔月に乗じて閣36に登り、偏《ひとえ》に仏を念じたり。房に帰りたる後、大きに悔いて曰く、「今夜のこと、頗《すこぶ》る清浄《しょうじょう》の業の思ひあり。これまた魔縁37なり」云々といへり。才学の慢心は、常に懐《こころ》を動かせり。これを恐れて深く道心門に赴き、最後の臨終のときに専心乱れず、念仏して西に向ひて絶えたり。後の日に覚超《かくちょう》38僧都、夢にその生るる所を問へり。答ふるに下品《げぼん》39をもてす。こと別伝に詳《つばびらか》なり。

ム云はく、別伝に云はく、長和《ちょうわ》二年正月の勘録《かんろく》40に、今生薫修の行業を、仏の前に啓白《けいびゃく》すらく、阿弥陀念仏二十倶胝遍《くていへん》41。法花経一千部、般若経三千余部、阿弥陀経一万巻を読み奉る。阿弥陀大呪百万遍、千手陀羅尼七

す。

19『因明四相違断纂注釈』を指す。

20寛弘二年(一〇〇五)著、『倶舎論六百頌』と大乗諸経論疏を比較対校したもの。

21『要法文』。寛和二年(九八六)著、一巻。仏教学一般の法文百条の略解。

22寛弘三年(一〇〇六)著、三巻八門、天台教学に基づく『法華経』の一乗思想を強調。

23論義の問答決択に関する私記の類。『三身義私記』『十如是義私記』『三周義私記』『六即詮要記』『即身成仏義私記』など。

24亀鏡は手本、模範。耳目は人を導くもの。

25非難しない。

26この部分は『二十五三昧過去帳』にあり。

27常恒普遍の真理。変転流動する現象をいう「事」に対する。

28『過去帳』「心明通達」。

29占相人、伝未詳。

30僧正、僧都、律師などの僧官の職。

千万遍、尊勝陀羅尼三十万遍を念じ奉る。阿弥陀小呪、不動真言、光明陀羅尼、仏眼等の呪に及びては、その数を知らず。或いは仏像を彫《え》り鏤《ちりば》め、或いは経巻を書写し、或いは布施を行ふ等のこと、種々にして一にあらず、云々といへり。

ム云はく、別伝に云はく、寛仁《かんにん》元年[42]六月〇九日、親しき弟子を喚《よ》びて、偸にもて耳語《じぎょ》[43]して云はく、〇容顔端《ようがんたん》正《じょう》の少年の僧侶が、衣服を整へ理《おさ》め、或る時は三人、或る時は五人、臥せる内に出入して、左右に端座せり。目を閉づるときは見ゆ。惣《す》べて言へば、「殆《ほとほと》に狂言[44]に幾《ちか》し」といへり。〇十日の晨旦《しんたん》は飲食《おんじき》例のごとし。身の垢《あか》を澡《すす》き浴《あら》ひ、仏の手の縷《いとすじ》[45]を執りて、面善円浄《めんぜんえんじょう》の文《もん》[46]を誦すること昨日のごとし。然る後に首を北にし脇を右にして、眠るがごとくに気《いき》絶えぬ。綵縷《さいる》を執り念珠

31 法橋上人位の略。律師に授けられる僧位で、法印、法眼に次ぐ。『権記』長保三年（一〇〇一）三月十日条。
32 千人の僧を集めて斎を設けて供養する法会。
33 寛弘五年（一〇〇八）年没。権大僧都。良源の弟子で源信にも師事。花山僧都、慈徳寺別当。
34 長保六年（一〇〇四）任（『僧綱補任』）。
35 一事に専念しての意であろう。
36 月の明るさに導かれて。詩的慣用表現。
37 修行や往生の障碍となる縁。三障四魔。ここでは月夜に楼閣に登って念仏を唱えた、安直な境地に至ったこと自体をいう。
38 第一〇伝参照。『過去帳』では、「一僧都」、傍注に「別伝云、覚超僧都云々」とある。
39 極楽浄土の上中下品の下位。
40 調べて記録すること。長和二年は一〇一三年。『過去帳』の同年「正月一日所著願文」に相当する。

を持すること、猶《なお》し平生のごとし。春秋七十あまり六なり。○横川《よかわ》の安楽谷《あんらくだに》[47]に浄行《じょうぎょう》上人[48]あり。今夜眠らずして、例のごとくに観行《かんぎょう》す[49]。暁更《ぎょうこう》に至りて、天外遥に聖衆《しょうじゅ》の伎楽《ぎがく》[50]を聞けり、云々といへり。

恵心《えしん》別伝[51]に云はく、時に僧都、近習《きんじゅう》の弟子禅円《ぜんえん》[52]法師に示して云はく、「我昔時《むかし》より一生の望あり。成就するや否やの状を卜筮《ぼくぜい》[53]せしめむと欲《ねが》ふ。伝へ聞けり、大和国葛城の郡に一の法師ありて、往を議《はか》り来を知ること、宛《あたか》も鄭詹君《ていせんくん》[54]がごとしといふ。汝その所に行きて、我が望を占はしめよ」といへり。禅円命を奉じたる後、翌日山門を出でて和州《わしゅう》に向へり。果して法師に遇ひ、僧都の所望《しょもう》を占はしむ。法師金匱《きんき》[55]の占を案じて云はく、「その人の所望は、専《もはら》に人間の栄花にあらず。殆《ほとほと》にこれ無上の妙果《みょうか》なるか。念力甚だ深し。あに成就せざら

41 数の単位で一〇の七乗とも。はかりしれない数。注3。
42 一〇一七年。
43 耳に近づけてささやくこと。
44 誤った言葉。
45 糸筋のこと。糸で阿弥陀仏像の手と自分の手を渡す臨終の作法。
46『過去帳』「面は善く円浄にして満月のごとく、威光猶、千の日月のごとし。声は天鼓、倶翅羅のごとし。故に我、弥陀尊を頂礼せん」。龍樹の『願往生礼讃偈十六拝』第三偈に拠り、善導の『往生礼讃偈』や迦才の『浄土論』中、源信の『往生要集』四・正修念仏にも引用、勧学会にも誦された。
47 横川にある別所の一つ。
48『過去帳』「浄教」と同一人物か。
49 観心の行法。
50 雲上の二十五菩薩が伎楽を奏でながら来迎する。
51『過去帳』とは別の独立した複数の源信伝があったか。
52 伝未詳。来迎寺文書の『霊山院過去

むや。繇兆《ちゅうちょう》[56]は四月にあり、決定《けつじょう》は六月にあり」といへり。禅円帰り来りて、詳《つばびらか》にその旨を達せり。僧都歓《かん》喜《ぎ》に預《あずか》るのみ。冥数《めいすう》[57]符合《ふごう》して、四月二日より、目痺《もくひ》[58]尤も重し。〇寛仁《かくにん》元年六月〇十日晨旦、〇首を北にし、脇を右にして、眠るがごとく気絶えぬ。

専心行業事。〇廿五三昧過去帳云。長和二年正月一日所著願文云。生前所修行法今略録之。念仏二十九倶胝遍。奉読大乗経五万五千五百巻。法花経八千巻。阿弥陀一万巻。般若経三千余巻等也。奉念大呪百万遍。千手呪七十万遍。尊勝呪三十万遍。幷弥陀不動光明仏眼等呪少々也。其後所作亦有別記。此外又有一巻十余紙書記。一生所作善根。其中或造仏像。或書経巻。或行布施。或助他善。如此大小事理。種々功徳。不能具記云々。与別伝聊

帳』に見える人物と同一か。

53 竹製の筮竹を使って占う。

54 楚の大卜官鄭詹尹。屈原が処世法を尋ねたところ、鄭詹尹は筮竹を投げ出して、自分の意志に従うように答えたという(『楚辞』卜居)。

55 金属製の箱で秘蔵の物を入れる。貴重書。とっておきの占いを指すか。源信が自らの最期を郷里の占相僧に占わせる点が着目される。

56 占いに現れた形。

57 人智では計り知れない運命。

58 目がしびれて見えない。

相違。仍書之。

権少僧都源信者。大和国葛上郡当麻郷人也。《ム云。僧都別伝云。俗姓卜部。大和国葛城郡人也》童児之時登延暦寺。師事慈恵僧正。自少年時才智抽輩。問答決択之庭。莫不屈辱《属歟》其人。常曰。倶舎因明者於穢土極之。唯識期浄土。宗義待仏果。所作之書。往生要集三巻。渡於宋朝。彼国之人向其影像。〈依宋朝求生前写真影。承円闍梨書之〉称楞厳院源信大師。又因明注釈三巻。疏一巻。大乗対倶舎抄十五巻。要法門二巻。一乗要決三巻。幷大小義式等。惣而計之及百余巻。皆為一宗之亀鏡。末学之耳目。于今称其義者。人不敢間然。誠是如来之使耳。

ム云。別伝云。或人偸問云。和尚智行無等倫。薫修行業何等為先。答謝。念仏為先。復問。諸行之中以理為勝。念仏之間観法身否。答。唯唱仏号。復問。何不観理。答。往生之称名為足。本自存之故不観理。但観之未為難。我理観之時。心意明了。

　無有障礙云々。

昔諸相者〈敦光〉曰。才覚已有。官職非無。世間不飢。雖無僧綱之望。依朝家之貴。推叙法橋。大極殿千僧読経講師。依弟子厳久譲。任少僧都。非並我求。深慕往生。敢無他業。一事已上。唯廻向極楽。

昔日登閣偏念仏。帰房之後大悔曰。今夜之事頗有清浄之業之思。是又魔縁也云々。才学慢心。常動於懐。恐此深赴道心門。最後臨終。専心不乱。念仏向西而絶。後日覚超僧都。夢問其生所。答以下品。事詳別伝。

　ム云。別伝云。長和二年正月勘録。今生薫修之行業。啓白仏前。阿弥陀念仏二十倶胝遍。奉読法花経一千部。般若経三千余経。阿弥陀経一万巻。奉念阿弥陀大呪百万遍。千手陀羅尼七千万遍。尊勝陀羅尼三十万遍。及阿弥陀小呪。不動真言。光明陀羅尼。仏眼等呪。不知其数。或彫鏤仏像。或書写経巻。或行布施等之事。種々不一云々。

　ム云。別伝云。寛仁元年六月〇九日喚親弟子。倫以耳語云。〇容顔端正少年僧侶。整理衣服。或時三人。或時五人。出入臥内。左右端座。閉目則見。惣而言之殆幾狂言。〇十日晨旦飲食如例。澡浴身垢。執仏手之縷。誦面善円浄之文文（ママ）如昨日。然後北首右脇。如眠気絶。執綵縷持念珠。猶如平生。春秋七十有六矣。〇横川安楽谷有浄行上人。今夜不眠。如例観行。至暁更。天外遥聞聖衆之伎楽云々。

恵心別伝云。爾時。僧都示近習弟子禅円法師云。我自昔時有一生之望。欲令卜筮成就否之状。伝聞。大和国葛城郡有一法師。議往知来。宛如鄭詹君。汝行其所。令占我望。禅円奉命之後。翌日出山門向和州。果遇法師。令占僧都之所望。法師案金匱占云。其人所望専非人間之栄花。殆是無上之妙果歟。念力甚深。豈不成就乎。繇兆在四月。決定在六月者。禅円帰来。詳達其旨。僧都預歓喜而已。冥数符合。自四月二日目痹尤重。〇寛仁元年六月

○十日晨旦○北首右脇。如眠気絶。

〔一〇　権少僧都覚超〕

権少僧都覚超《かくちょう》は和泉《いずみ》[1]国の人なり。齠齔《ちょうしん》[2]の時に延暦寺に登りて、慈恵《じえ》僧正[3]の房にありき。自《みずか》らその舌を出しても[4]て鼻の上を舐《ねぶ》る。僧正、大きに驚きて相して曰く、「極めて大きなる聡明《そうみょう》の相なり」といへり。遂にもて弟子となり、兼て源信《げんしん》僧都[5]を師として事《つか》へたり。顕教《けんぎょう》[6]の才はその師に亜《つ》ぎ、真言の道は猶《なお》しかの山に冠《こうぶ》りぬ。作りしところの顕密の法門[7]、多く世のために用ゐられたることは、仁王経護国抄《にんのうぎょうごこくしょう》[8]のごとし。道心純熟《じゅんじゅく》して、長くもて跡を晦《くら》まし、常に月輪観《がちりんかん》[9]を修して曰く、「胸の中は常に冷《すず》し。この観法を修するが故なり」といふ。誓ひて曰く、「願

一〇　覚超

＊『真言伝』六・八。『元亨釈書』四。

1『元亨釈書』「姓巨勢氏、泉州大鳥郡人」。

2 乳歯。七、八歳の幼年をいう。

3 良源。『僧綱補任』天延四年（九七六）に「登壇受戒、良源弟子」。

4 仏の三十二相の広長舌を思わせるか。

5 前伝参照。

6 次の「真言の道」と対。顕教では源信に継ぎ、密教では天台第一となったこと。

7『胎蔵三密抄』『東西曼荼羅抄』『往生極楽問答』他、多数あり。

8『仁王般若経護国鈔』とも。寛仁二年（一〇一八）撰述。三巻。天台教学にもとづく『仁王経』の注釈。

9 月輪の中の白蓮華上の阿字を観ずる冥想。密教の基礎的観法。

はくは清盲《あきしい》を得て、[10]濁世《じょくせ》のことを見ざらむ」といへり。

臨終正念にして、念仏して終へぬ。[11]後に弟子の僧の夢に曰く、「已に蓮胎《れんたい》[12]に詣りつ。ただし往生は難中の難なり。汝等苦《ねんごろ》に求むべし」といへり。


権少僧都覚超者和泉国人也。齠齓之時登延暦寺。在慈恵僧正房。自出其舌以舐鼻上。僧正大驚相之曰。極大聡明之相。遂以為弟子。兼師事源信僧都。顕教之才亜於其師。真言之道猶冠於彼山。所作之顕蜜法門。多為世被用。如仁王経護国抄也。道心純熟。長以晦跡。常修月輪観曰。胸中常冷。修此観法故也。誓曰。願得清盲。不見濁世之事。

臨終正念。念仏而終。後弟子僧当日也詣於蓮胎。但往生者難中之難也。汝等可苦求。


10『真言伝』は平生の三つの願いあり、三番目が「目みるべからず」で、最期に月輪が現前したという。「清盲」は「精盲」とも(『霊異記』下・一二)。

11『二十五三昧過去帳』(前伝)に「長元七年正月二十四日入滅、生年七十三」。
12 蓮華の中に化生すること、胎内回帰。『真言伝』は、覚超が臨終に説法の印を結んでいたことを弟子の長恵が確認する。

〔一一　権大僧都桓舜〕

　権大僧都桓舜《かんしゅん》は、延暦寺の碩学《せきがく》なり。当初《そのかみ》桓舜・貞《てい》円《えん》[1]・日序《にちじょ》[2]・遍救《へんく》[3]をもて四傑《しけつ》となせり。共に世路《せいろ》[4]に堪へずして、山を離れむの意《こころ》あり。縁に触れて伊豆《いず》国に到り、温泉権現《ごんげん》[5]において説法す。権現感じて夢に告げて曰く、「必ず本山に帰り住すべし。定めて大位に到らむ」といへり。桓舜重ねて供養法を設け、講経を勤修《ごんしゅ》して後世を問へり。

　また夢みらく、必ず西方浄刹《じょうせつ》に生まるべしとみたり。その後、本山に帰り住するに、人望日に盛なり。左府の卅講[6]、公家の最勝講[7]には、常に抽請《ちゅうしょう》[8]となりぬ。遂に権大僧都・法性寺《ほっしょうじ》座主・天王寺《てんのうじ》別当[9]に到る。天王寺において拝堂の時に、寺の三綱《さんごう》[10]、一座を指《さ》して曰く、「これ一生

一一　桓舜

＊関連資料未詳。

1 治安二年(一〇二二)、法成寺法華八講で問者(『左経記』)、長元三年(一〇三〇)、諸社御読経を吉田社で(『類聚符宣抄』)。

2 日助。長和から寛仁(一〇一二―一〇二一)にかけて道長邸の講経や供養出仕(『御堂関白記』)。『二中歴』顕教。

3 第八「覚運伝」参照。

4 世渡り。

5 熱海の伊豆山神社。伊豆権現、走湯権現とも。箱根権現と対で二所権現とされ、鎌倉幕府の崇敬を受ける。本地は千手千眼観音。神宮寺は醍醐三宝院系の密厳院。『走湯山縁起』『神道集』『曽我物語』など中世に例が多く、本書はごく早い例。

6 左府は藤原道長。寛仁四年(一〇二〇)五月、道長家法華三十講の講師など(『左経記』)。第八「覚運伝」。

7 毎年五月の吉日の五日間、清涼殿で『金光明最勝王経』をもとに国家の安寧を祈る講会。天喜二年(一〇五四)五月八

不犯《ふぼん》の人の昇る所なり」といへり。桓舜再三観念して、遂にその座に昇りつ。源信《げんしん》僧都、人の当時の高才を計《かぞ》ふるを聞きて曰く、「何ぞ桓法を先とせず、山を出だすや」といへり。[11]桓法はこれ旧《もと》の名なり。臨終の剋、正念に住し、念仏乱れず、香を焚《や》き、西に向ひて遷化《せんげ》せり。

日の最勝講で講師を担当(『春記』)。
8 招聘されること。
9 前者は天喜二年(一〇五四)十一月二十九日(『僧綱補任』)、後者は永承六年(一〇五一)(『天王寺別当次第』)。
10 第七「慈忍伝」参照。
11 源信の人物評が権威化していたことを示す。

権大僧都桓舜者。延暦寺碩学也。当初以桓舜。貞円。日序。遍救。為四傑。共不堪世路。有離山之意。触縁到伊豆国。於温泉権現説法。権現感之与夢曰。必可帰住本山。定到大位。桓舜重設供養法。勤修講経問後世。又夢。必可生西方浄刹。其後帰住本山。人望日盛。左府卅講。公家最勝講。常為抽請。遂到権大僧都。法性寺座主。天王寺別当。於天皇寺拝堂之時。寺三綱指一座曰。是一生不犯人之所昇也。桓舜再三観念。遂昇其座。源信僧都聞人計当時高才曰。何不先桓法出山乎。

桓法是旧名也。臨終之剋住正念。々々不乱。焚香向西遷化。

〔一二　沙門増賀〕

沙門増賀《ぞうが》は、参議橘恒平《たちばなのつねひら》卿1の子なり。叡山に登りて止観を学ぶ。慈恵《じえ》僧正の弟子なり。早《つと》にもて発心《ほっしん》し、ただ後世を慕ひて、現世のことは敢へて帯芥《たいかい》2もせず。人、請用《しょうよう》せむことを欲すれば、必ず異人《いにん》の行3を施せり。

嘗《むかし》后宮授戒《じゅかい》4の請《しょう》あり。参入の後、御前において見風《けんぷう》5を示せり。また曰く、「誰人か増賀をもて嫪毒《ろうあい》6の輩となし、后囲に啓達7するか」といへり。上下驚歎す。

僧正の慶賀8を申せし日に、前駈の員《かず》に入りて、増賀干《から》鮭《さけ》9をもて剣となし、牝牛《めうし》をもて乗物となせり。供奉《ぐぶ》の人

一二　増賀

*『法華験記』下・八二、『今昔』十二・三三、十九・一八、『宇治拾遺』一四三、『発心集』一・五、『私聚百因縁集』八・三、『三国伝記』十・一五、『古事談』三・九〇、『多武峯略記』、『増賀上人行業記』他。

1 敏行の息、母は定国王女。木工頭、修理大夫、永観元年(九八三)参議、同年十一月、六十二歳で没。

2 蔕芥とも。小さいとげとあくた。ほんのささいなこと。

3 常人と異なるふるまい。『法華験記』「かくのごとく世を背くの方便、甚だ多し」。

4 『今昔』は円融院后、三条太皇太后宮(藤原遵子)、出家は長徳三年(九九七)三月(『小右記』)。『増賀行業記』など

却《しりぞ》け去らしむといへども、猶《なお》しもて相従ひて自《みずか》ら曰く、「誰人か我を除きて、禅房[10]の御車の牛口の前駈を勤仕せむや」といへり。また人、法会のために請ず。増賀請に赴きて、途中説法の詞を案じ、心の中に驚き畏れつ。こと名聞《みょうもん》に渉る。「必ずこれ魔縁ならむ」とおもへり。遂に願主と相闘《あらそ》ひて、遂げずして帰る。

臨終の時に、先づ独り囲碁し、次に泥障《あおり》[11]を被《かぶ》りて、胡蝶の舞[12]を学ぶ。弟子の仁賀《にんが》[13]その故を問ふに、答へて曰く、「少年の時にこの両のことを見て、心の中に慕《ねが》ひき。今最後に及びて、その思ひ忽《たちま》ちに発《おこ》りぬ。仍《よ》りて本懐《ほんかい》を遂ぐるなり」といへり。その後念仏断えず、瑞相室に満ちぬ。兼て和歌を詠《よ》みて曰く、

みつわさす八十《やそじ》[14]あまりの老《おい》のなみ海月《くらげ》の骨に逢ひにけるかな

は円融院女御詮子。

5 演技のできばえの意だが、「臭風」の誤りか。文意やや不通だが、『今昔』では、卑猥な言辞を弄し、下痢をひちらかすなど偽悪的なふるまいを演ずる。『法華験記』「禁忌の麁言を発して、然も又罷り出でぬ」。

6 巨根で知られ、秦の呂不韋の食客で宦官を装い、夏太后に通じて子をなし、栄華を極めるが最期に誅される（『史記』呂不韋列伝）。『今昔』「若シ乱リ穢キ物ノ大ナル事ヲ聞シ食タルニヤ」。

7 文書で申し上げること。

8 師の良源の大僧正就任の祝い。天元四年（九八一）。

9 塩を使わずに内臓を取って乾した鮭。太刀に見立て、雌牛に乗る格好は『今昔』二十八・三五の相撲の余興、『宇治拾遺』一四四の聖宝などにみえる。祭礼行列の正装のパロディの意味を持つ。この逸話は『発心集』系にあり。『行業記絵巻』にも絵画化。

10 高僧の室から高僧その人を指す。こ

といへり。

別記[15]に云はく、長保《ちょうほう》四年[16]冬、飲食《おんじき》已に減じて、坐禅不快なり。○五年六月八日未の時、沐浴して人を集め、三十二相[17]を誦せしめたり。即ち和歌を詠めり。○九日卯の時、自ら起居して西方に向ひて、やや久しく仏を念じ、金剛合掌[18]して、居ながら入滅せり。○年八十七。○後見るに爛《ただ》れ壊《やぶ》れず、云々といふ。

砂門僧《増イ》賀者。参議橘恒平卿之子也。登叡山学止観。慈恵僧正之弟子也。早以発心。唯慕後世。現世之事敢不帯芥。人欲請用。必施異人之行。嘗有后宮授戒之請。参入之後。於御前示見風。又曰。誰人以増賀為繆毒之輩。啓達后囲乎。上下驚歎。僧正申慶賀之日。入於前駈之員。増賀以干鮭為剣。以牝牛為乗物。供奉之人雖却去。猶以相従自曰。誰人除

こは良源。

11 馬上で泥が衣服にはねないように馬の両脇にかける革製の覆い。

12 高麗楽を模した雅楽の一種。春の日に舞い遊ぶ蝶を表した四人舞。泥障を両肩に負い蝶の羽に見立てた。延喜六年、藤原忠房作という(『体源抄』)。

13 次伝参照。

14 老年の形容。老いかがまる。「くらげの骨」はめったにないことの喩え(『枕草子』など)。ここでは極楽往生を指す。八十も過ぎた老齢の身となって得がたい幸いに逢えたことだの意。『法華験記』は歌の結句「逢ふぞ嬉しき」。

15 未詳。後世の追記か。

16 一〇〇二年。

17 仏にそなわる相を指すが、ここは雅楽の曲としての声明。

18 帰命合掌とも。十二合掌の第七、十指の頭を交叉し、右手の指を左手の指の上に置く、密教で常用。

我。勤仕禅房御車口前駈乎。又人為法会請之。増賀赴請。途中案説法之詞。心中驚畏。事渉名聞。必是魔縁也。遂与願主相闘。不遂而帰。

臨終之時。先独囲棊。次被泥障。学胡蝶舞。弟子仁賀問其故。答曰。少年之時見此両事。心中慕之。今及最後。其思忽発。仍遂本懐也。其後念仏不断。瑞相満室。兼詠和歌曰。

水輪指。矢曽千余之。老乃浪。久良希之骨爾。遭爾介留哉。

支離。八十有余之。老乃浪。海月之骨邇。逢邇計流鉇。

別記云。長保四年冬。飲食已滅。坐禅不快。○五年六月八日未時。沐浴集人令誦三十二相。即詠和歌。○九日卯時。自起居向西方。良久念仏金剛合掌。乍居入滅。○年八十七。○後見之不爛壊云々。

〔一三　沙門仁賀〕

沙門仁賀《にんが》は、大和国《やまと》の人なり。多武峰《とうのみね》1に住して、増賀《ぞうが》2をもて師となせり。本はこれ興福寺《こうふくじ》の英才3なり。深く後世を恐れて、全《また》く名利を棄てたり。或いは寡婦《かふ》に嫁《か》すと4称《い》ひ、或いは狂病ありと称ひて、寺役《じやく》に随はず。一生念仏して、最後に乱れず。弟子等その遺言に依りて、棺《ひとき》の中に居《お》き、地下《じげ》に瘞《うず》めたり。身体《すがた》爛《ただ》れ壊《やぶ》れず5。

砂門仁賀者。大和国人也。住多武峰。以増賀為師。本是興福寺英才。深恐後世。全棄名利。或称嫁寡婦。或称有狂病。不随寺役。一生念仏。最後不乱。弟子等依其遺言。居於棺中。瘞於地下。身体不爛壊。

一三　仁賀
＊『古事談』三・八九、『宇治拾遺』一九四（仁戒）。
1 飛鳥の南側、奈良県桜井市、藤原鎌足を祀る談山神社で著名。鎌足の子定恵が父の遺骸を改葬して十三重塔を建て、後に妙楽寺となる。天台系の寺院として栄えた。
2 前伝参照。
3『僧綱補任』裏書の真興条に「真興年来相随仁賀聖人、習真言道」。
4 妻帯を装い、狂病と偽って真の求道に励む。『古事談』「落堕の由を偽称し、実には片角にてよもすがらなき居たるなりと聞きて、帰依弥倍す」。『発心集』などにも見る偽悪的なあり方。
5 遺体が傷まないのも往生の奇瑞とみなされた。

〔一四　阿闍梨叡実〕

阿闍梨叡実《えいじつ》は、延暦寺の緇徒《しと》1なり。ただに法門を学ぶのみならず、兼て俗典に通じたり。一生法花を誦して、2後世を求めたり。太《はなは》だ効験あり。

円融《えんゆう》天皇、3御邪気《じゃけ》に依りて、殊に勅喚《ちょっかん》あり、青鳥《せいちょう》4と同車《どうじゃ》して忩《いそ》ぎ仙宮に5参りぬ。途中に出されたる病者あり、6辛苦《しんく》叫喚す。叡実車より下りて看病す。勅使譴責《けんせき》せり。叡実が曰く、「小僧は菩提の外は求むるところなし。今生のことを思はざるに依りて、上に天子なく下に方伯《ほうはく》なし。7また万乗の主《ぬし》、玉体不予《ふよ》なれば、何の寺、何の山の有験の人か、参入せざらむや。縁なき病者に至りては、尤も忍びがたきところなり」といへり。遂にその所に留りて、敢へて参内せず。8

一四　叡実

*『法華験記』中・六六、『今昔』十二・三五、『宇治拾遺』一四一、『発心集』四・四。

1 僧侶。緇は墨染めの衣。

2 『法華験記』は「法華持経者」。

3 第一「一条天皇伝」参照。以下の話は『今昔』に詳しい。

4 使者。西王母の故事にちなむ。

5 上皇の在所。『今昔』は「堀川ノ院」。

6 『今昔』は東大宮・土御門で薦一枚かぶった女の病人で、叡実が懇切に看病し、湯を飲ませ、童子に魚を買いにやらせて食べさせ、『法華経』の薬王品を唱える。

7 『春秋公羊伝』、荘公四年「上無天子、下無方伯」。方伯は諸侯の長。

8 『今昔』は参内して『法華経』を誦して天皇の病を治し、僧綱授与も拒絶して退出する。

9 香気が衣服にしみ込んで衣服が香気を出すように言動が心に残す影響。仏道修行、善行。「何況転々随喜之功徳、

その天性かくのごとし。多年薫修《くんじゅ》[9]の力は、即ち罪障《ざいしょう》を浄め、現身《うつつのみ》に証入《しょうにゅう》[10]あるがごとし。臨終の剋、読経懈《おこた》[11]らず、往生の相掲焉《けちえん》なり。

阿闍梨叡実者。延暦寺緇徒也。不営学法門。兼通俗典。一生誦法花求後世。太有効験。円融天皇依御邪気。殊有勅喚。青鳥同車。忩参仙宮。途中有被出之病者。辛苦叫喚。叡実下車看病。勅使譴責。叡実曰。小僧菩提之外無所求。依不思今生之事。上無天子。下無方伯。父万乗之主。玉体不予。何寺何山有験之人。不参入乎。至無縁病者。尤所難忍也。遂留其所。敢不参内。其天性如此。多年薫修之力。即浄罪障。現身若有証入。臨終之剋。読経匪懈。往生之相掲焉。

漸々廻向之薫修乎」(保胤「称南無仏詩序」『本朝文粋』十)。
10 正しい智恵によって真意を悟ること。証得、悟入。
11 『法華経』によって往生する型。

〔一五　沙門寛印〕

沙門寛印《かくいん》は、もと延暦寺楞厳院《りょうごんいん》の高才なり。深く法味を悟りて、旁《あまね》く経論に達せり。決択《けっちゃく》1の道に就きて、誠に傍輩に絶《すぐ》れたり〈常に曰く、2一生の間、論義の答3一度に過ぎず、自余は失に付きて反《かえ》りて詰《なじ》れり、云々といへり〉。

源信《げんしん》4僧都、宋人朱仁聡《しゅじんそう》5に見《まみ》えむがために、学徒を引きて越前《えちぜん》の国敦賀《つるが》の津に向へり6《ム《それがし》云はく、昔時越前国に宋人寄り来りぬ、云々といふ》。仁聡一帳《いっちょう》の画像を出して曰く、「これは婆珊婆演底守夜神《ばさんばえんちしゅやしん》7なり。渡海の恐れを資《たす》けむがために、我等の帰するところなり」といへり。僧都心の中に花厳経の善財童子讃歎《さんだん》8の偈《げ》を思ひて、自筆にてその像の側に書きて曰く、「見汝清浄身《けんにょしょうじょうしん》、相好超世間《そうごうちょうせけん》」といへり。次に寛印を召して曰く、「この末を書き続《つ》ぐべし」

一五　寛印

*『元亨釈書』五、『古事談』三・二七。

1 第九「源信伝」参照。

2 以下の原文割注の出処未詳。

3 経論の教義を問答形式で説きあかすこと。

4 第九「源信伝」参照。

5『権記』長徳元年(九九五)九月二十四日条、若狭国に来た朱と林庭幹を越前の敦賀に移すべき定が上申されている。朱仁聡は宋の海商で諜報の嫌疑をかけられ、大宰府に止めおかれて愁訴し、後に嫌疑が晴れる。

6 渤海など大陸や朝鮮半島との交流の拠点。渤海使の客館があった。

7 婆娑婆陀夜天、春生神、主夜神などとも。『華厳経』の善財童子に五十三善知識を示す五十三尊の一人。摩竭提国の迦毘羅城にいる。夜の闇に対する恐怖を除き、衆生を救護する神。鬼神や盗賊の難、道に迷った時などから救う。真金色で衆宝瓔珞と朱衣を着け、梵冠を戴き、体には星宿が宿るという。

といふ。寛印書きて曰く、「如文殊師利《にょもんじゅしり》、亦如宝山王《やくにょほうさんおう》」といへり。書き畢《おわ》りて筆を閣《さしお》き、同音に誦せり。仁聡感じて倚子《いし》[9]を出し、僧都をして居らしむ〈寛印もしこの文を忘れなば、あに本朝の恥にあらざらむやとおもへり〉。また曰く、「国の信物《しんもつ》[10]三五を取りて奉る」といへり〈三五とはかの朝の語にして、この間に一両と称《い》ふがごとし。これより先、僧都、弘決《くけつ》[11]の「今文、依此略三五」の字の所に至りて、古賢の義相叶はず。僧都義《と》きて曰く、「一両と謂はむがごとし」といふ。この詞《ことば》また叶へり〉。

後に諸国を経歴《きょうりゃく》して、丹後国《たんご》[12]に到りぬ。僧房の側《ほとり》に一の洿池《こち》[13]あり。漁猟の輩《ともがら》、夜池に向ひて網を結び、日を定めて池の魚を取らむとす。寛印制すといへども、敢へて承引せず。寛印歎息して、夜々池に向ひ、錫杖《しゃくじょう》を振りて観念せり。後朝に網を下すに、敢へて一の鱗《いろくず》もなし。油《ゆ》

8『華厳経』入法界品の求法童子、福城長者の子。文殊の教えで南方に遊行、五十三尊の善知識から普賢の十大願を聞いて法界に悟入する。以下の偈は八十巻本『華厳経』巻六十八にみる童子が守夜神を讃歎する最初の偈の四句。寛印がその続きの偈をすかさず書き、『華厳経』を熟知していたことを示す。

9 胡床の類。

10 進物。

11 湛然の『止観輔行伝弘決』四十巻のこと。巻三之二「今文、依此略三五字耳」。

12『古事談』では源信を承けて寛印が丹後で迎講を始めたという。第三四「大江挙周伝」参照。

13 たまり水の池。

14 油をこぼさず嚢が浮かないように戒律を堅く守ること。『涅槃経』に拠る。『性霊集』二「浮嚢他より借らず、油鉢常に自持す」。『法華験記』下・八二「油鉢を傾けず、浮嚢を許さず」。

15 過去の罪悪を告白し、悔い改めるこ

鉢《はつ》を傾くといへども、深く浮嚢《ふのう》[14]を恐れたり。

一生の間、ただ懺悔《さんげ》を修し、[15]毎夜《よごと》に必ず法花経一部を誦せり。聖教《しょうぎょう》を披閲《ひえつ》すること、老に至るまで倦《う》まず。最後臨終に、身心乱れず、手に香炉を捧げ、念仏懈《おこた》らず、西に向ひて気絶《いきた》えぬ。

と。天台宗では法華懺法など懺法（せんぼう）として儀礼化する。

砂門寛印者。本延暦寺楞厳院之高才也。深悟法味。旁達経論。就決択之道。誠絶傍輩。〈常曰。一生之間。論議之答不過一度。自余詰之付失反云々〉源信僧都為見宋人朱仁聡。引学徒向越前国敦賀津。《ム云。昔時越前国宋人寄来云々》仁聡出一帳画像。是婆珊婆演底守夜神也。為資渡海之恐。我等所帰也。僧都心中思花厳経善財童子讃歎之偈。自筆書其像側曰。見汝清浄身。相好超世間。次召寛印曰。可書続此末。寛印書曰。如文殊師利。亦如宝山王。書畢閣筆。同音誦之。仁聡感之出倚子。令僧都居之。〈寛印若忘此文者。豈非本朝恥乎〉又曰。取国信物三五奉之。〈三五者彼朝之語。如此間称一両。先是僧都至弘決今文依此略三五字所。古賢之義不相叶。僧都義曰。如謂一両。此詞也叶〉

後経歴諸国。到丹後国。僧房之側有一誇。漁猟之輩。夜向池結網。定日欲取池魚。寛印雖制敢不承引。寛印歎息夜々向池。振錫杖観念。後朝下網。敢無一鱗。雖傾袖鉢。深恐浮嚢。

一生之間。唯修懺悔。毎夜必誦法花経一部。披閲聖教。至老不倦。最後臨終。身心不乱。手捧香炉。念仏匪懈。西向気絶。

〔一六　真縁上人〕

真縁《しんえん》上人は、愛宕護山《あたごさん》の月輪寺《がつりんじ》1に住せり。常に誓願を起《た》てて曰く、「法花経の文に「常在霊鷲山《じょうざいりょうじゅせん》、及余諸住《きゅうよしょじゅう》

一六　真縁

＊『八幡宮巡拝記』下。

1 愛宕護山は京都西北の高山。『法華験記』に持経者の例が多い。五峰の一、大鷲峰にある寺。大安寺の慶俊の創建（『愛宕山縁起』「山城名勝志所引」）。

所《しょ》[2]」といふ。日本国はあに入らざる余《ほか》の所ならむや。然らば面《まのあた》りに生身《しょうじん》[3]の仏を見奉らむ」といへり。この願を充《みた》さむがために、専《もは》らに法花経を誦せり。字ごとに礼拝を修すること参度、閼伽《あか》[4]を供ふること一前なり。やや多年を歴《へ》て漸くに一部を尽せり。敢へて示すところなし。第八巻の内題[5]に到りて、行業已に満てり。その夜の夢に曰く、「石清水《いわしみず》[6]に参るべし」云々といふ。かの宮に毎朝《あしたごと》に御殿の戸を開く者を宮主《みやじ》[7]と謂ふ。忽《たちま》ちに客僧《きゃくそう》[8]の御帳の前にあるを見て、大きに驚きて追却せむと欲す。この間に石清水別当[9]〈その名を失ふ〉使を遣して、宮主の僧に告げて曰く、「神殿の中に定めて客僧あらむ。左右《とにかく》にすべからず。これ今夜の夢の中に霊託を蒙《こうぶ》るが故なり」云々といへり。

ここに知りぬ、生身の仏は、即ちこれ八幡大菩薩[10]なる

2『法華経』如来寿量品の偈の第一、二句。如来が入滅せずに霊鷲山に永遠にいて、余処にも現れて衆生を救済する意。

3 仏が衆生済度のために世に現れる身。寿量品の偈の前に、仏が衆生の信力に応じて無上の法を説くために現れることを説く。

4 仏に供える物。「前」は机などを数える単位。

5「妙法蓮華経巻第八」。内題は本文の最初の書名。『法華経』の最後の巻。

6 石清水八幡宮。洛外の南西、淀の西側の男山に鎮座。行教が宇佐八幡宮から勧請。平安京周辺の護国神として信仰を集めた。

7 もと神祇官の卜部から選ばれ、神事を司る役職。

8 真縁を指す。

9 八幡宮の護国寺別当。

10 八幡宮の主神。

11 本来覚知した性徳で始覚の対語。ここでは本地のこと。八幡大菩薩の本地

ことを。その本覚《ほんがく》[11]を謂はば、西方無量寿如来なり。真縁已に生身の仏を見奉れり。あに往生の人にあらずや。

真縁上人住愛宕護山月輪寺。常起誓願曰。法花経文常在霊鷲山及余諸住所。日本国豈不入余所乎。然則面奉見生身之仏。為充此願。専誦法花経。毎字修礼拝参度。供閼伽一前。差歴多年。漸尽一部。敢無所示。到第八巻内題。行業已満。其夜夢曰。可参石清水云々。彼宮毎朝開御殿戸之者。謂之宮主。忽見客僧在御帳前。大驚欲追却。此間石清水別当〈失其名〉遣使。告宮主僧曰。神殿之中定有客僧。不可左右。是今夜夢中蒙霊託之故也云々。

爰知。生身之仏即是八幡大菩薩也。謂其本覚。西方無量寿如来也。真縁已奉見生身之仏。豈非往生之人乎。

が阿弥陀仏であることを示す早い例。大江匡房の『筥崎宮記』などにも。

〔一七　阿闍梨理光〕

阿闍梨理光《りこう》は、延暦寺の無動寺《むどうじ》[1]に住し、多年の間ただ西方の業[2]を修して、敢へて他の望なし。瞑目《めいもく》の剋に、念仏乱れず。没後《もつご》四十九日の間、異香《いきょう》房の内に絶えず。この地に来る者は、皆衣に染めて帰りぬ[3]。

阿闍梨理光者。延暦寺無動寺。多年之間。唯修西方之業。敢無他望。瞑目之剋。念仏不乱。没後四十九日之間。異香不絶於房内。来此地者。皆染衣而帰。

〔一八　沙門入円〕

沙門入円《にゅうえん》は、延暦寺東塔南谷《とうとうみなみだに》の住僧なり。生前の間、

一七　理光
＊関連資料未詳。
1 比叡山延暦寺の東塔無動寺谷。相応の創建。
2 極楽往生のための修行、念仏。
3 往生の奇瑞である異香を衣にしみこませて、結縁とする。嗅覚によって往生を覚知させる。

一八　入円
＊関連資料未詳。
1 笙歌は笙に合わせて歌う楽。妓楽(伎楽)は呉楽とも。くだけた仮面劇と

念仏をもて業となして、他の才学なし。臨終の時、先づもて沐浴して、専念懈《おこた》らず。この日、笙歌妓楽《しょうがぎがく》[1]、山に満てり。明快《みょうかい》[2]座主、当初正《そのかみまさ》しくその声を聞けり。[3]語るごとに流涕《りゅうてい》せり。

沙門入円者。延暦寺東塔南谷之住僧也。生前之間。以念仏為業。無他才学。臨終之時。先以沐浴。専念不懈。此日笙歌妓楽満於山。明快座主当初正聞其声。毎語流涕。

〔一九　沙門良範〕

沙門良範《りょうはん》は、延暦寺楞厳院《りょうごんいん》[1]に住せり。容儀端正《ようぎたんじょう》[2]にして、天性聡敏《そうびん》なり。山上の人、推して英雄となせり。[3]志は極

される。
2 延久二年(一〇七〇)没。藤原俊宗の子。大僧正、梨本僧正。明豪、皇慶の弟子。天台座主。台密梨本流の祖。
3 ここでは天台座主が阿弥陀の来迎の楽音を聞く証人となっている。聴覚による往生の覚知。

一九　良範
*『二十五三昧過去帳』(第九伝)、良範大徳部。
1 比叡山横川の中心。
2 『二十五三昧過去帳』「年齢少壮、容貌端正、心性柔和にて、師友に違わず、

楽を求むれども、人皆許さず。生年十八にして入滅せり。夢に、双の親に告げて曰く、「我極楽にありて、その名を仁恵《じんえ》菩薩4と曰《い》ふ」といへり。疑ふらくはこれ上品上生《じょうぼんじょうしょう》5か。遷化《せんげ》せむと欲するの日、源信《げんしん》僧都、諷誦《ふじゅ》を修せり。6没後《もつご》その巾箱《うちみだりのはこ》7を見るに、血仏血経8ありき。偸《ひそか》に後世の業を修せしこと明かなり。

沙門良範者。住延暦寺楞厳院。容儀端正。天性聡敏。山上之人推為英雄。志求極楽。人皆不許。生年十八入滅。夢告双親曰。我在極楽。其名曰仁恵菩薩。疑是上品上生歟。欲遷化之日。源信僧都修諷誦。没後見其巾箱。有血仏血経。偸修後世之業明矣。

これに由り自ずと衆生の愛敬あるなり」。
3 模範となる人。
4『二十五三昧過去帳』「適意菩薩」。
5 上中下品・上中下生の九段階ある極楽の最上位。
6『二十五三昧過去帳』に源信が諷誦を修した際の願文がみえる。
7 小箱、手文庫。
8 血で書いた仏像や経文。『二十五三昧過去帳』にもあり。

〔二〇　阿闍梨範久〕

阿闍梨範久《はんきゅう》は、延暦寺楞厳院《りょうごんいん》に住し、一生極楽を慕《こいねが》へり。行住坐臥《ぎょうじゅうざが》[1]、西方を背《そむ》かず、唾《つばき》を吐き便利《べんり》[2]するに、西方に向かず。いまだ曽《むかし》より夕陽をもて背《せなか》に負はず、山に登るの時は、身を側《そばた》てて行く[3]。常に称《い》ひて曰く、「樹《うえき》の仆《たお》るるや[4]、必ず傾く方にあり。心を西方に懸けたれば、蓋《なん》ぞ素意《そい》を遂げざらむ」といへり。臨終正念[5]なり。往生疑ひなし。

阿闍梨範久者。住延暦寺楞厳院。一生慕極楽。行住坐臥不背西方。吐唾便利不向西方。未曽以夕陽負背。登山之時。側身而行。常称曰。樹之仆也。必在傾方。懸心西方。蓋遂素意。臨終正念。往生無疑。

二〇　範久

＊『宇治拾遺』七三。

1 以下は、『往生要集』中・大文五に拠る。「行住坐臥、西方を背にせず、涕唾便痢は西方に向ってせざれ」。

2 大小便。

3 体をはすかいにして。

4 『往生礼讃偈』の句で、『往生要集』の前の引用に継ぐ。「樹の先の傾けるが倒るるには、必ず曲れるに随うが如し」「西方に向くに及ばざる者は、但西に向く想を作すも亦得たり」。

5 臨終の際、心乱れることのない様。『往生礼讃偈』「命終の時に臨んで心顚倒せず、心錯乱せず、心失せず」。

〔三一　阿闍梨成尋〕

阿闍梨成尋《じょうじん》は、もと天台宗の人にして、智証《ちしょう》大師1の門《もん》跡《ぜき》2なり。大雲寺《だいうんじ》3に住して、智行《ちぎょう》兼ね備へて、早く大業《たいぎょう》を遂げて、大日位《だいにちい》4に居れり。公請《くしょう》5年久しく、名誉日《ひび》に新なりき。暮年《ぼねん》に心を菩提《ぼだい》に帰して、ただ法花法を行ぜり。遂に清涼山《しょうりょうせん》6を礼《らい》せむがために、私《ひそか》に商客孫忠が商船7に附きて、偸《ひそか》にもて渡海す。大宋の主《あるじ》8大きにその徳に感じたり。かの朝大きに旱《ひでり》して9、雨の際《とき》に雨《あめふ》らず、霖《ながめ》の月に霖なし。即ち成尋をして法花法を修せしむるに、七日に及べども、猶《なお》しその験《しるし》なし。公家頻《しきり》に問へり。成尋答へて曰く、「今日を待たるべし」といへり。その日の晡時《さるのとき》10に、堂の上の風、皆雲霧を起して、大雨滂沱《ぼうだ》11として、四海豊《ほう》

三一　成尋

*『参天台五台山記』、『真言伝』六・一四、『元亨釈書』十六、『大雲寺縁起』、『宋書』列伝二五〇。

1 円珍。義真の弟子。入唐後、園城寺を拠点。寺門派の元。『往生極楽記』第六「増命伝」注5参照。

2 一門の法跡、門流。後に法親王の開創や住した寺を指す。ここでは寺門派。

3 石蔵寺とも。円融院勅願、藤原文範の創建。慶祚ら寺門派の拠点となる。成尋の師文慶は余慶の弟子。

4 真言の奥義を究めることか。修学の功績を指すか。

5 朝廷からの招請。

6 中国山西省の聖地五台山。『参天台五台山記』「従少年時、有巡礼志」。

7 孫忠はいわゆる海商。成尋は延久三年(一〇七二)、出京。翌年三月に肥前松浦の壁島で乗船(『扶桑略記』延久四年、『参天台五台山記』)。

瞻《せん》[12]なり。即ち賜ふに善恵《ぜんえ》大師の号《な》をもてし、兼て紫衣《しえ》を賜へり。また新訳の経論[13]三百余巻をもて、宋朝の帝、本朝に渡せり。

死に先だつこと七日、自ら命の尽きむことを知りて、衆を集めて念仏せり。日時違はずして、西に向ひて逝去[14]せり。その頂上より光を放つこと三日、寺の中に安置《あんぢ》するに、全身乱れず、今に存せり。膚《はだえ》に漆《うるし》[15]し金《こがね》を鏤《ちりば》むるに、毛髪猶し生ひて、形質《ぎょうぜつ》[16]変ることなし。

阿闍梨成尋者。本天台宗之人。智証大師之門跡也。住大雲寺。智行兼備。早遂大業。居大日位。公請年久。名誉日新。暮年帰心菩提。只行法花法。遂為礼清涼山。私附商客孫忠商船。偸以渡海。大宋之主。大感其徳。彼朝大旱。雨際不雨。霖月無霖。即令成尋修法花法。

8 北宋六代の神宗。都は開封。
9『参天台五台山記』巻七・熙寧六年(一〇七三)三月条に皇帝の宣旨を承け、二日に宮中で祈雨の法華法を修し、五日に雨が降ったという。
10 申の刻、午後四時前後。『参天台五台山記』では未時。
11 大雨や水が勢いよくあふれる形容。
12 豊饒に同じ。
13『参天台五台山記』同年四月十三日に顕聖寺印経院より四百十三巻を調達、六月十二日に帰国の弟子達僧五人が孫吉の商船に搬入。『百錬抄』延久五年(一〇七三)十月条に「金泥法華経」、「一切経」、「錦二十段」。承保二年(一〇七五)正月二十六日条、十月二十六日条などに関連資料あり(『水左記』)。
14『大雲寺縁起』「大師遷化す。紫雲聳き異香薫じ、親り三尊来迎在り」。
15『参天台五台山記』巻一「真身にして漆を以て綵色を塗り、定印を作りて端座入滅せる形なり」(延久四年五月二十日条、康僧会の影像)。『宋高僧伝』

及於七日。猶無其験。公家頻問。成尋答曰。可被待今日。其日晡時。堂上之風。皆起雲霧。大雨漫施。四海豊贍。即賜以善恵大師之号。兼賜紫衣。亦以新訳経論三百余巻。宋朝帝渡本朝。
先死七日。自知命尽。集衆念仏。日時不違。向西逝去。自其頂上放光三日。安置寺中。全身不乱。于今存焉。漆膚鏤金。毛髪猶生。形質無変。

〔三 沙門能円〕

沙門能円《のうえん》は、大宰府の観世音寺《かんぜおんじ》[1]の傍《ほとり》、極楽寺《ごくらくじ》[2]の住僧なり。この寺において千日法花経を講じたり。[3]勧進《かんじん》をもて業となし、念仏をもて宗となして、一千日ここに満ちぬ。講筵已に巻きて、香匳《こうれん》[4]また掩《おお》へり。結願畢《けちがんおわ》りて後、合掌して観念し、高声《こうしょう》に念仏して遷化《せんげ》[5]せり。

巻二二・大宋羅漢伝にも例あり。遺骸を仏にかたどる習俗か。
16『真言伝』はさらに「勅ニヨリテ天台山国清寺ニ塔ヲ立テテ、闍梨シテ全身ヲ案ス。塔ノ額ヲ日本善恵国師塔ト顕セリ」。

三 能円
*『今昔』十五・二四とは同原か。以下の三話は匡房の大宰府時代にちなむ。
1 大宰府の都府楼に接する。天智天皇が斉明天皇のために建立。奈良時代、東大寺・下野薬師寺と並ぶ三戒壇の一。匡房は大宰府在任中に五重塔を造営させる。
2 観世音寺四十九院の一で所在未詳だが「太宰府旧蹟全図」によると南側の御笠川沿いに「ゴクラクジアト」あり。

砂門能円者。大宰府観世音寺傍。極楽寺住僧也。於此寺千日講法花経。以勧進為業。以念仏為宗。一千日云満。講莚已巻。香匳又掩。結願畢後。合掌観念。高声念仏而遷化。

〔二三　沙門高明〕

沙門高明《こうみょう》は、もとこれ播磨《はりま》国書写山《しょしゃざん》1の性空《しょうくう》2上人の弟子なり。後に大宰府の大山寺《だいせんじ》3に住せり。三衣一鉢《さんえいっぱつ》4の外に、さらに余資《よし》なく、念仏読経、これをもて業となす。或いは博多の橋5を造り、或いは六角堂を建立し、清水寺《きよみずでら》6において、如法《にょほう》7に法花経を書せり。書し畢《おわ》りて井の中に埋《うず》み、8誓ひて曰く、「我もし成仏せば、この井の水を化して温《おん》

『今昔』では能円の名なく「聖人」。

3『法華経』を千日間講ずる。千日講。

4香を入れる小箱。「講莚」を巻くと同様、結願して講会が閉じられたこと。

5『今昔』では結願の日に亡くなることを予言する。さらにその後も千日講を行う法師や尼が出てきたという後日談が続くから、匡房在任時に千日講起源譚を耳にした可能性が高い。

二三　高明
＊関連資料未詳。
1円教寺。姫路市の西北にある古刹。

2橘氏。寛弘四年(一〇〇七)没。天台宗。山岳修行の法華持経者。円教寺を創建。『書写山上人伝』、『法華験記』中・四五、『今昔』十二・三四等。

3大宰府東の竈門山(宝満山)の竈門山寺、有智山寺とも。

4僧が最低限身につける衣と鉢。

5福岡市の東西中島橋かとも。

6観世音寺を指す。『源氏物語』玉鬘

泉《せん》となさむ。将来の人、これをもて符《しるし》とせよ」[9]といへり。臨終の剋、正念に安住して、一心に念仏し、西に向ひて遷化《せんげ》せり。人々の夢の中に、皆往生するところの相とみえたり。

砂門高明者。本是播磨国書写山性空上人之弟子也。後住大宰府大山寺。三衣一鉢之外。更無余資。念仏読経以之為業。或造幡《博歟》多橋。或建立六角堂。於清水寺。如法書法花経。書畢埋之於誓(ママ)井中。誓曰。我若成仏。化此井水為温泉矣。将来之人。以此為符。臨終之剋。安住正念。一心念仏。西向遷化。人々夢中。皆所往生之相。

〔二四　沙門安修〕

「清水の御寺の観世音寺」。

7 法則儀則にかなうことを言うが、ここでは『如法経』を指し、『法華経』を意味する。

8 『如法経』を経筒に納めて地下に埋める儀礼が平安期に流行。井戸に埋めるのは聖水とされたからか。

9 温泉涌出の予言。二日市温泉をはじめ、大宰府周辺は温泉が多い。匡房の息隆兼も療養に来ている。

二四　安修

＊関連資料未詳。

1 現在の大宰府天満宮に相当。天満宮

沙門安修《あんしゅう》は、大宰府の安楽寺《あんらくじ》[1]の学頭《がくとう》[2]なり。顕密才高くして、戒行身潔《いさぎよ》し。耆徳碩学《きとくせきがく》[3]も請益《じょうやく》[4]せざることなし。一生の間、ただ仏事を勤めたり。千日に一乗[5]を講ずること、全《また》く三遍に及び、六時[6]に三昧を修すること、已に七旬を踰《こ》えたり。偏《ひとえ》に人の世を抛《なげう》ちて、ただ浄土を期《ご》せり。臨終の時、一心に念仏し、西に向ひて遷化《せんげ》せり。時に春秋七十五なり。

砂門安修者。大宰府安楽寺学頭也。顕蜜才高。戒行身潔。耆徳碩学。莫不請益。一生之間。只勤仏事。千日講一乗。全及三遍。六時修三時。已踰七旬。偏抛人世。唯期浄土。臨終之時。一心念仏。西向遷化。于時春秋七十五也。

安楽寺。菅原道真の廟。延喜年間に味酒安行が創建。匡房は在任中に満願院を創建、「参安楽寺詩」を作っている(『江都督納言願文集』、『本朝続文粋』)。
2 大寺の学問を司る僧。ここは社僧で、文書の担当。
3 徳の高い老人で学問に勝れた僧。宿徳。
4 有益な教えを請うこと。
5 直接には『法華経』を指す。千日講。
6 昼三時(晨朝・日中・日没)、夜三時(初夜・中夜・後夜)。

〔三五　沙門助慶〕

沙門助慶《じょけい》は、園城寺《おんじょうじ》[1]の碩学《せきがく》なり。寺の中の人、大概《おおむね》帰伏せずといふことなし。慶祚《けいそ》[2]阿闍梨の弟子なり。随心院《ずいしんいん》[3]に住して、偏《ひとえ》に後生を求めたり。長く名聞《みょうもん》を抛《なげう》ちて[4]、念仏講経、併《しか》しながら極楽に資せり。ただ愁ふるところは伝法探義のことに依りて、後生の群集《くんじゅ》する[5]のみ。臨終正念にして、瑞相《ずいそう》太《はなは》だ多し。

砂門助慶者。園城寺之碩学也。寺中之人。大概莫不帰伏。慶祚阿闍梨弟子也。住随心院。偏求後生。長抛名聞。念仏講経併資極楽。唯所愁者依伝法操義之事。後生郡集耳。臨終正念。瑞相太多。

三五　助慶

＊『三井往生伝』上・十七。

1 三井寺。天台宗寺門派の拠点として栄える。

2 第一伝の「学徳」に名が見える。

3 山科の真言宗小野流の本寺。小野曼荼羅寺とも(仁海創建)。他本に「慧心院」とあり、比叡山横川の塔頭を指す。楞厳三昧院の南。

4 『三井往生伝』「資貯不乏、皆施学侶、功徳雖豊、但求西方」。

5 仏法の教義をめぐって、あの世でも大勢集まって教えをもとめに来ることが気がかりだ、の意か。

〔二六　阿闍梨覚真〕

阿闍梨覚真《かくしん》は、もと延暦寺の無動寺《むどうじ》[1]の浄侶《じょうりょ》なり。初は洛陽《らくよう》に出でて、公請《くじょう》[2]の用を勤め、後には菩提心を発《おこ》して、鞍馬寺《くらまでら》[3]の西谷に栖《す》めり。慶範《けいはん》僧正[4]は世間の師なり。仍《よ》りて老後に阿闍梨《あざり》に補せり。昔閻魔《えんま》天[5]を供せしこと百ケ日、祈願して曰く、「命期と生処と死時と、幷《あわ》せて貧道《ひんどう》[6]を免るることを知らむと欲す」といへり。夢みらく、かの寺の別当陽茂《ようも》[7]阿闍梨、山より洛陽に出でたり。初は騎馬にて後には歩行せり。道の嶮《さが》しきに依りてなり。覚真我が装束《しょうぞく》を見るに、一《もはら》に陽茂と同じなり。また馬より下りて歩み行く。京に出でたる後、陽茂の在所を失へり。相尋ぬるの間、春日《かすが》[8]と左衛門《さえもん》町[9]とに到り、西の辺の第八門[10]に入るとみたり。

二六　覚真

＊関連資料未詳。

1 比叡山東塔の堂塔。開祖は相応。

2 朝廷の要請。

3 延暦年間、藤原伊勢人が建立。毘沙門天を祀り、平安京の北方守護として信仰を集めた。

4 藤原安隆の子。康平四年（一〇六一）、六十五歳で没。僧正。延暦寺の慶命に師事。無動寺検校。

5 密教の十二天の一。水牛に乗り人頭幡を持つ。除病、息災、延寿、産生祈願にかなう閻魔天供。

6 貧しいこと。

7 伝未詳。

8 春日小路。京の東西の中御門大路と大炊御門大路の間。

9 左衛門府の下級役人の居所。中御門大路、春日小路、大宮、猪熊小路に囲まれた四町のうちの一町。

10 一町の横四つを分けて一行、縦八つを分けて一戸主または一門。一町の西から数えて第一行、北から数えて第八

覚めて後数日《すじつ》、思惟《しゆい》すらく、[11]「これ天[12]の示すところなり。年は陽茂と同じかるべし。春日は即ち陽和《ようわ》[13]の月なり。西の辺の第八門は、下品中生《げぼんちゅうしょう》[14]に当る。左衛門町は潤屋《じゅんおく》[15]の地なり。店家《てんか》屋を比《なら》べ、百物自《おのずか》らに備る。これ貧窶《ひんる》[16]を免るるの相なり」とおもへり。毎日《ひごと》に法花を誦すること三十余年なり。已に万余部に及びぬ。臨終の剋、猶《なお》しこの経を誦して、西に向ひて入滅せり。

阿闍梨覚真者。本延暦寺無動寺浄侶也。初出洛陽。公請之用。後発菩提心。栖於鞍馬寺西谷。慶範僧正世間之師也。仍老後補阿闍梨。昔供閻魔天百箇日。祈願曰。欲知命期生処死時幷免貧道。夢。彼寺別当陽茂阿闍梨。自山出洛陽。初騎馬後歩行。依道嶮也。覚真見我装束。一同陽茂。又下馬歩行。出京之後。先陽茂在所。相尋之間。到春日与左衛門町。入西辺第八門。

門を指す。

11 自ら夢解きをしたことを意味する。別当に随行して、繁華な左衛門町に迷い込んだ夢が極楽往生の予見ともなった。

12 閻魔天を指す。

13 のどかな春の季節。

14『観無量寿経』に説く、極楽浄土の往生者を上中下品と上中下生の組み合わせで九段階に区分する、九品浄土の第八番目が「下品中生」。

15 富み栄えた家々、地域。畿内近国の人々が衛府舎人になって住んだ左衛門町が京の商工業の中心として繁栄していたことを指す。

16 非常に貧しいこと。祈願の「貧道」に応ずる。

覚後数日思惟。是天之所示也。年与陽茂可同。春日即‖
‖和之月也。西辺第八門。当於下品中生。左衛門町潤屋
之地也。疰家比屋。百物自備。是免貧窶之相也。毎日
誦法花三十余年也。已及万余部。臨終之剋。猶誦此経。
西向入滅。

〔二七　阿闍梨延慶〕

阿闍梨延慶《えんけい》は、武蔵守業貞《なりさだ》[1]の舎弟なり。天台座主明《みょう》快《かい》[2]僧正の弟子なり。深く顕密を学びて、諸部に通達せり。識者深く許せり。病に沈むこと三年、ただ後生を求めたり。霧露《むろ》[3]に纏《まつわ》るといへども、偏《ひとえ》に法花を思ふ。諸《もろもろ》の大乗経、宗家の章疏《しょうそ》[4]の中より諸法空の文《もん》を抄《ぬ》き出して、屏風に推し[5]、また月輪《がちりん》[6]を画《か》きて、枕上《ちんじょう》に案ず。

二七　延慶

＊関連資料未詳。

1 伝未詳。

2 延久二年(一〇七〇)没、八十六歳。梨本僧正。台密梨本流の祖。藤原俊宗の子。明豪、皇慶の弟子。天台座主。大僧正。第一八「入円伝」参照。

3 疾病。

4 歴代の学僧達の研鑽の成果、経論類の注釈。

5 諸法の空にまつわる文言を抜き出した紙を屏風に貼り付けた。

6 満月を描いた画。真言密教で重んじ

その年の臘月《ろうげつ》[7]に、弟子の道円《どうえん》[8]上人をして響音[9]を問はしめたり。人ありて答へて曰く、「さよふけて何方か月の西へ行く」云々といへり。道円釈《と》きて曰く、「西方は往生の相なり。十五日以後の月を晨月[10]と称《い》ふ。もしくは十四日に遷化《せんげ》すべきか」といへり。十三日の夕より、病已に大漸《たいぜん》[11]なり。また曰く、「光ありて月輪のごとし。枕上に現ぜり[12]。騒動するときは見えず。人々よろしく静かにして、兼て尊勝陀羅尼《そんしょうだらに》[13]を読むべし。微音にて魔障《ましょう》[14]を除くべし」といへり。十四日の日の入る程に、念仏懈《おこた》らずして気《いき》絶えぬ。生年五十五なり。

阿闍梨延慶者。武蔵守業貞之舎弟也。天台座主明快僧正之弟子也。深学顕蜜。通達於諸部。識者深許焉。沈病三年。唯求後生。雖纏霧露。偏思法花。抄出諸大乗

られた。月輪観の修法に関わる。
7 十二月。年の終りと人生の終りが重ねられる。
8 伝未詳。
9 師の明快が弟子の道円に延慶の様子を聞きに行かせた。
10 満月以降、明け方に西に沈む月。「小夜ふけて」の句は満月よりも前を指している。
11 病気がだんだん重くなること。
12 月光が阿弥陀の来迎を象徴する。屏風に画いた月輪図の観想に拠る。『往生極楽記』第二三伝参照。
13 尊勝仏頂の功徳を説く陀羅尼。読誦すると、罪障消滅・延命など種々の功徳があるとされた。『往生極楽記』第一二「瘤僧伝」参照。
14 悪魔の障碍、特に修行の妨げをなすもの。微音での読誦が至上とされた。

経。宗家章疏中諸法空之文。推之於屛風。又画月輪。案於枕上。

其年臘月。令弟子道円上人問郷音。有人答曰。狭夜深氏。何方賀月之西倍行云々。道円釈曰。西方往生之相也。十五日以後称農月。若十四日可遷化歟。自十三日夕。病已大漸。又曰。有光如月輪。現於枕上。騒動則不見。人々宜静兼読尊勝陀羅尼。微音可除魔障。十四日々入程。念仏不懈而気絶。生年五十五。

〔二八 沙門覚尊〕

沙門覚尊《かくそん》は、延暦寺に住して、ただ浄土の業を修せり。始めは念仏をもて宗をなし、後には漸くに止観《しかん》[1]に明かなり。旦夕《たんせき》にただ斗藪《とそう》[2]を事とせり。徳行は山洛に盛《さかん》にして、王公以下《いげ》帰依せずといふことなし。仏事を修するごとに、

二八 覚尊

＊関連資料未詳。『往生要集抄』、『普賢菩薩延命法』など。

1 『摩訶止観』。第八「覚運伝」参照。

2 頭陀。衣食住の欲望を捨てる修行。

3 質素な麻布の衣。

4 粗末な食物。

5 土木事業は僧の行の一環としてあった。鴨川はしばしば氾濫した。

心に叶はずといふことなし。然して布衣《ほい》[3]風を礙《さ》へず、蔬食纔《わずか》[4]に幷《あわ》せて、日を送るのみ。

昔願を発して、鴨河《かもがわ》の堤の壊《やぶ》れ却《す》つる処を築《つ》くに[5]、洛中の人の十分の九、その処に赴かずといふことなし。緋《ひ》[6]を着、素《しろ》[7]を紆《まと》へるの人といへども、猶《なお》し自《みずか》ら沙石を荷担《にな》へり。また天王寺《てんのうじ》[8]において、舎利[9]を供養せり。帰依して知識に布施するの輩《ともがら》は、殆《ほとほと》に城邑《じょうゆう》を傾く。

或る人曰く、「多年の難行苦行、頗《すこぶ》る感応ありたるか」といふ。答へて曰く、「法花三昧[10]を修することあり。六牙の白象王《びゃくぞう》[11]を見たれども、菩薩の色身《しきしん》[12]を見ること能はず」云々といへり。末法[13]のこと、古《むかし》に恥ぢず。年老い気《いき》尽きて山上に没《う》せぬ。臨終正念[14]に、合殺《かっさつ》[15]して終れり。漸くに証入《しょうにゅう》[16]したる人のみ。

6 赤の衣、四位、五位の殿上人。
7 緇(僧)に対する素で俗人。
8 聖徳太子ゆかりの難波の古刹。守屋合戦で太子が四天王に戦勝祈願した由来にちなむ。西門は極楽の東門とされた。
9 天王寺の舎利供養は著名。匡房に「天王寺舎利供養願文」(『江都督納言願文集』)。
10 法花懺法。
11 法華三昧を修すと普賢菩薩がこの象に乗って現れる。
12 形のある身。仏菩薩の肉身。
13 永承七年(一〇五二)に入末法とされた。末法の世であるから普賢の姿が見えなくても、昔に恥じることはない。
14 第二〇「範久伝」。
15 音曲をつけて仏名を唱えること。
16 証得、悟入とも。正しい智恵で真意を悟ること。

砂門覚尊者。住延暦寺。唯修浄土之業。始以念仏為宗。後漸明於止観。旦夕唯事斗藪。徳行感於山洛。王公以下莫不帰依。毎修仏事。莫不叶心。然而布衣不礙風。蔬食纔幷送日而已。

昔発願築鴨河堤壊却之処。洛中之人十分之九。莫不赴其処。雖着緋紆素之人。猶自荷担沙石。又於天王寺供養舎利。帰依布施知識之輩。殆傾城邑。

或人曰。多年難行苦行。頗有感応乎。答曰。有修法花三昧。見六牙白象王。不能見菩薩之色身云々。末法之事。不恥於古。年老気尽。没於山上。臨終正念。合殺而終。漸証入之人耳。

〔二九 沙門賢救〕

沙門賢救《けんぐ》は、因幡《いなば》国[1]に住し、徳行は境の内に被《こうぶ》りて、威は刺史《しし》[2]よりも重し。密室五間を造りて、人をして見せ

二九 賢救
＊関連資料未詳。
1 現在の島根県。
2 役人。
3 稚児か。僧の童寵愛を示す典型例。
4 遺骸を埋める。

しめず、独り自らここに入りて、観念坐禅せり。或人曰く、「昔愛せしところの小き童《おさな》[3]、早く夭年を夭せり。早《すみやか》に瘞埋《えいまい》せず[4]、没後《もつご》の相を見て、不浄観[5]を起せり。この観成就して、証入《しょうにゅう》[6]日深し。疑ふらくは一分の無明《むみょう》[7]を断つか」といへり。臨終正念に、端坐念仏して遷化《せんげ》せり。

砂門賢救者。住於因幡国。徳行被境内威重自刺史。造密室五間。不令人見。独自入此。観念坐禅。或人曰。昔所愛之小童。早夭天年。不早瘞埋。見没後之相。起不浄観。此観成就。証入日深。疑断一分之無明歟。臨終正念。端坐念仏而遷化。

〔三〇　沙門日円〕

5 煩悩を滅するために遺体の不浄を九想の段階から見すえる観法。『摩訶止観』に詳しい。第三二「定基伝」。
6 前伝参照。
7 空仮中三観によって断滅される煩悩の最後。

三〇 日円
* 関連資料未詳。
1 修験の聖地、奈良の吉野の主峰の石

沙門日円《にちえん》は、もと天台の学徒なりき。後には菩提心を発《おこ》して、身を巌《ふか》き谷に隠せり。金峰山《みたけ》の三の石窟《いわや》[1]に住し、長く米穀を断ちて、殆《ほとほと》に神仙[2]に似たり。後には美作国《みまさか》真《ま》嶋《しま》山[3]に移住せり。当国隣国の欽仰《きんぎょう》すること仏のごとし。清涼山《しょうりょうせん》[4]を礼《らい》せむがために、大宋の商船[5]に附きて渡海す。後にかの朝の天台山国清寺《こくせいじ》[6]において入滅すと聞けり。臨終の相、往生疑ひなし。

砂門日円者。本天台学徒。後発菩提心。隠身於巌谷。住於金峰山之三石窟。長断米穀。殆似神仙。後移住美作国真島山。当国隣国欽仰如仏。為礼清涼山。附大宋商船渡海。後聞於彼朝天台山国清寺入滅。臨終之相。往生無疑。

窟。西行、日蔵などで著名。
2 道教の極意をきわめた仙人。
3 岡山県真庭市。真島庄があった。第二一伝の成尋とはここで出会って入門したか。
4 文殊信仰で名高い五台山。
5 日宋間は正式な国交なく、往還は海商達の船による。天台僧の入宋は長和四年(一〇一五)、長元年中、永承年中、成尋の延久四年(一〇七二)、承暦二年(一〇七八)等々。成尋に随行したか。なお、他の天台入唐僧に日延がいる。
6 隋煬帝が天台大師智顗の意思で創建。天台山の中心寺院。

〔三一　慶保胤〕

慶保胤《よしやすたね》は、賀茂忠行《かものただゆき》[1]の第二子なり。累葉陰陽《るいようおんよう》の家[2]より出づといへども、独り大成を企てつ[3]。才に富み文に工《たくみ》にして、当時《そのかみ》の倫《ともがら》[4]に絶《すぐ》れたり。菅三品《さんぼん》[5]を師として事《つか》へ、門弟の中に已に貫首《かんじゅ》[6]たり。天暦《てんりゃく》の末に、内の御書所《ごしょどころ》[7]に候せり。「秋風桂の枝に生ず」の賦の試[8]に、独り及科に預りぬ。芸閣《うんかく》[9]の労に依りて、内官[10]に任ずべかりしに、大業《たいぎょう》[11]の思ひあるに依りて、申して近江掾《おうみのじょう》[12]に任じたり。遂に方略の試[13]を奉れり。青衫《せいさん》[14]の時に、早《つと》に任ぜられて著作[15]を拝し、緋袍《あけごろも》[16]の後も、その官を改めず。文筆[17]の佳句は、今も人の口にあり。

少年の時より、心に極楽を慕《ねが》へり〈その心は日本往生伝の序に見えたり〉。子息の冠笄《かんけい》[18]纔《わずか》に畢《おわ》るに及びて、寛和《かんな》二

三一　慶滋保胤

＊『今昔』十九・三、『宇治拾遺』一四〇、『発心集』二、『撰集抄』五、『今鏡』九、『普通唱導集』下末。

1 保憲、保胤、保章の父。陰陽博士。

2 忠行は陰陽に優れ、保憲は天文暦道に秀でる。保憲の弟子が安倍晴明。保胤は後に弟の保章と共に慶滋姓となる。

3 大学の課業を習得して学者になること。

4 天徳・応和の頃の世評は、高俊、茂能(保胤の字)に集中していたという(大江以言の詩序)。

5 菅原文時。道真の孫。天元四年(九八一)、八十三歳で没。当代随一の学者文人。『文芥集』。

6 中心。

7 宮中の承香殿東片庇にあった。

8 擬文章生は式部省の省試で詩の題が与えられ、及第すれば文章生となった。

9 芸閣は書物庫。御書所や内御書所をさす。労は功労。

10 外官に対する官吏で京内の役職をさ

年、遂にもて道に入れり〈法名は寂心《じゃくしん》〉[19]。諸国を経歴《きょうりゃく》して、広く仏事を作《な》す。もし仏像経巻あれば、必ず容止して過ぎたり。礼節は王公のごとし。強牛肥馬に乗るといへども、猶《なお》し涕泣《ていきゅう》して哀《かなし》ぶ[20]。慈悲は禽獣《きんじゅう》までに被《こうぶ》りぬ。長徳三年[21]、東山《ひがしやま》の如意輪寺《にょいりんじ》[22]に終りぬ。或人の夢に曰く、「衆生を利益《りやく》せむがために、浄土より帰りて更に娑婆《しゃば》にあり」[23]といへり。ここに知りぬ、証入《しょうにゅう》漸くに深きことを。

慶保胤者。賀茂忠行之第二子也。雖出累葉陰陽之家。独企大成。富才工文。当時絶倫。師事菅三品。門弟之中已為貫首。天暦之末。候内御書所。秋風生桂枝賦‖。独預及科。依芸閣労可任内官。而依有大業之思。申任近江掾。遂奉方略之試。青衫之時。早任拝著作。緋袍之後。不改其官。文筆佳句。于今在人口。

自少年之時。心慕極楽。〈其心見日本往生伝序〉及子息冠

す。

11 紀伝道で対策に合格すること。

12 近江国第三等官。

13 対策のこと。官吏登用の国家試験の最高級。文章生から逸材を選んで文章得業生(秀才)とし、七年勉学の後受けさせた。

14 六位の深緑衣、七位の浅緑衣をさす。

15 著作郎。

16 五位の緋色衣。従五位下になっても官は大内記だった。

17 韻文と散文。

18 成人の儀礼。冠は男子で二十歳の元服、笄は女子で十五歳。

19 九八六年四月二二日、当初は心覚を名乗り、後に寂心と改めた。

20 『今昔』、『発心集』に、馬で外出中、時間を気にせず馬の心ゆくまま草を食わせ、従者が馬の尻を打ったことに対し、前世の父母かも知れぬのに何とひどいことをするかと叫ぶ逸話あり。

21 九九七年だが、誤り。長保四年(一〇〇二)十月に没。大江匡衡が道長主催の

筭纔畢。寛和二年遂以入道。〈法名寂心〉経歴諸国。広作仏事。若有仏像経巻。必容止而過。礼節如王公。雖乗強牛肥馬。猶涕泣而哀。慈悲被禽獣。長徳三年終於東山如意輪寺。或人夢曰。為利益衆生。帰自浄土更在娑婆。爰知証入漸深耳。

保胤没後四十九日供養の諷誦文を書く(『本朝文粋』十四)。弟子の寂照がその請文を書いている。

22 京都東山の如意岳。弟子の寂照で有名だが、確かではない。

23 往相に対する還相。

〔三一 大江為基〕

大江為基《ためもと》朝臣は、参議斉光《ただみつ》卿[1]の第二の子なり。幼少の日より深く極楽を慕《ねが》へり。侍中《じちゅう》[2]を歴《へ》て刺史《しし》〈摂津守《つのかみ》〉に到る。道心に堪へずして、遂にもて出家し、多年念仏して、一旦、泉[3]に帰りぬ。俄《にわか》にして蘇息《そそく》せり。家人《かじん》喜悦す。而れども他言なくしてただ曰く、「甚だ遺恨《いこん》なり。下品下生[4]のみ」といへり。言絶えて終りぬ[5]。

三一 大江為基

＊関連資料未詳

1 維時の子。参議、詩人。永延元年(九八七)、五十四歳で没。

2 蔵人の唐名。

3 黄泉。冥界。

4 九品の極楽浄土の最下位。九品浄土の位にこだわるのは本集の傾向。

5 一種の冥途蘇生譚でもあり、極楽の位階への遺恨を示す。

大江為基朝臣者。参議斉光卿第二子也。自幼少日深慕極楽。歴侍中到刺史。〈摂津守〉不堪道心。遂以出家。多年念仏。一旦帰泉。俄而蘇息。家人喜悦。而無他言唯曰。甚遺恨也。下品下生耳。言絶而終。

〔三三　同定基〕

同定基《さだもと》は、斉光《ただみつ》卿の第三の子なり。早く祖業《そぎょう》[1]を遂げて、続《つ》ぎて夕郎《せきろう》[2]となる。栄爵《えいしゃく》[3]の後、参河《みかわ》守に任じたり。文章に長じ、佳句は人の口にあり。夢みらく、必ず往生すべしとみたり。いまだ発心せざるの前は、ただ狩猟を事とせり。聞く人咲《わら》ひて曰く、「これ往生の業にあらず」といへり。その後、任国において、[4]愛するところの妻《め》逝《し》去

三三　大江定基

*『今昔』十九・二、『宇治拾遺』五九、一七二、『宝物集』七、『発心集』二・四、『十訓抄』十・四八、『今鏡』九、『元亨釈書』一六、『源平盛衰記』四八。

1 紀伝道の学問の業、文章生になること。

2 蔵人の唐名。夕拝郎。

3 五位に叙される。

4 『今昔』、『宇治拾遺』、『発心集』、『三国伝記』十一・二四、『源平盛衰記』七などにあり。

5 人の遺骸が腐乱してやがて骨になる

せり。ここに恋慕に堪へずして、早《すみやか》に葬斂《そうれん》せず、かの九《く》想《そう》を観じて[5]、深く道心を起し、遂にもて出家したり〈法名寂照《じゃくしょう》〉。多年の間、仏法を修行せり。或いは次第乞食《こつじき》[6]して、今生のことを屑《もののかず》[7]にせず。如意輪寺《にょいりんじ》[8]に住し、寂心《じゃくしん》[9]をもて師となす。

寂心遷化《せんげ》の後[10]、長徳《ちょうとく》年中[11]に状を修し、本願に依りて大宋国の清涼山《しょうりょうせん》[12]を拝すべきの由を申して、幸に可許《かきょ》を被りて、既にもて渡海せり[13]。進発の時、山崎《やまざき》の宝寺《たからでら》[14]において、母のために八講[15]を修し、静照《じょうしょう》[16]をもて講師となせり。この日出家せし者五百余人〈婦女に至りては、車より髪を切りて講師に与へたり、云々といふ〉、四面堵《と》を成せり[17]。聴聞の衆、涕泣《な》かざるものなし。

大宋国に到りて[18]、安居《あんご》[19]の終りに、衆僧の末に列《つらな》りぬ。かの朝の高僧、飛鉢《ひはつ》[20]の法を修して、斎食《さいじき》を受くるの時に、

過程を九段階に分けて観相する不浄観の一つ。九想詩歌、九想図に表された。『今昔』、『宇治拾遺』では亡妻の口を吸い、異臭によって道心を起こす。第二九「賢救伝」。

6 十二頭陀行の一。家の貧富を選ばず乞食すること。

7 訓は「もののかず」(『字類抄』)。

8 第三一「慶滋保胤伝」に東山の如意輪寺。

9 保胤の僧名。

10 実際は生前。

11 九九五-九九九年。この前後、九八九年や一〇〇二年にも入宋の上状を出している(『日本紀略』)。

12 山西省、文殊菩薩の聖地五台山。唐宋代、多くのアジアの僧がめざした。

13 長保五年(一〇〇三)八月、入唐をはたす(『扶桑略記』)。

14 宝積寺。山崎寺とも。京都府乙訓郡。天王山の南面。

15 法華八講。八巻を朝夕二座の四日間行う。以下の静照の話題は、『大鏡』

自《みずか》ら行き向はず。次で寂照に至る。心の中に大きに恥ぢて、深く本朝の神明仏法[21]を念じて、食頃《じききょう》[22]に観念せり。ここに寂照の鉢、飛びて仏堂を繞《めぐ》ること三匝《みめぐり》して、斎食を受けて来れり。異国の人、悉《ことごと》くに感涙を垂れて、皆曰く、「日本国は人を知らず、奝然《ちょうねん》[23]をして渡海せしめしは、人なきを表すに似たり。寂照をして宋に入らしめたるは、人を惜まざるに似たり」云々といへり。長元《ちょうげん》七年[24]、杭《こう》州《しゅう》[25]において遷化《せんげ》せり。臨終の剋、瑞祥掲焉《けちえん》なり。また一《いち》絶《ぜつ》の詩[26]を作れり。その一句に曰く、

笙歌《しょうが》遥《はるか》に聴ゆ孤雲の上　聖衆来迎《しょうじゅらいごう》す落日の前

といふ。また和歌[27]を詠《うた》ひて曰く、

雲の上に遥に楽の音すなり人や聴くらむ虚耳《そらみみ》かもし

といへり。

六、『宝物集』、『撰集抄』九・二に詳しい。

16 第一伝、能説の項に名あり。

17 垣を作るように大勢集まる意。

18 長保五年(一〇〇三)九月、明州に着いたという(『一代要記』)。『宋史』四九一に、同六年(一〇〇四)に寂照ら八人が来朝したが、中国語が分からず筆談したという。

19 雨期の三カ月(四月―七月)、外出せずに坐禅修行すること。

20 『今昔』、『宇治拾遺』に同話あり。飛鉢の説話は『信貴山縁起絵巻』をはじめ例が多い。

21 今昔は「本国の三宝」、『宇治拾遺』は「我国の三宝神祇」。

22 一食の間。しばらくの間。

23 藤原氏。東大寺別当、清涼寺座主。天元六年(九八三)、入唐。寛和二年(九八六)、帰国。長和五年(一〇一六)、没。清涼寺釈迦仏の将来は名高い。成尋の請渡宋申文に「天元奝念、長保寂照」と併称される。

同定基者。斉光卿第三子也。早遂祖業。続為夕郎。栄爵之後。任参河守。長於文章。佳句在人口。夢必可往生。未発心之前。唯事狩猟。聞人咲曰。不是往生之業。其後於任国。所愛之妻逝去。爰不堪恋慕。早不葬斂。観彼九想。深起道心。遂以出家。〈法名寂照〉多年之間。修行仏法。或次第乞食。不屑今生之事。住如意輪寺。以寂心為師。寂心遷化之後。長徳年中条状。申下（ママ）依本願可拝大宋国清涼山之由。幸被可許。既以渡海。進発之時。於山崎宝山。為母修八講。以静照為講師。此日出家之者五百余人。〈至婦女者、自車切髪与講師云々〉四面成堵。聴聞之衆。莫不涕泣。

到大宋国。安居之終。列於衆僧末。彼朝高僧。修飛鉢法。斎食之時。不自行向。次至寂照。心中大恥。深念本朝神明仏法。食頃観念。爰寂照之鉢飛繞仏堂三匝。受斎食而来。異国之人悉垂感涙。皆曰。日本国不知人。令奝然渡海。似表無人。令寂照入宋。似不惜人云々。長元七年於杭州遷化。臨終之剋。瑞祥掲焉。亦作一絶

24 一〇三四年。長和四年(一〇一五)に寂照の弟子念救が一時帰国して再度渡宋し、以後の消息は不明(『御堂関白記』『小右記』『今昔』他)。成尋の『参天台五台山記』にも円通大師の入滅年を尋ねるが、「三十年来」としか分からなかった、という。

25 揚州に並ぶ江南の経済の中心地。後に南宋の首都。日宋交流などの拠点。

26 絶句の一首。『宝物集』、『盛衰記』はこの二句の前に「茅屋、病起るを扶くる人無く、香炉火有りて西に向かいて眠る」の二句がある。

27 『発心集』、『袋草紙』上、『今鏡』、『盛衰記』等々、四句「人に問はばや」、五句「ひが耳」など相違あり。

之詩。其一句曰。
笙歌遥聴孤雲上。聖衆来迎落日前。
又詠和歌曰。
雲上爾。遥爾楽能。於度須奈里。人也聴覧。虚耳歟若。

〔三四　同挙周〕

同挙周《たかちか》朝臣は、式部大輔匡衡《まさひら》朝臣の第二の子なり。射《しゃ》鵠《こく》[1]の後、東三条行幸《ひがしさんじょうぎょうこう》[2]の日に、作文に序者《じょしゃ》となりて、深く叡感《えいかん》を催《もよお》したまへり。五位蔵人雅通《まさみち》[3]が、本家[4]の子孫の賞に依りて、四位に叙したる替《かわり》に、侍中《じちゅう》[5]に補せらる。文道炳然《へいぜん》の光花《こうか》[6]なり。後《のち》に三ケ国の刺史《しし》を歴《へ》たり。丹後《たんご》守となりし時〈長元《ちょうげん》九年正月丹後守に任ず〉、一堂[7]を作りて迎《ごう》

三四　大江挙周
＊関連資料未詳。
1 文章得業生が対策を受けること。挙周は長保三年(一〇〇一)に対策に及第(『本朝文粋』三)。
2 寛弘三年(一〇〇六)三月四日(『御堂関白記』、『日本紀略』)。父匡衡が詩序を書く。
3 源雅通。父は源時通、母は源堯時の娘。『法華験記』百二に伝あり。
4 妻の里方の家。道長の妻倫子が雅通の祖父雅信の娘。
5 蔵人昇進は『御堂関白記』同日条、

接《しょう》を修《しゅ》せり[8]。式部《しきぶ》権大輔《ごんだゆう》[9]・大学頭に到りて、永承《えいしょう》元年六月に泉に帰せり。

生前の間、ただ往生を慕《ねが》ひて、仏像を見るごとに、必ず覚えず涙を下せり。臨終の剋、善知識の僧〈宝増《ほうぞう》〉[10]に逢へり。念仏すること数百遍、十戒を受けたる後、重ねて師に問ひて曰く、「我別の戒を受けむと欲す。今身より仏身に至るまで、長く女身の膚《はだえ》に触れじ」といふ。また曰く、「式部権大輔・大学頭・正四位下、二代の帝師[11]、遺恨なしと謂ひつべし」云々といへり。

その後出家して遂にもて瞑目《めいもく》しぬ。この日異香《いきょう》室に満ち、綵雲甍《さいうんいらか》に生《おこ》りて、笙歌《しょうが》の声、空中に縹眇《ひょうびょう》たり[12]。気《いき》絶えたる後、雲気西に遷りぬ。白日たるに依りて、人皆見たり。瞑目してより葬斂に及ぶまで廿余日、蒸暑のときに当るといへども、遂に爛《ただ》れ壊《やぶ》れず。荼毘の時、異香猶《なお》

『江吏部集』中、『大江匡衡朝臣集』、『赤染衛門集』など。

6 文の道に秀でて光り輝いているさま。

7 阿弥陀堂か。国守として在任中に持仏堂を建てたのであろう。

8 阿弥陀の来迎を法会で演ずる迎え講か。『古事談』三に寛印が丹後で迎え講を開いたことに関連するか。

9 式部省の実質的な長官。儒者が任じられた。長元九年(一〇三六)にはその任にあった(『左経記』五月二二日条)。

10 伝未詳。

11 後一条、後朱雀帝。

12 異香、彩雲、楽音は極楽往生の奇瑞を網羅している。

13 遺骸が傷まず、異香が満ちるのも往生の奇瑞。通常の遺骸の悪臭への嫌悪や穢れ意識が前提にある。

し墳墓に満てり。[13]

同挙周朝臣者。式部大輔匡衡朝臣第二子也。射鵠之後。東三条行幸之日。作文為序者。深催叡感。五位蔵人雅通。依本家子孫賞。叙四位之替。被補侍中。文道炳然之光花也。後歴三箇国刺吏。為丹後守之時。〈長元九年正月任丹後守〉作一堂修迎接。到式部権大輔大学頭。永承元年六月帰泉。

生前之間。唯慕往生。毎見仏像。必下不覚之涙。臨終之剋。逢善知識僧。〈宝増〉念仏数百遍。受十戒之後。重問師曰。我欲受別戒。自今身至仏身。長不触女身之膚。又曰。式部権大輔。大学頭。正下四位。二代帝時。可謂無遺恨云々。

其後出家。遂以瞑目。此日異香満室。綵雲生甍。笙歌之声。縹眇空中。気絶之後。雲気西遷。依為白日。人皆見之。自瞑目及葬斂廿余日。雖当蒸日景。遂不爛壊。

茶毘之時。異香猶満墳墓。

〔三五　但馬守章任〕

但馬《たじま》守源章任《のりとう》朝臣は、近江《おうみ》守高雅《たかまさ》[1]朝臣の第二の子なり。母は従三位藤原基子《きし》[2]、後一条院の御乳母《めのと》なり。少年の時より、盛に風雲に会ひ[3]、夕郎《せきろう》に補して栄爵《えいしゃく》に預《あずか》りぬ。近衛《このえ》少将・右馬頭《うまのかみ》を歴《へ》て、四ケ国[4]〈美作《みまさか》・丹波《たんば》・伊与《いよ》・但馬〉を吏《おさめ》たり。家大きに豪富《ごうふ》にして、珍貨《ちんか》蔵に盈《み》ち、米穀地に敷きて、庄園家地は、天下に布《し》き満てり。本朝の陶朱《とうしゅ》、猗頓《いとん》[5]なり。日々に阿弥陀経[6]四十九巻を読みて、往生の勤めとなし、堂塔を建てず、仏事を弘めず。性太《はなは》だ悋惜《りんぜき》[7]にして、刺史《しし》たる時は、貪をもて先となせり。しかれども臨終正念にして、極楽の迎を得たり。

三五　源章任

＊関連資料未詳。

1 源守清の子。讃岐・播磨守、道長の家司。寛弘六年(一〇〇九)、出家。

2 大弐三位。道長の妻倫子の乳母子(『栄花物語』殿上花見)。

3 時勢に会って才能を発揮すること。

4 寛徳二年(一〇四五)、但馬守。

5 富豪の代名詞。陶朱は范蠡のこと。春秋時代の越の政治家・軍人で越王勾践に仕え、春秋五覇に押し上げた功労者。後に脱出して巨万の富を築いたという。猗頓は春秋戦国時代の大富豪。河東で製塩業を営んだとも、范蠡の手引きで西河に牛羊を牧畜して富を築いたとも。

6 浄土三部経の一、小経で一巻。四十九遍唱えること。生前に死後の供養を行う逆修か。

ここに知りぬ、往生は必ずしも今生の業のみに依らざることを。宿善《しゅくぜん》8なりと謂ひつべし。

但馬守源章任朝臣者。近江守高雅朝臣之第二子也。母従三位藤原其子。後一条院御乳母也。自少年時。盛会風雲。補夕郎預栄爵。歴近衛少将。右馬頭。吏於四箇国。〈美作。丹波。伊与。但馬〉家大豪富。珍貨盈蔵。米穀敷地。庄園家地。布満天下。本朝之陶朱猗頓也。日々読阿弥陀経四十九巻。為往生之勤。不建堂塔。不弘仏事。性太悋惜。為刺吏時。以貪為先。而臨終正念。得極楽迎。爰知。往生不必依今生業。可謂宿善。

〔三六 前伊予守頼義〕

前伊予《いよ》守源頼義《よりよし》朝臣は、累葉武勇《るいようぶよう》の家に出でて、一生

7 もの惜しみすること。『法華経』譬喩品「世尊於伝智恵、無所悋惜」。
8 前世で行ったよい行為や善根。今生ばかりでないことを強調。やや皮肉めく。

三六 源頼義
＊関連資料未詳。
1 前九年の乱。永承六年(一〇五一)、陸奥の安倍頼時の反乱を鎮圧。『陸奥話記』

殺生をもて業となせり。況や征夷の任[1]に当りて、十余年来《このかた》ただ闘戦を事とせり。人の首を梟《きょう》し、物の命を断ちしこと、楚越の竹[2]といへども、計《かぞ》へ尽すべからず。不次《ふじ》の勧賞《かんしょう》に預りて、正四位に叙し、伊予守に任ぜられたり。その後、堂を建てて[3]仏を造り、深く罪障を悔いて、多年念仏し、遂にもて出家せり。瞑目《めいもく》[4]の後、多く往生極楽の夢あり。定めて知りぬ、十悪五逆《じゅうあくごぎゃく》[5]も猶《なお》し迎接《ごうしょう》を許さるることを。何ぞ況や、その余をや。この一両[6]を見るに、太《はなは》だ恃《たの》みを懸くべきなり。

前伊予守源頼義朝臣者。出累葉武勇之家。一生以殺生為業。況当征夷之任。十余年来唯事闘戦。梟人首断物命。雖楚越之竹。不可計尽。預不次之勧賞。叙正四位。‖伊予守。其後建堂造仏。深悔罪障。多年念仏。遂以出

に詳しい。子の義家が清原家衡と清衡の争いを鎮圧したのが、後三年の乱で合わせて十二年の戦さ。

2 楚や越国の竹が多いことから数が多い喩え。

3 陸奥平定後に創建、十二年の戦さの戦死者の耳を集めて埋葬、耳納堂と呼ぶ(『古事談』五・五三)。

4 『水左記』(承保二年(一〇七五))と『尊卑分脈』(永保二年(一〇八二))では七年の時差あり。

5 十悪は殺生、偸盗、邪淫、妄語、綺語、悪口、両舌、貪欲、瞋恚、邪見。五逆は殺母、殺父、殺阿羅漢、出仏身血、破和合僧。『観無量寿経』は悪行者の往生を認めるが、『無量寿経』十八願では否定し、『往生要集』は整合性を図る。

6 前伝の章任と頼義の二例。慳貪や殺生の悪行者の往生例を強調して、一般の往生を確約する。

家。瞑目之後。多有往生極楽之夢。定知。十悪五逆猶被許迎接。何況其余乎。見此一両。太可懸恃。

〔三七　小槻兼任〕

散位小槻兼任《おづきかねとう》は、洛陽《らくよう》の人なり。算得業生《さんとくごうしょう》[1]より、課試《かし》に及第《きゅうだい》せり。造酒佑《さけのすけ》[2]を歴《へ》て、栄爵《えいしゃく》に叙せり。一生の間、偏《ひとえ》に浄土の業を修し、造次顚沛《そうしてんぱい》[3]も、ただ仏の号《な》を念じたり。その妻《め》誡《いまし》めて曰く、「正月朔朝《さくちょう》の日は[4]、世俗の忌あり。念仏を休むべし」といふ。兼任莞爾《かんじ》[5]として曰く、「児女子愚なり。何ぞ一にここに至るや。蜉蝣《ふゆう》[6]の世に住するに、何の忌むところかあらむ」といへり。

この日故《ことさら》に鐘を頸に懸け、念仏して室を遶《めぐ》る[7]。臨終の時、命に先だつこと七日に、衆僧を集めて合殺《かっさつ》[8]を申さ

三七　小槻兼任

＊関連資料未詳。

1 推挙で算生になり、七年の学業後に及第すれば任官できた。

2 醸造に関わる造酒司。

3 急変の時と転倒の時、わずかな時間。『論語』里仁篇「君子は食を終うる間も仁に違ふこと無し。造次にも必ず是に於いてし、顚沛にも必ず是に於いてす」。

4 正月は仏事を忌む慣習。

5 にっこり笑う。

6 朝に生まれて夕に死ぬかげろうのようにはかない世。

7 鐘を叩きながら念仏を唱えて行道した。

8 仏名を音曲をつけて唱える。

9 一人だけ聞こえたところに奇瑞の神

しむ。また曰く、「微妙《みみょう》なる絃歌《げんか》の声あり。他の人聞くや」といへり。七僧の中に、一人纔《わずか》に聞く。[9] 予《あらかじ》め死ぬる日を知り、沐浴潔斎して、口に仏号《ぶつごう》を念じ、手に綵縷《さいる》[10]を引きて気絶《いき》えぬ。合殺の声、綵雲甍《さいうんいらか》に入り、奇香《ききょう》室に満てり。[11] 往生の相掲焉《けちえん》なり。

秘性が増す。
10 五色の糸。阿弥陀像と自らの手を糸で結ぶ儀礼。
11 聴覚(合殺)、視覚(綵雲)、嗅覚(奇香)の共感覚で感受される奇瑞。

散位小槻兼任洛陽人也。自算得業生。課試及第。歴造酒佑。叙栄爵。一生之間。偏修浄土之業。造次顚沛。唯念仏号。其妻誡曰。正月朔朝之日。有世俗之忌。可休念仏。兼任莞爾曰。児女子之愚。何一至於斯。狂《往イ》蜉蝣之世。何有所忌。

此日故懸鐘於頸。念仏遶室。臨終之時。先命七日。集衆僧令申合殺。又曰。有微妙絃歌之声。他人聞哉。七僧之中一人纔聞。予知死日。沐浴潔斎。口念仏号。手引綵縷而気絶。合殺之声。綵雲入甍。奇香満室。往生之相掲焉。

〔三八 参議兼経妻〕

参議藤原兼経《かねつね》卿の妻《め》は、権中納言隆家《たかいえ》[1]卿の女《むすめ》、陸奥《むつ》守基家《もといえ》[2]、伊予《いよ》守敦家《あついえ》[3]朝臣等の母なり。蘭薫じ雪白く、[4]天性柔和にして、家中《けちゅう》の人、遂に喜怒の色を見ず。一生の間、偏《ひとえ》に念仏を修せり。道心純熟《じゅんじゅく》にして、現世《げんぜ》を屑《もののかず》にせず。臨終の時、異香室に満てり。自《みずか》ら人に謂ひて曰く、「満月来り照すを見る」[5]といへり。大きに歓喜《かんぎ》の想を成して気絶《いき》えぬ。敦家朝臣ならびに侍女の衣、深くその香に染《そ》みて、数月歇《や》まず。[6]

参議藤原兼経卿妻者。権中納言隆家卿女。陸奥守基家。

三八 藤原兼経妻

*『普通唱導集』下末。以下、五例は女人。

1 藤原道隆の子。長久五年(一〇四四)没。六十六歳。大蔵卿。大宰権帥。

2 左中将、陸奥守。寛治七年(一〇九三)没。

3 左中将、伊予守。寛治四年(一〇九〇)没。

4 徳が高く清廉潔白なこと。

5 阿弥陀の来迎の奇瑞としての満月。第二七「延慶伝」、『往生極楽記』第二三伝。

6 死臭への畏怖や嫌悪、穢れの裏返しとして往生の際の芳香が強調される。

伊予敦家朝臣等母也。蘭薫雪白。天性柔和。家中之人。遂不見喜怒之色。一生之間。偏修念仏。道心純熟。不屑現世。臨終之時。異香満室。自謂人曰。見満月来照乎。大成歓喜之想而気絶。敦家朝臣幷侍女之衣。深染其香。数月不歇。

〔三九 頼俊小女〕

前陸奥《むつ》守源頼俊《よりとし》の少女《おとめ》は、一生の間ただ極楽を慕《ねが》へり。心性《しんしょう》柔和[1]にして、いまだ曽《むかし》より怒を遷《うつ》さず。偏《ひとえ》に後世を思ひて、遂に婚嫁《とつ》がず、仏法を営むの外は、敢へて他の事なし。終に臨みて念仏し、綵雲《さいうん》室に満てり[2]。

前陸奥守源頼俊之少女者。一生之間唯慕極楽。心性柔

三九 源頼俊女
＊『普通唱導集』下末。
1『増一阿含経』「爾時如来、観衆生意、心性柔和」。
2 阿弥陀と二十五菩薩の来迎を象徴する瑞雲。

和。未曽遷怒。偏見後世。遂不婚嫁。営仏法之外。敢無他事。臨終念仏。綵雲満室。

〔四〇 比丘尼願証〕

比丘尼願証《がんしょう》は、源信《げんしん》僧都[1]の妹なり。少年の時より志は仏道を求めて、遂に婚嫁《とつ》がず。五障《ごしょう》[2]の身を受けたりといへども、猶《なお》し二諦《にたい》[3]の観に明らかなり。才学道心は、共にその兄に越えたり。世に安養尼公《あんようのにこう》[4]と謂ふ。念仏日《ひび》に積りて、道心年に深し。臨終の異相は、甄録《けんろく》[5]するに遑《いとま》あらず。誠にこれ青蓮花《しょうれんげ》の中に住処《すまい》せる者なり[6]。

比丘尼願西者。源信僧都之妹也。自少年時志求仏道。遂不婚嫁。雖受五障之身。猶明二諦之観。才学道心。

四〇 比丘尼願証
＊『普通唱導集』下末。
1 第九「源信伝」。
2 女人の身に持つ障碍。女人差別の温床ともなる。
3 真諦と俗諦。聖俗の真理。
4 安養は極楽浄土を指す。安養尼としての逸話が多い（『古事談』三・三三、『撰集抄』九・三等）。
5 細かく記す。
6 蓮華の中に生れ変わる。極楽浄土を象徴する。

共越其兄。世謂之安養尼公。念仏日積。運心年深。臨終異相。不遑甄録。誠是住処青蓮花之中者也。

〔四一 比丘尼縁妙〕

比丘尼縁妙《えんみょう》は、賀茂保憲《かものやすのり》[1]の孫にして、その母は賀茂女[2]と称《い》ひ、殊に和歌に長《すぐ》る。縁妙いまだ出家せざる前には、監《げん》の君[3]と称《い》ふ。二条関白[4]の侍女にして、当初《そのかみ》の好色《こうしょく》[5]なり。後に道心を起し、飾を落して道に入れり。都鄙《とひ》に歩行して、ただ「常住仏性《じょうじゅうぶっしょう》」[6]の四字を称《とな》へ、人に仏事を勧めて、唱導《しょうどう》[7]を本となせり。八十余にして終りぬ。臨終の時、瑞相自《ずいそうおのずか》らに多し。往生せること疑はず。

比丘尼縁妙者。賀茂保憲之孫。其母称賀茂女。殊長和

四一 比丘尼縁妙
*『発心集』七・四。
1 忠行の子、保胤の兄。九七七年没。暦・天文博士。陰陽道の大家。『暦林』十巻。
2 歌人。『賀茂保憲女集』。
3 監は近衛府の将監。父兄か夫の任官であろう。
4 藤原教通。道長の三男。
5 美しい容色。美人。
6『涅槃経』二七「一切衆生、悉有仏性、如来常住、無有変易」。『発心集』では、『涅槃経』の肝心だが、往生極楽の勧めとしては異なる、という。
7 仏法を唱説し衆生を教え導く(『高僧伝』)。『法華経』五、安楽行品「皆之唱導之首」。後世、世俗に分かりやすい説法の意に転ずる。

歌。縁妙未出家之前。称之監君。二条関白之侍女。当初之好色也。後起道心。落飾入道。歩行都鄙。唯称常住仏性之四字。勧人仏事。唱導為本。八十余而終。臨終之時。瑞相自多。往生不疑。

〔四二　源忠遠妻〕

蔭子《おんし》源忠遠《ただとお》1の妻《め》は、武蔵《むさし》守源教《おしう》2の孫なり。少年の時より、慈悲心に稟《う》けて、曽《むかし》より喜怒せず。忠遠に相ひ従ひて、大宰府に下向せり。康和《こうわ》三年3正月、産生の後四十余日に、宿霧《しゅくぶ》晴れがたくして、遂に逝《し》去せり。正念に安住して、念仏乱れず、自《みずか》ら曰く、「室に異香あり、頗《すこぶ》る梅の花4に似て、甚だもて芬馥《ぶんぷく》とかうばし。蘭麝沈水《らんじゃじんすい》5といへども及ばざるところなり」といへり。没後《もつご》、四十九日の

四二　源忠遠妻
＊『普通唱導集』下末。
1 伝未詳。蔭子は五位以上の貴族の子。大宰府下向は匡房と関係あるか。
2 嵯峨源氏。順の孫で貞の子。武蔵野守。
3 一一〇一年。本書の年号の下限。匡房の大宰府時代に相当。身近な見聞にもとづく伝であろう。
4 正月の季節に応ずる。
5 蘭麝は蘭草と麝香の香り。沈水は香木。袖や衣にたきしめた芳香。
6 天承二年(一一三二)、七十一歳で没。藤原家房の子。権律師。『三外往生記』

間、この香猶《なお》し遺りて、時々猶し薫《こうば》し。

その後、母、夢にその生るる所を問ふに、答へて曰く、「諸《もろもろ》の菩薩の中にして、皆大きに歓喜《かんぎ》す」といへり。その後、師の僧覚厳《かくごん》[6]、仏前において祈願して曰く、「生前平産の祈り、已にもて相違せり。没後託生《たくしょう》の所、願はくは必ず相ひ示したまへ。一《いっ》もここになくば、誰か如来と仰がむ」[7]といへり。終日《ひねもす》に観無量寿経[8]を誦す。その夜夢みらく、貴所《きしょ》を過ぐるに、簾の中より生前の衣を出して曰く、「今日の読経甚だもて可《かな》へり。なほ乞ふらくは、我がために重ねて四十八遍[9]誦したまへ。必ず生を上品《じょうぼん》に転ずべし」といふ。その住所を問ふに、答へて曰く、「中品下生《ちゅうぼんげしょう》なり[10]」といへり。

或る人夢みらく、この女、菩薩の装束を着て、安楽寺《あんらくじ》[11]の一切経会[12]の舞人《まいびと》の中にあり。その頭面手足は、平生に

三二の良忍伝に良忍死去の際、覚厳の夢に現れたという。康和三年当時は四十歳。

7 安産祈願の効果もなく、来世の居場所も知らせなかったら誰が如来として仰ぎみようかと、仏を脅す型の祈願法。

8 浄土三部経の一つ。南朝宋の畺良耶舎訳。上品上生から下品下生の九品浄土の位階を説く。

9 阿弥陀の四十八願に対応するか。誦経の功徳によって上品に上げてもらえるだろう、という位階序列への意識。

10 九品往生の六番目に相当。

11 第二四「安修伝」参照。

12 大蔵経の経論を網羅した一切経を供養する法会。頼通が平等院で初めて恒例化。安楽寺では承保四・承暦元年(一〇七七)に基円が一切経蔵を建てて始業。本話も一切経会などの場で語られたであろう。

13 母、覚厳、或る人と夢見の主体が転移する。

異ならず、ただ舞装束の相改むるのみとみたり。[13]

蔭子源忠遠妻者。武蔵守源教之孫也。自少年之時。慈悲稟心。曽不喜怒。相従忠遠。下向大宰府。康和三年正月。産生之後四十余日。宿霧難晴。遂逝去。安住正念。々仏不乱。自曰。室有異香。頗似梅花。甚以芬馥。雖蘭麝沈水所不及也。没後四十九日之間。此香猶遺。時々猶薫。

其後母夢問其生所。答曰。諸菩薩中皆大歓喜。其後師僧覚厳。於仏前祈願曰。生前平産之祈。已以相違。没後託生之所。願必相示。無一於此。誰仰如来。終日誦観無量寿経。其夜夢。過貴所。自簾中出生前衣曰。今日読経甚以可。尚乞為我重誦四十八遍。必可転生於上品。問其住所答曰。中品下生也。

或人夢。此女着菩薩装束。在安楽寺之一切経会之舞人之中。其頭面手足。不似平生。唯舞装束相改已。

続日本往生伝

已上都《すべて》盧四十二人。

建保《けんぽう》第七載三長[1]の第一月の中旬の第七夜、西の峰[2]の方丈の草庵において写し了《おわ》りぬ。これは自《みずか》ら忠志を励し、他《ひと》をして信心を発さしめむがためなり。ただ願はくは、この伝の結縁《けちえん》の人、各半座[3]に留まりて、花葉に乗り、我が閻浮《えんぶ》[4]の結縁の人を待て。願はくは、この功徳をもて、命の終らむと欲する時に臨みて、必ず弥陀の迎へを得て、安楽国に往生せむ。　沙門慶政[5]記せり。

奥書

1 一二一九年。三長は正月、五月、九月。一カ月間、精進を続ける。

2 京都西山の松尾。

3 仏が半座を分けて迦葉に座らせたことから、仏と悟りを開いた者が同席すること。

4 閻浮提。須弥山を取りまく南方の島、人間の生息する地域。台形のイメージ。

5 文治五年(一一八九)―文永五年(一二六八)。九条家の出。三井寺僧、勝(証)月房。若くして入宋、帰朝後、西山松尾に止住。法華山寺建立。『閑居友』『比良山古人霊託』『法華山寺縁起』『漂到琉球国記』などの著述で知られる。

6 慶政が記した識語。他本と比較校合すること。

7 一二五三年。慶政が建保三年に写した本をさらに乗忍が建長五年に写した書写奥書。

8 慶政の弟子。伝未詳。

書本の文字極めて悪し。他の本をもて
　これを交《きょう》[6]し看るべし。

建長《けんちょう》[7]五年癸丑十二月六日、西の峰の草庵において
書写し了りぬ。

乗忍[8] 四十二

続日本往生伝
　已上都盧四十二人

建保第七載三長第一月中旬第七夜。於西峰方丈草庵写
之了。此則為自励忠志。令他発信心。唯願此伝結縁人。
各留半座乗花葉。待我閻浮結縁人。願以此功徳。臨欲
命終時。必得弥陀迎。往生安楽国。　砂門慶政記

書本文字極悪。以他本可交看之。

建長五年癸丑十二月六日於西峰草庵書写了。

乗忍　四十二

『続本朝往生伝』「一　一条天皇」人名注解

円融院　天徳三年（九五九）―正暦二年（九九一）。村上天皇の第五皇子、母は藤原師輔の娘・中宮安子。冷泉天皇の同母弟。安和の変で冷泉天皇の退位を継ぐ。藤原氏の権力闘争に腐心、花山帝に譲位後は詩歌管絃の遊楽や石清水・南都諸寺御幸などを行った。

東三条院　詮子。応和二年（九六二）―長保四年（一〇〇二）。円融天皇の女御、一条天皇の母。藤原兼家の次女、道隆・道兼は兄、道長は弟。女院号の嚆矢。道長が実権を握るに力あった。

後中書王　村上天皇の第七皇子、具平親王。文才に優れた。保胤に師事。『本朝麗藻』、『本朝文粋』などに収載。『摩訶止観弘決外典鈔』を撰。

左相　左大臣、ここは藤原道長。康保三年（九六六）―万寿四年（一〇二七）。兼家の五男。後一条・後朱雀・後冷泉天皇の外祖父として権勢を誇る。

儀同三司　藤原伊周。天延二年（九七四）―寛弘七年（一〇一〇）。道隆の嫡男。道長との政争に敗れ大宰府に左遷。

実資　小野宮。天徳元年（九五七）―寛徳三・永承元年（一〇四六）。右大臣。藤原斉敏の四男。「賢人右府」と呼ばれた。日記の『小右記』はこの時代を知る貴重な資料。

金吾斉信　金吾は衛門府の唐名。康保四年（九六七）―長元八年（一〇三五）。藤原為光の次男。大納言。歌人。『枕草子』にも登場。

公任　康保三年（九六六）―長久二年（一〇四一）。藤原頼忠の子。権大納言。平安期を代表する歌人。『和漢朗詠集』などの撰。

俊賢　天徳四年（九六〇）―万寿四年（一〇二七）。醍醐源氏、源高明の三男。権大納言。

拾遺納言行成　拾遺は侍従の唐名。天禄三年（九七二）―万寿四年（一〇二八）。藤原義孝の長男。権大納言。能書家として三蹟の一人。世尊寺家の祖。斉信、公任、俊賢と合せて寛弘の四納言。

左大丞扶義　大丞は大弁の唐名。天暦五年（九五一）―長徳四年（九九八）。宇多源氏、源雅信の四男。参議。

惟仲　天慶七年(九四四)-寛弘二年(一〇〇五)。

霜台相公有国　霜台は弾正台の唐名。相公は宰相、参議。天慶六年(九四三)-寛弘八年(一〇一一)。藤原輔道の三男。弼宰相。弁官の有能な実務官僚。伴大納言の生まれ変わり説あり(『江談抄』)。

実成　天延三年(九七五)-寛徳元年(一〇四四)。藤原公季の長男。中納言、大宰権帥。『大鏡』に逸話。

頼定　貞元二年(九七七)-寛仁四年(一〇二〇)。為平親王の次男。参議。『枕草子』に「かたちよき公達」、『大鏡』に逸話。

相方　源重信の子。播磨守、権左中弁。

明理　源氏。正暦四年(九九三)、左近衛少将。長徳の変で藤原伊周・隆家兄弟の失脚に連座。その後、左京大夫、長保六・寛弘元年(一〇〇四)年頃に長経と改名。摂津守・備前守・越後守・讃岐守など歴任。

道方　安和元年(九六八)-長久五年(一〇四四)。宇多源氏、源重信の五男。権中納言。琵琶の名手。

済政　天延三年(九七五)-長久二年(一〇四一)。宇多源氏、源時中の子。播磨守。広く管絃に通じた。『枕草子』に登場。

時中　天慶四年(九四一)-長保三年(一〇〇一)。源雅信の長男。致仕大納言。龍笛・和琴・郢曲など管絃・歌舞に秀でた。

高遠　天暦三年(九四九)-長和二年(一〇一三)。藤原斉敏の三男。大宰大弐。笛の名手で歌人。義孝の往生譚に登場。

信明　源博雅の次男。大蔵大輔。琵琶の名手。『古今著聞集』に逸話。

信義　源博雅の三男。雅楽頭。琵琶の名手。『古今著聞集』に逸話。

匡衡　天暦六年(九五二)-寛弘九年(一〇一二)。大江維時の孫、重光の子。妻は赤染衛門。式部大輔。当代随一の文人。『江吏部集』、『匡衡朝臣集』。

以言　天暦九年(九五五)-寛弘七年(一〇一〇)。大江仲宣の子。子に成賢・公賢。式部権大輔。『本朝麗藻』に最多入集。『以言集』(逸書)。

斉名　天徳元年(九五七)-長保元年(一〇〇〇)。田口氏から紀氏へ。式部少輔。文人。『扶桑集』撰。

宣義　長和六年(一〇一七)没。菅原文時の孫。惟熙の子。文章博士。

積善　長和四年(一〇一五)頃没。高階成忠の八男。民部大輔。『本朝麗藻』撰。

為憲　寛弘八年(一〇一一)没。光孝源氏、源忠幹の子。美濃、伊賀守。源順に師事。『三宝絵』、『口遊』、『世俗諺文』、『空也誄』など撰述。

為時　長元二年(一〇二九)頃没。藤原兼輔の孫、雅正の三男。紫式部の父。左少弁。越前、越後守。菅原文時に師事。同伝の後段に任官をめぐる逸話あり。

孝道　寛弘七年(一〇一〇)頃没。清和源氏、貞真親王の孫。源元亮の子。満仲の養子。越前守。

相如　高丘氏。藤原公任の師。慶滋保胤とその才をならび称される。正暦三年(九九二)、飛騨守。

道済　寛仁三年(一〇一九)没。光孝源氏、源信明の孫。方国(有国)の子。大江以言の弟子。大宰少弐。『道済集』。

道信　天禄三年(九七二)-正暦五年(九九四)。藤原為光の三男。兼家は養父。左近衛中将。『道信朝臣集』。『大鏡』などに逸話。

実方　長徳四年(九九八)没。藤原師尹の孫、定時の子。済時の養子。左近衛中将。陸奥守。実方朝臣集。行成と口論し、「歌枕見て参れ」と陸奥に左遷される話が有名。

長能　天暦三年(九四九)-寛弘六年(一〇〇九)頃。藤原倫寧の子。道綱母の弟。伊賀守。『長能集』。『拾遺集』撰に関与。公任との逸話あり。

輔親　天暦八年(九五四)-長暦二年(一〇三八)。大中臣能宣の長男。伊勢大輔の父。伊勢祭主・神祇伯。『輔親卿集』。

式部　和泉式部。没年未詳。大江雅致の娘(平兼盛説もあり)。和泉守橘道貞の妻。小式部内侍の母。藤原保昌と再婚。為尊親王や敦道親王との恋愛も有名。中宮彰子の女房。恋歌、哀傷歌、釈教歌に秀でる。『和泉式部正集』、『続集』。『和泉式部日記』。後世のお伽草子や民間伝承で伝説化が進む。

衛門　赤染衛門。天暦十年(九五六)頃-長久二年(一〇四一)以後。赤染時用の娘。大江匡衡の妻。挙周、江侍従の母。中宮彰子に仕える。『赤染衛門集』。『栄花物語』正編の作者とも。

曽禰好忠　生没年未詳。丹後掾。曽丹とも称される。斬新な歌風だが偏狭な性格で自尊心が高く孤立、後世に評価される。『曽丹集』。歌会に推参して放逐される『今昔』の話は有名。

巨勢弘高　長保二年(一〇〇〇)に絵所長者。巨勢金岡の曽孫。巨勢深江の子。采女正。肖像や屏風絵で知られる。

『今昔』に出家と還俗をめぐる逸話あり。

大伴兼時　正暦三年(九九二)、舞の賞で左兵衛尉。『続教訓鈔』に大伴兼時までは弄槍の舞を舞ったという。

秦身高　正暦三年(九九二)、舞の賞で左兵衛尉。道隆、道兼邸での舞を賞されたという。

多良茂　好茂とも。長和四年(一〇一五)没。多公用の子。寛弘七年(一〇一〇)、右衛門権少尉。

同政方　多良茂の子。右近将監、周防守。鷹司倫子の六十賀の舞で知られる(『栄花物語』)。

私宗平　以下、経正まで相撲。正暦四年(九九三)、左最手となる。『今昔』に鰐退治の話、『古今著聞集』に三宅時弘に勝つ話あり。

三宅時弘　正暦四年(九九三)、最手となる。

伊勢多世　『今昔』では伴勢多世。高山寺本『古往来』に致芸多世。三河国の出自、宗平に負けて最手から脇に下ったという。

越智経世　伊予国の出、為世の子。長和二年(一〇一三)、最手として神妙の技とされる。

公侯恒則　伝未詳。

参春時正　伊勢国の出。長保二年(一〇〇〇)に経世と対決、寛弘四年(一〇〇七)も最手として出場。

真上勝岡　寛仁三年(一〇一九)に秦経正に勝つ。

大井光遠　甲斐国の出。寛弘四年(一〇〇七)、出場。『今昔』に妹の強力譚あり。

秦経正　正暦四年(九九三)以降、出場。『江家次第』、『著聞集』に勝岡を投げる話。

下野重行　右近将監。村上天皇の一双の随身。永延三年(九八九)、二条邸の競馬に出場。

尾張兼時　長元四年(一〇三一)以前没。安居の子。左近将監。名騎手、神楽の名人。長保五年(一〇〇三)、賀茂詣などの競馬に出場。『今昔』、『著聞集』に競馬の逸話。

播磨保信　長和四年(一〇一五)没。右近将監。長和三年(一〇一四)、上東門院の競馬に出場。

物部武文　伝未詳。『御堂関白記』、『小右記』、『権記』などに右近将監多武文が競馬に出場。『二中歴』では下野武文とある。

尾張兼国　伝未詳。

下野公時　道長の随身。長和二年(一〇一三)、上東門院の競馬に出場。

賀茂光栄　長和四年(一〇一五)没。保憲の子。右京権大夫。

安倍晴明　寛弘二年(一〇〇五)没。益材の子。左京権大夫。『占事略決撰』。当代一の陰陽師として名高く、『大鏡』、『今昔』以下、逸話が多い。

観修　寛弘五年(一〇〇八)没。天台宗。紀氏。諡号は智静。園城寺長吏。長谷僧正、解脱寺僧正、木幡大僧正とも。余慶の弟子。

勝算　寛弘八年(一〇一一)没。天台宗。滋野氏。園城寺長吏。僧正。修学院僧正とも。余慶の弟子。山門と対立、三井寺に拠る。

深覚　長久四年(一〇四三)没。真言宗。藤原師輔の子。大僧正。東寺長者。寛朝の弟子。禅林寺僧正とも。

寛朝　長徳四年(九九八)没。宇多天皇の孫、敦実親王の子。真言宗、寛空の弟子。大僧正、東寺長者。広沢大僧正。『今昔』に強力の逸話。

慶円　寛仁三年(一〇一九)没。藤原連真の子か。天台宗、喜慶の弟子。大僧正、天台座主。三昧座主とも。

清範　応和二年(九六二)-長徳五・長保元年(九九九)。播磨国の出。法相宗。守朝や真興に師事。権律師、清水寺別当。清水律師、清水上綱とも。『今昔』などに文殊の化身説の逸話。『般若理趣分経註』。

静照　長保五年(一〇〇三)没。高階成忠の子。天台宗。賀縁の弟子。法橋。東塔功徳院住。

院源　天暦五年(九五一)-万寿五年(一〇二八)。平基平の子。天台宗。良源、覚慶の弟子。僧正、天台座主。道長の法成寺金堂供養の導師などで知られる。

覚縁　長保四年(一〇〇二)没。真言宗。千攀の弟子。権律師。

源信　天慶五年(九四二)-寛仁元年(一〇一七)。卜部正親の子。天台宗、良源の弟子。権少僧都。名利を捨て横川に隠棲。横川僧都、恵心僧都とも。『往生要集』、『一乗要決』撰。恵心流の祖。日本浄土教の基礎を築く。

覚運　天暦七年(九五三)-寛弘四年(一〇〇七)。藤原貞雅の子。天台宗。権大僧都。良源の弟子。静真・皇慶から真言密教も学ぶ。東塔檀那院に住。道長や一条天皇に進講。檀那流の祖。

実因　天慶八年(九四五)-長保二年(一〇〇〇)。橘貞敏の子。天台宗。大僧都。延昌の弟子。西塔具足房に住。後に河

内の小松寺に隠棲。小松僧都、具房僧都。『今昔』に強力の逸話。
慶祚 天暦九年(九五五)-寛仁三年(一〇一〇)。中原師元の子。天台宗。余慶の弟子。山門・寺門の対立で下山、岩倉大雲寺さらに園城寺に拠る。寺門派興隆の基。微妙寺を建立。その学識は増賀や源信にも仰がれた。
安海 生没年未詳。清原広澄の弟(『続古事談』)。天台宗。興良、源信の弟子。道場坊供奉。源信が宋の智礼に送った質問状の解答を予言したという。
清仲 『二中歴』にいう静仲であろう。生没年未詳。天台宗。東塔。正暦二年(九九一)、河原院の五時講に出仕。
丹波重雅 寛弘八年(一〇一一)没。康頼の長男。典薬頭。
和気正世 長和二年(一〇一三)没。時雨の次男。典薬頭。
允亮 寛弘六年(一〇〇九)頃没。惟宗忠方(公方、致方等の異説)の子。令宗の姓を与えられる。明法博士、河内守。『政事要略』、『類聚判集』撰。
允正 長和四年(一〇一五)没。惟宗氏。明法博士、勘解由次官。『小右記』に絶倫。
善澄 寛弘七年(一〇一〇)殺害さる。清原吉柯の子。助教、直講。『今昔』に殺害の説話あり(明法博士とある)。
広澄 承平四年(九三四)-寛弘六年(一〇〇九)。海業恒の子か。海宿禰から清原真人に改姓。明経博士、大隅守。明経道の清原氏の祖。
満仲 延喜十二年(九一二)-長徳三年(九九七)。清和源氏、経基の子。頼光の父。多田満仲とも。摂関家に仕え、摂津、陸奥他、国守を歴任、鎮守府将軍。摂津の多田を拠点。『今昔』に出家譚あり。
満正 生没年未詳。満政とも。清和源氏、経基の子。満仲の弟。八島大夫、村岡大夫とも。
維衡 生没年未詳。平貞盛の四男。下野守、伊勢守。伊勢国に地盤を築き、伊勢平氏の祖。
致頼 寛弘八年(一〇一一)没。平公雅(良正)の子。『今昔』など維衡との争いで知られる。
頼光 天暦二年(九四八)-治安元年(一〇二一)。源満仲の子。頼信の兄。摂津源氏。美濃守、伊予守、摂津守などを歴任。道長について朝家の守護となる。『今昔』に狐退治の逸話あり。後世、酒呑童子の鬼退治で名高い。

往生者一覧

『日本往生極楽記』

一　聖徳太子　聖徳太子は後世の尊称。厩戸皇子(五七四―六二二)。用明天皇の第二皇子、母は欽明天皇の皇女・穴穂部間人皇女。推古天皇のもと、蘇我馬子と協力して執政に当たり、遣隋使を派遣、冠位十二階や十七条憲法を定め、仏教導入に力を尽くした。救世観音の化身とされる。時代ごとに太子伝が再創造され続けた。

二　行基菩薩　天智七年(六六八)―天平二十一年(七四九)。飛鳥時代から奈良時代にかけての僧。教団を形成し、畿内を中心に広く民衆や豪族を対象に布教活動を展開、架橋など土木をはじめ数々の社会事業も行う。当初弾圧されるが、後に大僧正として東大寺大仏造立の責任者となる。東大寺の「四聖」の一人。菩薩は高徳の僧の尊称。五台山の文殊の化身とされる。

三　善謝　『日本後紀』の卒伝以上に資料不明。

四　円仁　延暦十三年(七九四)―貞観六年(八六四)。下野の出で壬生氏。慈覚大師。第三代天台座主。最澄の弟子。入唐八家の一人。短期留学僧として最後の遣唐使で唐に赴くが、入国を許されず山東半島で下船。新羅居留地赤山に庇護され、後に五台山から長安へ入り、密教を学ぶが、武帝の仏法弾圧によって国外退去となり、苦難の末に赤山に戻って帰国、天台密教の元を築く。後に円珍の寺門派に対して山門派と呼ばれる。不断念仏や法華講など法会儀礼なども整備した。九年に及ぶ旅の次第は自著の『入唐求法巡礼行記』に詳しく、九世紀の東アジアを知る第一級の史料であり、優れた旅行記、日記文学ともいえる。『入唐新求聖教目録』。

五　隆海　?―仁和二年(八八六)。三論、法相の元興寺僧。願暁より三論宗、仲継から法相宗、真如から密教を学ぶ。卒伝に、元慶六年(八八二)に権律師、翌年に律師。

六　増命　桑内氏。延長五年(九二七)没。第十代天台座主。千手院座主と呼ばれる。諡号は静観。

七　無空　延喜一六年(九一六)没。権律師、真言宗僧。俗姓橘氏。真然の弟子で、第二代金剛峰寺座主。空海が唐から請来した経籍三十帖冊子事件にかかわる。東寺に所蔵されていた冊子を八七六年、高野山の真然が東寺長者の真雅から借り受けて持ち帰り、そのまま返さず、弟子の初代金剛峰寺座主の寿長から無空に伝えられ、山城の円提寺で死去。東寺長者観賢は宇多法皇に事の次第を奏上。ようやく東寺に返還されたという。この事件が本話の背景にあろう。

八　明祐　名祐とも。応和元年(九六一)没。律宗僧。『東大寺要録』五・別当章、『戒和上次第』に天暦十一年(九五七)任。『僧綱補任』天徳二年条に権律師、東大寺内供労。

九　済源　天徳四年(九六〇)没(六四年とも)。大和国葛下郡の出自で源氏。東大寺延義の弟子。三論宗、権少僧都。『薬師寺別当次第』に天慶七年住、治六年。『僧綱補任』は天徳四年四月五日入滅。『今昔』、『日本紀略』は康保元年七月五日条。

一〇　成意　伝未詳。

一一　智光　第二「行基伝」参照。和銅二年(七〇九)–宝亀十一年(七八〇)?。三論宗の学僧。俗姓は鋤田連。河内国安宿郡の出身。『般若心経述義』、『浄名玄論略述』など。

一　頼光　伝未詳。

一二　瘤僧　伝未詳。

一三　兼算　伝未詳。

一四　尋静　伝未詳だが、内閣本や版本に「華山覚恵律師門弟也」とあり。覚恵は玄鑑の弟子、天暦三年(九四九)に律師、五年後に入滅(『僧綱補任』)。

一五　春素　伝未詳。

一六　延昌　元慶四年(八八〇)–応和四年(九六四)。加賀国江沼郡の出。諡号は慈念。十五代天台座主。円仁の弟子玄昭に師事。天徳二年(九五八)、僧正。朱雀・村上両天皇の帰依を受けた。

一七　空也　延喜三年(九〇三)–天禄三年(九七二)。阿弥陀聖、市聖、市上人と称される。観想ではなく、「南無阿弥陀仏」を口で称える称名念仏(口称念仏)を初めて実践したとされ、日本における浄土教・念仏信仰の先駆者とされる。六波羅蜜寺を創建。念仏を称える鎌倉期の空也像が名高い。『空也誄』は数少ない伝記資料。

一八　千観　延喜一八年(九一八)–永観元年(九八四)。橘敏貞の子。園城寺で出家。行誉に師事するが、空也の影響を受けて浄土教に傾倒、初めて『阿弥陀和讃』を作る。箕面山に隠遁、応和宗論の論者に選ばれるが辞退、摂津国金龍寺を再興。念仏者の規範、八誓十願の教えを広めた。

一九　明靖　伝未詳。『今昔』は「明清」、『曼殊院文書』、『天暦十一年坊城殿七仏薬師法図』や『明匠略伝』に「明請、阿弥陀坊」。

二〇　真頼　伝未詳だが、本書・第三二「尼某伝」には、伊勢国飯高郡上平郷の人の子孫という。

二一　広道　伝未詳。

二二　勝如　証如とも。貞観九年(八六七)没。藤原佐通の子。

二二　教信　伝未詳。在家沙弥の専修口称念仏聖の先蹤として永観、親鸞、一遍らの尊崇を集めた。『一遍上人絵伝』に教信寺での踊り念仏が描かれる。

二三　樹上僧　伝未詳。

二四　平珍　伝未詳。『高野春秋』三・延喜七年条、承平七年(九三七)条に高野山の僧平珍の名がみえるが同一人物か不明。

二五　増祐　伝未詳。

二六　玄海　伝未詳。

二七　真覚　藤原敦忠の子、佐理。その子が岩倉大雲寺の文慶僧都。『大鏡』二・時平伝に敦忠の子、兵衛佐なにがしが出家往生したとあり。

二八　薬蓮　伝未詳。

二九　**尋祐**　伝未詳。
三〇　**尼某**　伝未詳。
三一　**尼某**　伝未詳。
三二　**尼某**　伝未詳。
三二　**真頼一妹女**　伝未詳。
三三　**高階良臣**　天元三年(九八〇)没。右中将師尚の子。宮内卿。
三四　**藤原義孝**　天延二年(九七四)、二十一歳で没。伊尹の子。歌人。天禄二年(九七一)、右近衛少将。
三五　**源憩**　嵯峨源氏。適の子。歌人の安法法師の弟。
三六　**越智益躬**　伊予の豪族。越智郡郡司の家柄。百男の子。河野氏の祖。
三七　**伴氏女**　伝未詳。
三八　**小野氏女**　伝未詳。
三九　**藤原氏女**　伝未詳。
四十　**息長氏女**　伝未詳。
四一　**飯高郡嫗**　伝未詳。
四二　**加賀国婦女**　伝未詳。

『続本朝往生伝』

一　一条天皇　天元三年(九八〇)―寛弘八年(一〇一一)。円融天皇の皇子。母は東三条院、藤原兼家の娘、詮子。花山天皇の突如の退位を継いでわずか七歳で即位(寛和の変)。兼家が摂政、後に関白となり、その後、長男の道隆が外戚として関白となり、娘定子を皇后に入内、道隆没後、弟の道兼が関白に就くが七日後に没、弟道長が姉の詮子の推挙で実権を掌握。定子を皇后宮に、娘の彰子も皇后に立て中宮とし、一帝二后の先例を開く。この時代は藤原氏の権勢をもとに摂関体制が隆盛を迎え、定子に清少納言、彰子に紫式部・和泉式部らが仕え、女房層の文学が生み出された。天皇自身、文芸や音楽にも造詣が深かった。

二　後三条天皇　長元七年(一〇三四)―延久五年(一〇七三)。在位五年。諱は尊仁。後朱雀天皇の第二皇子。母は皇后禎子(陽明門院)。後冷泉天皇の異母弟。白河天皇の父。宇多天皇以来の藤原氏を外戚としない天皇親政を試み、大江匡房らを登用、延久の荘園整理令は有名。白河院以降の院政体制の元をなした。

三　藤原頼宗　入道右大臣。堀河右大臣。正暦四年(九九三)―康平八年(一〇六五)。道長の次男。母は源明子。中御門流の始祖。『入道右大臣集』。

四　源顕基　長保二年(一〇〇〇)―永承二年(一〇四七)。俊賢の子。弟に隆国、姉に成尋阿闍梨母。権中納言。後一条天皇の側近。後一条の死に伴い出家。法名円照。

五　大江音人　弘仁二年(八一一)－貞観十九・元慶元年(八七七)。諸上の孫、本主の嫡男。千里の父。参議、左大弁、検非違使別当。江相公。大枝から大江へと改姓。本書著者の匡房にとって始祖的存在。

六　僧正遍照　弘仁七年(八一六)－寛平二年(八九〇)。僧・歌人。俗名は良岑宗貞。大納言安世の八男。左近衛少将、蔵人頭で寵を受けた仁明天皇の死により出家。花山僧正。六歌仙の一人。円仁・円珍に師事。花山の元慶寺を建立、紫野の雲林院の別当。『遍照集』。出家をめぐる話題に『大和物語』一六八、『今昔』十九、『宝物集』三、『十訓抄』六、『沙石集』五末、『真言伝』など。

七　慈忍　尋禅の諡号。天慶六年(九四三)－永祚二年(九九〇)。天台宗の僧。藤原師輔の十男。母は醍醐皇女雅子内親王。天台座主。良源の弟子。叡山の門閥世俗化の先駆け。飯室に隠退。

八　覚運　天暦七年(九五三)－寛弘四年(一〇〇七)。天台宗の僧。父は藤原貞雅。良源の弟子。権大僧都。東塔檀那院を拠点に講説を行う。静真・皇慶から真言密教も学び、一条天皇に『法華疏』を進講、道長家に関係する様々な仏事に関与。源信の恵心流に対する檀那流の祖。

九　源信　天慶五年(九四二)－寛仁元年(一〇一七)。北葛城郡当麻の出自。父は卜部正親、母は清原氏。良源の弟子。権少僧都。横川の恵心院に隠棲し、念仏三昧の求道に専心。日本浄土教の祖とされ、法然、親鸞におおきな影響を与えた。特に『往生要集』は浄土教の聖典となり、中国にも贈られた。他に『因明論疏四相違略注釈』『一乗要決』『阿弥陀経略記』『横川法語』等々。名僧より聖人たれと母がいさめる話は有名。

一〇 覚超　天徳四年(九六〇)–長元七年(一〇三四)。平安中期の天台学僧。俗姓は巨勢氏。和泉国の出。兜率先徳とも。良源・源信の弟子、慶円から密教も学ぶ。兜率院や横川首楞厳院に住す。長元二年(一〇二九)、権少僧都。密教関係の著作を多く残し、覚超の流派は台密川流と称される。

一一 桓舜　天喜五年(一〇五七)没。八十歳。源致遠の子。和気兼信の子とも。延暦寺慶円の弟子。

一二 増賀　延喜十七年(九一七)–長保五年(一〇〇三)。平安中期の天台僧。橘恒平の子。良源の弟子。応和三年(九六三)、如覚(藤原高光)の勧めで多武峯に入り、草庵一乗房で籠居。『摩訶止観』や『法華文句』を講じ、法華三昧を修し、観音や文殊を感得、寛和元年(九八五)、『法華玄義鈔』を著す。後世、多武峯に隠棲し、名聞を厭い、中世説話集に数々の奇矯な振る舞いを示す逸話が多く、遁世者や浄土願生者から聖の理想像と仰がれた。『増賀上人行業記絵巻』などもある。

一三 仁賀　大和国の出自とするが、『二中歴』は「近江国、徳行無双聖人」。増賀の弟子。『古事談』「世以て帰依渇仰の上人なり」。『宇治拾遺物語』は仁戒。

一四 叡実　『小右記』天元五年(九八二)六月三日条に神名寺僧。法花経持者としての逸話が多い。

一五 寛印　紀忠方の子。良源・源信の弟子。丹後先徳、願蓮房とも。内供奉十禅師。『二中歴』「顕教」「説経」に名あり。『霊山院過去帳』寛弘四年七月の霊山院釈迦堂毎日作法に名がみえる。

一六 真縁　伝未詳。

一七 理光　伝未詳。

一八 入円　伝未詳。

一九　良範　長保三年(一〇〇一)、十八歳で没。

二〇　範久　伝未詳。

二一　成尋　寛弘八年(一〇一一)-永保元年(一〇八一)。藤原実方の孫。宇治大納言源隆国の甥。大雲寺の文慶の弟子。延久四年(一〇七二)、渡宋、諸山を歴遊し、皇帝からも優遇され、帰国せずに没。天台山国清寺に埋葬。同行の弟子が帰国して宋版経典を伝え、日記の『参天台五台山記』は著名。他に『観心論註』や『法華経註』などあり。母親の歌集『成尋阿闍梨母集』でも知られる。

二二　能円　伝未詳。『今昔』では「聖人」とあり、僧名なし。

二三　高明　伝未詳。

二四　安修　成尋より灌頂を受けたという(『園城寺伝法血脈』)。

二五　助慶　慶祚の弟子。随心院の院主。『三井往生伝』に往生は「康平六年六月十二日也」とある。

二六　覚真　無動寺慶範が高陽院で安鎮法を勤めた時の伴侶(『安鎮法日記』)。

二七　延慶　法性寺覚尋が六条宮で不動安鎮法を勤めた時の伴侶(『安鎮法日記』)。

二八　覚尊　『三外往生記』永覚伝に覚尊上人に師事したという。永覚は大治六・天承元年(一一三一)没。『拾遺往生伝』上九に「神蔵寺上人」として名が見える。『発心集』二・五に東塔の鎌倉に住んだ「聖人」とある。

二九　賢救　伝未詳。

三〇　日円　成尋から灌頂を受けた弟子(『園城寺伝法血脈』)。成尋の渡宋に随行したと思われる。

一条天皇葬送に見える延暦寺僧は別人(『権記』寛弘八年(一〇一一)六月)。

三一　慶滋保胤　『往生極楽記』序文参照。

三二　大江為基　摂津守、三河守歴任。詩歌をよくした。

三三　大江定基　三河守、図書頭。寛和二年(九八六)、出家し、寂照。保胤の弟子。長保五年(一〇〇三)、入宋、円通大師。源信の書状を宋に伝えた。長元七年(一〇三四)頃、杭州で没。妻の死を契機とする出家譚や五台山での飛鉢譚など逸話も多い。

三四　大江挙周　匡衡の子、母は赤染衛門。丹波・三河・和泉守、木工頭などを歴任。文章博士。永承元年(一〇四六)没。

三五　源章任　正四位下、左少将。

三六　源頼義　清和源氏の武将。頼信の子。承保二年(一〇七五)没。伊予守。前九年の乱で戦功。『陸奥話記』、『今昔』二十五・一二などに逸話。

三七　小槻兼任　生没年未詳。小槻氏は三善家と並ぶ算道の世襲氏族。奉親以後は太政官左史の官務家。散位は位階だけで官職のないこと。

三八　藤原兼経妻　伝未詳。兼経は道綱の子。母は源雅信の娘。参議。長久四年(一〇四三)、四十四歳で没。

三九　源頼俊女　頼俊は清和源氏。頼房の子。祖父頼親の子となる。陸奥守、左衛門尉。延久二年(一〇七〇)、陸奥の基通を討伐。歌人。

四〇　比丘尼願証　源信の妹。世に安養尼。盗賊に小袖を与える逸話は『古事談』三・三三、『十訓抄』六・三六など。

四一　比丘尼縁妙　『発心集』は「妙」。賀茂保憲の孫。『賀茂保憲女集』で知られる保憲女の娘。

四二　源忠遠妻　伝未詳。源教の孫とされる。

解　説

小峯和明

一　浄土教の進展と往生伝の形成

仏のいる世界はすべて浄土であり、とりわけ阿弥陀仏のいる西方の極楽浄土はひろく信仰を集めた。日本では特に奈良時代から平安時代以降、浄土教が進展し、念仏を唱えれば阿弥陀仏が菩薩達を従えて迎えに来てくれるという来迎《らいごう》の教説が人々を引きつけ、災害、飢饉、疫病、戦乱など苦難に満ちた現実からのがれ、来世を願う思想が定着していった。六道の輪廻を脱し、極楽浄土に生まれ変わるのを往生極楽と言う。「往生」とはもともと別の世界に生まれ変わる意で、極楽に限定されなかったが、浄土教の広まりに応じて、「往生」といえば極楽往生を指すようになった。往生した人達がいかに生きて、どのように往生したか、その様を描いた伝記が往生伝である。

浄土教の中心は比叡山延暦寺を拠点とする天台宗であった。天台宗は中国の天台山から起こり、伝教大師最澄《さいちょう》以下の法統によって日本仏教界の中軸を担っていく。すでに六世紀末、四種三昧の一つである常行三昧《じょうぎょうさんまい》の修法で阿弥陀の口称と観想の念仏が行われていた(天台大師智顗《ちぎ》『摩訶止観《まかしかん》』)。特に九世紀前半、最後の遣唐使として中国に渡った慈覚大師円仁《えんにん》がもたらした五台山念仏が独自の不断念仏として確立する。

平安時代、浄土教のひろまりは知識人層に著しく、なかでも僧俗混交の勧学会《かんがくえ》が注目されている。勧学会とは念仏結社の一種で、貴族界の中下層の文人知識人と僧侶が集まって、『法華経』の講経論義や読誦、念仏行と同時に詩作にも興ずるサークルであった。これを主宰したのが『日本往生極楽記』の編者慶滋保胤《よししげのやすたね》である。

保胤は禅林寺での勧学会における法華講をめぐる詩序を書いているが(『本朝文粋』十)、それとは別に一九八四年に発見された西新井大師総持寺《そうじじ》蔵の『勧学会記』は、康保元年(九六四)十一月十五日の貴重な記録で(院政期の法性寺《ほっしょうじ》殿・藤原忠通《ただみち》の書写)、三月と九月の十五日に叡山麓の西坂本、親林寺で施行された勧学会の次第、源為憲《みなもとのためのり》の記、慶滋保胤の弟保章《やすあきら》の序、学生《がくしょう》の詩三首からなり、学生七名、僧侶十五名それぞれの名前が記されている。

勧学会の様子は、メンバーの一員であった源為憲の仏教説話集『三宝絵《さんぼうえ》』下・一四にも語られる。前日、僧は叡山から下りて麓に集まり、俗衆は月に乗じて寺に向かい、声を合わせて白居易《はくきょい》の「百千万劫の菩提の種、八十三年の功徳の林」の偈《げ》を唱え、寺に着くと『法華経』方便品《ほうべんぼん》の偈を唱える。十五日の朝は『法華経』を講じ、夕には念仏を唱え、明け方まで讃仏、讃法の詩作に興じ、その詩は寺に納めた、という。有名な白居易の「世俗文字の業、狂言綺語の誤りをもてかへして、当来世々《せぜ》讃仏乗の因、転法輪の縁となさん」、後の狂言綺語観の典拠となる句も引用され、文芸と求道《ぐどう》の一如が指向された。

　最初の勧学会から約二十年後、寛和元年(九八五)に叡山横川《よかわ》の源信僧都《げんしんそうず》によって編述された『往生要集』は、「厭離穢土《おんりえど》、欣求浄土《ごんぐじょうど》」を旗印に地獄や餓鬼、畜生など六道世界を精細に描き出し、一方で清浄なる極楽浄土のイメージを鮮明化した。阿弥陀仏を観想する念仏による極楽往生の手引きとなり、永承七年(一〇五二)の入末法などを契機に以後圧倒的な影響力を持った。

　この源信の『往生要集』と前後して編述されたのが保胤の『日本往生極楽記』である。前者は極楽往生の指南書、教義書としての意義を持つのに対し、後者は実際に往生した人達の実例や手本としての伝記であり、実践書の意味を担った。

　保胤と源信のつながりは後年の二十五三昧会にも続いていく。勧学会を受け継ぎつつも、もはや詩作に興ずるいとまはなく、念仏に集約される。保胤はこの二十五三昧会の「起請八箇条」を書いたとされ、僧の日常生活の指針にまでなっていた。

『往生要集』は教学面だけでなく、絵解きなど一般の布教活動における地獄絵や六道絵の典拠となるように、視覚に訴えるイメージ形象への影響も見のがせない。通常の阿弥陀仏の図像はもとより、山あいから阿弥陀が顔をのぞかせる山越《やまごし》の阿弥陀図、阿弥陀と菩薩達が楽音を奏でながら雲に乗って往生者のもとに来臨する聖衆《しょうじゅ》来迎図、極楽浄土の景観を描いた浄土曼荼羅《まんだら》図等々、阿弥陀仏とその来迎や極楽浄土そのものを視覚化した図像もたくさん作られた。源　師時《みなもとのもろとき》の『長秋記《ちょうしゅうき》』保延元年(一一三五)七月二十一日条に「往生御障子絵」「往生絵二帖」など、貴族日記にも記されるほどで、目に見える形で人々を往生にいざなった。

図像はたんに見てながめる、鑑賞するだけではなく、阿弥陀仏や極楽浄土を観想し、自己と一体化させる結縁《けちえん》の行の一環としてあった。臨終を迎える人と阿弥陀の図像とを五色の糸で結ぶ習俗などにも明らかである(『栄花物語』三十・道長の臨終など)。

これらの絵画イメージはおのずと往生者の伝記と結びつき、数々の往生伝をはぐくみ、来迎図などは往生伝の絵画化そのものともいえる。時代は十二世紀に下がるが、院政期を代表する貴族日記『中右記《ちゅうゆうき》』や『長秋記』には、日常の座談で往生のことが語られ、往生をめぐる夢想の記事なども多く見える。『中右記』天永二年(一一一一)七月二十六日条と

『拾遺往生伝』下・二五の高階敦遠妻《たかしなのあつとおのめ》の往生譚が対応する例もあるほどで、人の死をめぐって往生の如何が日常的に取り沙汰される環境にあったようだ。往生伝が次々と生み出される動向もそうした背景からうかがうことができよう。

『日本往生極楽記』は日本の往生伝の先蹤《せんしょう》で、以後の往生伝輩出の先駆として特記される。本書に収めた『続本朝往生伝』以下、院政期の『拾遺往生伝』『後拾遺往生伝』、『三《さん》外《げ》往生記』『本朝新修往生伝』、『高野山往生伝』、『天竺往生験記』をはじめ、鎌倉期の『念仏往生伝』『三井往生伝』、近世の『扶桑寄帰往生伝』『女人往生伝』『新撰往生伝』等々、時代をつらぬいて往生伝が輩出する(『扶桑寄帰往生伝』は『往生極楽記』をかなり引いているが、脚注では割愛した)。

一方、中国でも、七、八世紀の唐の『浄土論』『瑞応刪伝《ずいおうさんでん》』だけが注目されがちだが、以後の十、十一世紀の宋の戒珠《かいじゅ》『浄土往生伝』、遵式《じゅんしき》『往生西方略伝』や遼の非濁《ひじょく》『新編随願往生集』等々が撰述される。いずれも散逸しているが、特に非濁撰述本は全二十巻六百話ほどもある大部な作とされ、日本にも伝わって、『往生浄土伝』(真福寺、七寺《ななつでら》)や『漢家類聚往生伝』(金沢文庫)などの再編本が生み出された。特に前者は戒珠撰『浄土往生伝』に仮託した偽撰とされ、中世の仏教説話集や唱導書に引用される。おおもとが非濁の『新編随願往生集』だったことが明らかにされ(李銘敬論)、同じ非濁の『三宝感応要略録』と合わせ、日本の仏教界に与えた影響力があらためて注目される。

鎌倉期の光明寺蔵『浄土五祖絵伝《じょうどごそえでん》』の絵巻なども、法然《ほうねん》の『類聚浄土五祖伝』と合わせ、中国の往生伝類編述の動向とからめて見ていく必要があろう。今後、往生伝の成立と展開は日本にとどまらない、東アジアのひろがりから検証されなくてはならない。

二　慶滋保胤とその周辺

『日本往生極楽記』を著した慶滋保胤（九四三―一〇〇二）は、もともと陰陽師の賀茂《かも》氏の出自で、父忠行《ただゆき》の次男。兄の保憲《やすのり》が陰陽師の家系を継ぎ、保胤は弟の保章と共に後に慶滋に改姓している。生年は通説を十年引き下げる新説の天慶六年（九四三）に拠っておく（佐藤道生論）。文人仲間の藤原有国《ふじわらのありくに》らと同年。長じて大学寮に入学、文章生《もんじょうしょう》となって紀伝道を専攻し、道真《みちざね》の孫の菅原文時《ふみとき》を師とした。詩文の才に優れ、『本朝文粋《ほんちょうもんずい》』に二十余編の詩文が収められ、詩序や願文が多い。詩文集「慶保胤集二巻」があったようだが現存しない（『本朝書籍《しょじゃく》目録』）。善秀才宅詩合、勧学会、尚歯会《しょうしえ》等々、多くの詩会に参加している。役職は内記で中務省に属し、詔勅や宣命、位階授与の公文書（位記）等々の文書を作成する職掌で、主に花山《かざん》朝に活動した。平安時代の中期を代表する文人貴族の一人である。

代表作に奝然《ちょうねん》の母に贈る逆修願文、藤原誠信《ふじわらのさねのぶ》亭餞別詩序など、後者の摘句は『和漢朗詠集』に採られている。平安京の都市の動向や邸宅を描いた『池亭記《ちていき》』は特に名高く、奝然母の逆修願文と同年の天元五年(九八二)に書かれる。その時期と前後して、勧学会を主導し、源信との交流の影響もあって、『日本往生極楽記』も起筆されたらしい。

花山院の突然の退位など藤原兼家《ふじわらのかねいえ》系の摂関体制の強化なども関わり、寛和二年(九八六)出家する。当初は心覚《しんがく》を名乗り、後に寂心《じゃくしん》と変えた。出家する時の歌が『拾遺集』巻二十・哀傷に見える。

　憂き世をばそむかば今日もそむきなむ明日もありとは頼むべき身か

大江匡房《おおえのまさふさ》の『続本朝往生伝』の保胤伝では、子息の成人を待って出家したとある。また、出家の年の「菅丞相の廟に賽する願文」では、「沙弥心覚、前《すす》んで仏に白《もう》して言《もう》さく」とあり、北野天満宮に法華経講説を捧げている。

源信との関わりで比叡山の横川にも登っており、出家直後に開催された二十五三昧会にも関わり、「横川首楞《しゅりょう》厳院《ごんいん》二十五三昧起請」の草案「起請八箇条」を書いている。また、播磨《はりま》の書写山円教寺《しょしゃざんえんぎょうじ》の性空《しょうくう》とも縁があったようで、播磨にも赴き、八徳山《はっとくさん》八葉寺《はちようじ》を開いている。『今昔物語集』の保胤説話(巻十九・三)に堂建立の材木調達のために播磨に下向する逸話なども、これにかかわるであろう。

没年は長保四年（一〇〇二）十月二十一日。寂心を授戒の師としたのが、かの藤原道長であり、四十九日の菩提供養のために大江匡衡《おおえのまさひら》に書かせた諷誦文《ふじゅもん》が『本朝文粋《ほんちょうもんずい》』巻十四に収録される。布施の信濃布百端の請文は寂心の弟子に当たる寂照《じゃくしょう》（大江定基《おおえのさだもと》）が書いている。『新撰朗詠集』巻下や『発心集《ほっしんしゅう》』巻二に「昔、隋の煬帝《ようだい》の智者に報いし、千僧に一賸《いちじょう》せり。今、左丞相の寂公を訪ふ、曝布百に足れり」と引かれる。寂照は中国に渡るため、長門辺りにいたが、寂心の訃報を聞いて急遽、京に戻り、翌年、渡航している。

寂心の亡くなった場所は、『続本朝往生伝』では東山の如意輪寺《にょいりんじ》とされるが定かではない。後世、大江匡房の『続本朝往生伝』に伝が載り、『江談抄《ごうだんしょう》』に詩文をめぐる逸話が多く、『今昔物語集』巻十九・三にやや戯画化された説話が語られ、伝説化が進んでいたことがうかがえる。

三　『日本往生極楽記』の成立とその世界

本書の序文に見るように、すでに中国唐代の七、八世紀に遡る迦才《かざい》の『浄土論』や文《もん》諗《しん》・少康《しょうこう》の『往生西方浄土瑞応伝』（改編本『瑞応刪伝』）などの先例があり、前者は八世紀に智光《ちこう》曼荼羅で知られる智光の『無量寿経論釈』に引かれ、後者は天徳二年(九五八)、呉越に渡った僧の日延《にちえん》によって比叡山にもたらされている。『往生要集』にもその両書は引用され、往生論や往生伝の先駆として重視される。また、為憲『三宝絵』下・四「温室」にも、「モロコシノ往生伝ヲミルニ」と『瑞応伝』から道珍伝を引いている。保胤もまた源信を介して両書を読んでいたと想定される。中国では先述の通り、以後、宋の遵式『往生西方略伝』、戒珠『浄土往生伝』、遼の非濁『新編随願往生集』、王古『新修浄土往生伝』等々の編纂があいついだ。

本書が「日本往生極楽記」と「日本」を名乗るのは、明らかに中国を意識しているからにほかならない。中国と同じように、日本でも確実に極楽往生者が輩出しているとの宣言であり、仏法の真理の結実の提示とともに、対中国と同等である証明としての意義を持つ。このことと後述の、宋に本書が送られることとは深く関わるだろう。

往生伝の内実は、比丘《びく》二五人、沙弥《しゃみ》二人、比丘尼《びくに》三人、優婆塞《うばそく》四人、優婆夷《うばい》六人の四十人であるが、智光、勝如《しょうにょ》、飯高《いいだかの》郡の尼某の各伝にはそれぞれ、頼光《らいこう》、教信《きょうしん》、真頼妹の娘の往生も記されるので、これらと巻頭に後補された聖徳太子、行基を加えて四十五人になる。

問題は第二「行基伝」の末尾に記載された保胤の注記である。それによれば、在俗時代にほぼこの作は出来ていた(初稿本)。出家後、念仏行でいとまがなく、五、六人の往生者をさらに選び、中書大王《ちゅうしょだいおう》に依頼して記に追記してもらい、文章の潤色を依頼していたが、大王が聖徳太子と行基の二人を載せるべきだ、という夢告を得た。その間に大王は病気になって筆を執ることができなくなった。そこで自ら国史や別伝を見て、二人のことを書き入れた、という(再稿本)。

表面的には、中書大王を仲立ちにしつつ、自分で改編しただけの話になってしまうが、その前後の情勢を考慮すると、それだけではすまされない問題がはらまれているようだ。

初稿本は寛和元年(九八五)四月に完成した源信『往生要集』に「慶氏の日本往生記」と引かれるのが下限となる。『往生要集』の起筆が前年永観二年(九八四)の十一月とされるから(跋文)、『往生極楽記』初稿本の成立はひとまず永観二年頃とみなしうる。奇しくも為憲の『三宝絵』と同年の成立となり、『往生極楽記』再稿本の聖徳太子伝と行基伝は『三宝絵』を参照していることと符合する。この再稿本は自ら出家後の編述が明記されるから、出家した寛和二年(九八六)が上限となる。

これに加えて注目されるのは、永延二年(九八八)正月十五日に源信が西海道に赴き、遠来の客(宋の海商朱仁聡《しゅじんそう》)と会い、同船していた僧斉隠《さいいん》に、自らの『往生要集』と合わせて、保胤の「日本往生伝」(『往生極楽記』)と「十六相讃」、師匠良源《りょうげん》の「観音讃」、為憲の「法華経賦」などを託していることである。宛名は「大宋国某賓旅下」とあり、さらに二月十一日付、宋の台州の周文徳の名での返報が引用される。これによれば、『往生要集』三巻は、天台の国清寺《こくせいじ》に附入され、「緇素《しそ》随喜し、貴賤帰依して、縁を結べる男女の弟子、五百余人、各々虔心《けんしん》を発《おこ》し、浄財を投捨し、国清寺に施入して、忽ちに五十間の廊屋を飾り造れり」云々という（『往生要集』末尾、『朝野群載《ちょうやぐんさい》』二十）。

事の真偽はともかく、源信が託した『往生要集』や『往生極楽記』は宋の天台山の中心である国清寺に納められたことになる。これらは「遺宋本」と呼ばれ、新説の荒木浩論では、『往生極楽記』の聖徳太子伝と行基伝の加筆はこの遺宋と深く関わる、とされる。初稿本に対して再稿本＝遺宋本ということになり、少なくとも中国に送られたのが初稿本ではなく、再稿本であろうことは疑いない。

問題は遺宋にまつわる改編の契機に何があったかであるが、対外関係史の上川通夫論他、保胤出家の年に中国から帰国し、翌年、京都に戻って熱烈に歓迎された奝然の存在が強調される。奝然といえば、嵯峨清涼寺《せいりょうじ》の三国伝来の釈迦像や一切経を持ち帰った僧として知られるが、源信の遺宋本のことも奝然の一件が大きな刺激となり、それへの対抗意識が深く関わるとされる。保胤も奝然が中国へ出発する前の母の逆修願文や餞別の詩序（『本朝文粋』十）を書いていたから、それなりのつながりはあったわけで、首肯される説であろう。

たしかにそのように見れば、聖徳太子伝と行基伝が追加された意味も見えやすくなる。

前者聖徳太子は中国五岳の一つ南岳衡山《こうざん》の慧思《えし》禅師の再誕とされ、法隆寺の夢殿を回路に『法華経』の写本を衡山まで取りに行く話がある。後者の行基は聖地五台山の文殊の化身とされ、日本に来た婆羅門僧正《ばらもんそうじょう》とは霊鷲山《りょうじゅせん》の釈迦説法時からの旧知とされ、対中国の日本仏教の正当性や権威化を強調するに最もふさわしい。荒木論では、和歌と陀羅尼の相即《そうそく》と万葉仮名の漢字表記の問題にまで発展して興味深いが、少なくとも対外的な見地から二人の伝記は意義を持ちうるだろう。

二人の伝記そのものは往生伝の体裁になっていないことも、往生の如何よりも超越的な存在として、対外認識上の対等や優位の顕示を思わせる。日本仏教を言挙げするのに欠かせない存在でもあり、別格の意味合いをもって位置づけられる。『日本霊異記』以下、『三宝絵』、『法華験記』、『今昔物語集』と続く平安時代の仏教説話集の起点は、この二人ないし役行者《えんのぎょうじゃ》も合わせて三人で一定している。『往生極楽記』も単にその路線に合わせた改編であるとも見なせるが、それ以上に対外認識のなせる力が強かったといえよう。

『往生極楽記』に依拠する『法華験記』の行基伝(上・二)でも末尾に、もともと行基伝を入れていなかったが、夢に宿老が現われ、「行基は日本第一の法華の持者である。過去二万億日月燈明仏の時に、妙光法師として『法華経』を受持していた。だから無量阿僧祇劫以前の侍者なのだ」と言われ、後から加えたという。これは明らかに『往生極楽記』の注記をふまえた、あらたな意味づけであろう。

残る問題は中書大王の存在である。この中書大王が誰か、兼明《かねあきら》親王か具平《ともひら》親王かで説が分かれ、必ずしも結着はついていない。中書大王は中務卿《なかつかさ》の唐名で、兼明親王が中書王となったのは貞元二年(九七七)で、永延元年(九八七)九月没。源信が博多に向かうのが同年秋で、翌年正月に朱仁聡の船に乗船していた斉隠に本が渡されるから、再稿本の契機を遣宋との関わりで見る限り、その前年に没した兼明親王の可能性が高いであろう(文筆上のつながりは確かに具平親王の方が強いが。平林盛得説)。「風痾」による執筆不能の表明にはやはり老齢を見るべきであろう。

そのいずれかはさておき、問題は保胤が何故そのような注記をつけたのかにある。私見では、聖徳太子伝と行基伝を後から追加したことの弁明として、中書大王の介在を記したのではないかと考える。改編の必然性を中書大王の夢告に託し、彼の病を口実に自らの加筆を正当化したと見ることはできないだろうか。

往生伝は、正統な文学の様式である「伝」の一つで、往生者の生前の言動、信仰と修行の如何、臨終の様、往生時の奇瑞、異相、夢告などを時系列に従って記述する文体で、特に文飾を凝らすことはない。詩序や願文などの対句主体の修辞を基本とする文体とは範疇を異にする。「杜撰《ずさん》の印象を拭いがたく、正直、完成度はあまり高くない」「未定稿」とする小原仁説は当たらないだろう。少なくとも遺宋が意識されているとすれば、「未定稿」ではありえない。

要は、その人物がいかに往生したか、往生をどのように確定できるか、往生した証拠や痕跡をいかに確認できるか、に集約される。往生の証拠としては、夢告や異相往生、奇瑞の具現などがある。これらの型は先例である唐の『浄土論』や『瑞応刪伝』以来、大きな違いはない。表現様式としては先例を踏襲しているとみなせる。むしろ同じような異相が生ずるところにこそ往生の具現が立証できるわけで、表現様式の類型、パターン化こそが意味を持っているのである。

源信の『往生要集』大文六・二に、善導《ぜんどう》の『観念法門』を引き、臨終者に対し、観想と口称で念仏を唱え、往生や来迎の想をなし、それが現前したら、その様を当人が看病人に説き、それを記録せよ、当人が語れなければ傍の人が聞き出し、「抄記」せよ、とその記録が重視されている。まさに往生伝の形成そのものにつらなっていることが知られる(今昔の会・高橋貢発表資料、二〇二四年七月)。

往生の具体的な様相には、まず夢告があり、本人が極楽往生の予兆や予言の告知を夢に見るものと、弟子や親族など身近な周囲の者や全く縁のない第三者が見る場合もある。夢を回路に異界と交信して往生の確約を知らされる例である。もう一方は異相と称される奇瑞で、光明、紫雲、芳香、妙楽等々である。視覚に訴える光明やたなびく紫雲をはじめ、嗅覚に訴える芳香、香気、そして聴覚に訴える楽音である。往生する当人にしか認知しえない場合もあるし、周囲の者が感知し、目撃する場合もある。いずれも阿弥陀仏がそれぞれ楽器を奏でる二十五菩薩を従えて紫雲に乗って来迎する様から想起され、絵画表象によるイメージ醸成が深く関わるであろう。しかも視覚だけではない、聴覚、嗅覚、触覚など共感覚の全体で認識されるものであった。

第六「増命伝」は、「金光忽照、紫雲自聳、音楽遍空、香気満室」と奇瑞の様がほぼすべて出揃った型として珍しい。大半の伝はそれらのいずれか一つか二つが見られるのが通例である。特にそれらの奇瑞を認知する他者の存在も必要で、弟子や寺の同法(同行)、親族、知己、時として無縁の第三者などが一緒に目撃したり、夢で知らされたり、後日確認したりする。上川通夫論に指摘されるように、『往生極楽記』の往生者は、「地方官人の有力富豪」までで、いわゆる庶民、民衆の往生者はいない。往生者の奇瑞を確認する「里人」(第二九)、「隣里」(第三〇、三八)、「村里人」(第三六)は、「奇跡は事実であると証言する脇役」であり、「期待される信者像」にほかならない。往生者を支え、往生者として認証する役目を帯びた、俗世間にいる普通の存在として機能する。しかし、彼らも往生のたんなる目撃者ではなく、往生者との結縁を果たす面も見のがせない。往生伝がそのような表現の構造を持つことを見のがすべきではないだろう。

中世に複数の往生伝を書写した九条家の慶政《けいせい》がそれらの奥書で書写による結縁を言うように、往生伝を編述したり、書き写したり、語り合うことそのものがすでに往生者との結縁にほかならず、自らを往生に導く業行であった。

永観二、三年(九八四、八五)前後は、平安時代中後期の文学史上、後世に与えた影響から見ても一つの画期となった。『往生極楽記』の初稿本がこの頃なり、同年に源為憲の『三宝絵』が成立、さらに源信の『往生要集』が起筆され、翌年完成する。しかも、『往生要集』は『往生極楽記』にふれるから、初稿本を源信は見ていたし、『往生極楽記』の空也伝は為憲の『空也誄《こうやるい》』をもとにし、聖徳太子伝や行基伝は加筆された再稿本で『三宝絵』を参照している。著者の源信、為憲、保胤は相互につながりがあり、これら三作品は互いに響き合う。『三宝絵』は出家する尊子内親王に献上されるが、尊子没後四十九日の願文は保胤が書き、この願文は二カ月前に完成した『往生要集』をもとにするとされる(小西洋子論)。

『三宝絵』は仏法史を意識した周到な作で、天竺から中国、朝鮮半島、日本へ仏法が伝来し、定着浸透していく姿を見すえようとする。『往生極楽記』は最初の往生伝、『往生要集』は極楽往生をめざす指南書として、それぞれ後世の文学、文化に大きな影響力を持った。しかも源信によって『往生要集』、『往生極楽記』、為憲の「法華経賦」は宋に送られた。受信のみではなく、発信面からも注目されよう。

『日本往生極楽記』は以後の往生伝の起点を担っただけでなく、『法華験記』や『今昔物語集』など、後続の説話集の源泉ともなり、法会文芸としての『言泉集《ごんせんしゅう》』など安居《あぐい》院の唱導などにも応用される。極楽往生を希求する人々の道しるべとなったのである。

四　大江匡房と述作

保胤の『往生極楽記』についで往生伝をまとめたのが、大江匡房の『続本朝往生伝』である。匡房は長久二年(一〇四一)—天永二年(一一一一)。大江家は菅原家と並ぶ紀伝道の学者の家で、朝綱《あさつな》、以言《もちとき》や匡衡《まさひら》ら代々の碩学を輩出した。匡房も若くして文章得業生《もんじょうとくごうしょう》となり、治部小丞《じぶのしょうじょう》などを経て、後三条天皇に登用され、蔵人《くろうど》から左衛門権佐《さえもんのごんのすけ》、右少弁を兼ね、後三条の近臣としてその治政に貢献、白河院政にも活躍し、東宮学士、美作《みまさか》国守、権佐中弁、左大弁、式部大輔、大蔵卿、権中納言まで昇進、大宰権帥《だざいのごんのそち》として現地に赴任し、帰任後も再任されるが病を理由に二度目は大宰府には赴かなかった。江帥《ごうそち》、江大府卿《ごうだいふきょう》、江都督《ごうとく》などと通称される。

晩年の言談の筆録が『江談抄《ごうだんしょう》』で、当時の貴族世界の文芸や文化動向を知る上で貴重な説話・言談集である。著述も多く、代表的な作品を挙げれば、本書『続本朝往生伝』と対になる『本朝神仙伝』の「伝」をはじめ、『暮年記《ぼねんき》』、『狐媚記《こびき》』、『傀儡子記《くぐつき》』、『遊女記《ゆうじょき》』、『洛陽田楽記《らくようでんがくき》』、『対馬貢銀記《つしまこうぎんき》』等々、特に怪異や芸能などの「記」が特異で注目される。法会文芸としての願文を集成した『江都督納言願文集《ごうととくなごんがんもんしゅう》』、有職故実書の『江家次第《ごうけしだい》』、歌集『江帥集《ごうそちしゅう》』、日記の『江記』、『和漢朗詠集』注釈の「朗詠江注」等々、多方面の述作を残した。院政期前期を代表する文人、学者官僚である。後世の『古事談』や『古今著聞集』、『平家物語』等々、逸話も多い。

しかしながら、保胤の場合と異なり、匡房自身敬虔なる浄土教信奉者であった痕跡はうかがいにくい。後述のように息子の死などが述作の契機になってはいるが、たとえば『往生極楽記』で往生伝に収載された聖徳太子や円仁が、匡房の『本朝神仙伝』では神仙伝に組み込まれるように、往生伝と神仙伝とは好一対で互換性があったかのごとくで、現世と来世双方の利益を志向する一般的な「現当二世安穏」の境地にあったと想像される。

五　『続本朝往生伝』の成立とその世界

本書最後の源忠遠妻《ただとおのめ》の伝(第四二)に「康和三年正月」とあり、序文に「康和に竟《お》へぬ」とあることから、康和末の四、五年(一一〇二、三)頃の成立とみなせる。序文の「近《このころ》感ずるところあり」は、京へ帰任直前の康和四年閏五月四日に長子隆兼《たかかね》が病死したことが関わっていると思われる。隆兼は『本朝無題詩』十「温泉道場言志」で「昨翫水城原上月、今憐湯寺洞中春」と詠み、「康和の年、予、亦この地にて六韻を綴る」と注記しているから、匡房の権帥在任中に九州に湯治に訪れており、その帰洛の途次に病没したとされる。『江都督納言願文集』三(『本朝続文粋』十三)の「四十九日供養願文」(康和四年六月二十四日)に、

康和の夏天、潤余の夕漏《せきろう》。忽ち西海の浪に別れ、已に下泉の流れに従う。(略)累祖《るいそ》相伝の書、収拾誰人ぞ。愚父慭《なまじい》に命遺《のこ》り、何《いず》れの輩ぞ扶持せんや。

と江家存亡の危機を慨嘆。三尺の阿弥陀像を造立、「西方九品の迎え、宜しく引摂《いんじょう》を垂るべし」と極楽往生を祈願している。「一周忌供養願文」にも、「十万億の西」を祈っている。晩年の言談『江談抄』では、聞き手で筆録者の藤原実兼《ふじわらのさねかね》を相手に、「子孫のわろくてやみぬるなり」「足下などの様なる子孫あらましかば、何事をか思侍らまし」と述懐する。実兼は将来を嘱望された気鋭の蔵人であったが、匡房の没した翌年に謎の死を遂げている(『中右記』)。後白河院政で辣腕を振るった信西《しんぜい》(藤原通憲《ふじわらのみちのり》)はその忘れ形見である。

隆兼の一周忌供養から五カ月後、匡房は康和五年(一一〇三)十月二十七日に般若寺の堂

供養を行い、丈六の金色阿弥陀像を安置、江家一族の繁栄を祈願している(『江願文集』三)。『続本朝往生伝』に始祖の音人《おとんど》をはじめ、大江家の往生伝が多いことと無縁ではなかろう(第五・音人、第三二・為基《ためもと》、第三三・定基《さだもと》、第三四・挙周《たかちか》)。

本書の成立に関してもう一つ注意されるのは、建保五年(一二一七)、昇蓮《しょうれん》の『三井往生伝』の序文である。

夫《それ》、日本往生伝は、初め慶保胤、源信僧都を訪れ、続きて匡房、慶朝《けいちょう》法印に求む。多く延暦寺を載せ、諸寺を伝えざるなり。

という一節で、保胤の『往生極楽記』が源信に仰ぎ、匡房の『続往生伝』が慶朝に拠ったとする説である。保胤・源信の関係は周知のことだが、匡房・慶朝のつながりは従来知られていなかった。『三井往生伝』は先行往生伝に叡山系の伝が多いことに反駁、三井寺系の往生者の伝を集成した作で、早稲田大学図書館の教林文庫蔵本で初めて紹介されたものである(上巻のみ存。伊地知鐵男編『中世文学 資料と論考』笠間書院、一九七八年、『続天台宗全書』所収)。

慶朝は高階成章《たかしなのなりあき》の子、叡山横川を代表する学僧で、永保元年(一〇八一)、山門大衆による三井寺焼き打ち事件が起きる議定書に名が見え、康和四年(一一〇二)、匡房の京帰任の一カ月前に天台座主となり、数々の法会の講師を勤めるが、二年後の長治元年(一一〇四)、山門内部の抗争に巻き込まれて失脚する。匡房と慶朝の接点は、長治元年三月、藤原顕季《ふじわらのあきすえ》の堂供養で匡房が願文を執筆、慶朝が講師を勤め、同年八月、弘徽殿《こきでん》八講で匡房が願文と呪願文を執筆、慶朝が講師を勤めたくらいで(『中右記』、『江願文集』)、それほどつながりが密だった痕跡は認められない。

もう一点、本書には慶朝が拠点とした横川の僧の往生伝が多いことも関係するだろうか。横川系の往生者は、慈忍(第七)、覚運(第八)、源信(第九)、覚超(第一〇)、桓舜(第一二)、増賀(第一二)、仁賀(第一三)、覚印(第一五)、範久(第二〇)等々、ちなみに保胤(寂心)も同系とみなせる(第三一)。対して寺門系は、成尋《じょうじん》(第二一)、助慶(第二五)、日円(第三〇)などで少ない。

『三井往生伝』の昇蓮は『続本朝往生伝』に横川系の往生者が多いのを読み取り、康和・長治に活動し失脚した慶朝を、『続往生伝』成立頃の叡山の「負」の代表格として引き合いに出して、匡房と結びつけたと考えられる。

保元の乱で命を落とす藤原頼長《ふじわらのよりなが》の日記『台記《たいき》』の久安四年(一一四八)九月二十日条、鳥羽院の天王寺参詣に随行した頼長は、聖霊院《しょうりょういん》の絵堂での聖徳太子伝絵解き聴聞の前に、院の前で匡房の『続往生伝』を読んでいる。保元の乱の八年前に当たり、頼長と鳥羽院はどんな思いでこの往生伝を読み、聞いたのであろうか。

『続往生伝』の特徴は、四十二人の往生伝の冒頭に二人の天皇、一条と後三条の伝を置いたこと、さらに僧侶よりも堀河入道右大臣や権中納言顕基《あきもと》、参議左衛門督音人などを先に配し、宮廷の階層を優先させたことにある。これに武人の源《みなもとの》頼義《よりよし》伝がつくことも、悪人往生譚への萌芽を示していて注目されよう。女人伝は五人である。

特に天皇の往生伝は稀少で、他に『後拾遺往生伝』下・一に清和天皇の伝を見るにとどまる。巻頭の一条伝は一条朝の「天下の一物」総覧の様相となっており、往生伝に託して一条朝全体を俯瞰し、一条朝そのものの往生を指向したと言えるかもしれない。一方、後三条は匡房が直接仕えたこともあり、聖代観で一貫しており、「極楽の新しき主」として俗世の権威がそのまま極楽にも投影されている。仁明・醍醐朝と花山朝の治政を引き継ぐのが後三条だという歴史認識で、摂関体制から院政体制の転換を生きた匡房の政治感覚がうかがえる。間の一条朝は「権また相門に帰りて、皇威廃れたる」時期に相当し、政治史的には批判されるから、「時の人を得たること」、文運隆盛の人材輩出を言祝《ことほ》ぐ意味合いが強かったであろう。

それとともに、極楽の九品浄土《くほんじょうど》の差異化もかなり意識され、上品・中品・下品、上生・中生・下生のいずれかが問われる。「答ふるに下品をもてす」(第九)、「疑ふらくはこれ上品上生か」(第一九)、「西の辺の第八門は、下品中生に当る」(第二六)、「甚だ遺恨なり。下品下生のみ」(第三二)、「必ず生を上品に転ずべし」「「中品下生なり」といへり」(第四二)等々。世俗の身分階層の区分と対応して、極楽浄土の位階へのこだわりを示す。これは『往生極楽記』などには見えない傾向である。

大江家の伝が多いことは先にふれた通りであるし、大宰府時代の見聞によるものが、能《のう》円《えん》(第二二)、高明(第二三)、安修(第二四)、忠遠妻(第四二)と四例あることも特徴的で、特に最終伝は「康和三年」の年記が明示され、匡房の身近な見聞による可能性の高い話題として着目される。

大宰府と合わせて、日宋交流を背景とする渡宋僧の伝も、成尋(第二一)、日円(第三〇)、寂照(第三三)など。特に寂照は有名で大江家の出自でもあり、保胤の弟子である。渡宋のため、九州に向かう途次に保胤臨終を知って引き返し、その四十九日供養に際して道長が供養した返礼の請文を書いている。なかでも五台山での飛鉢譚は並み居る中国の僧より早く鉢を飛ばして供御《くご》を受ける験で、対中国への優越意識を見せる。円通大師の称号も受ける。寂照より前に渡航した奝然と比較し、奝然の渡海は人材がないのを表し、寂照の入宋は人材を惜しまないようなものだ、と中国から評された、という。

成尋はその日記『参天台五台山記』で著名だが、北宋の都開封で、皇帝の前で雨乞い祈禱の効験を示して紫衣を賜り、善恵大師の称号を受ける。日記は寂照や奝然の消息にもふれていて貴重である。本伝では遺体に漆を塗る習俗にもふれるから、没後にも種々の伝承がひろまっていたらしい。

源信伝(第九)でも、『往生要集』が宋に渡り、宋の求めに応じて生前の肖像を承円が描いた、という。寛印伝(第一五)にも、源信が宋の朱仁聡に会いに敦賀に赴き、仁聡が婆珊婆演底守夜神の画像を見せたところ、即座に『華厳経』のそれと知って、善財童子讃歎の偈を書き、その続きを寛印に書かせた、ともいう。先述の『往生要集』や『往生極楽記』遺宋に関連する逸話であるが、実際は『往生要集』は中国でさぞかし珍重されていると思っていたがほとんど知られていなかった、と天台山国清寺にいた成尋が落胆する通りであったろう(『参天台五台山記』延久四年・一〇七二年十月二十五日条)。寂照は源信にも師事し、源信から『天台宗疑問二十七条』を預かって天台山の知礼に渡している(『四明尊者教行録』巻四)。

中国への発信の強調も、対中国への屈折した優越意識の現れにほかならない。匡房が大宰府から帰洛した数日後、白河院から堀河天皇に、成尋入宋の様を描いた屏風十二帖が献呈され、「尤も興有るものなり」と『中右記』は記す(康和四年六月十九日条)。屏風絵をめぐって様々な説話が飛び交ったに相違ない。異文化への幻想を肥大化させる契機がこのような場にうかがえる。匡房のいた大宰府はそうした中国や高麗など東アジアの交流のまさに結節点に当たり、それがおのずと本書にも投影しているであろう。

これに合わせて、先の寂照の飛鉢譚が『今昔物語集』巻十九・二や『宇治拾遺物語』第一七二に見られるように、両者との同源譚と思われる例が少なくない。増賀《ぞうが》（第一二）、叡実（第一四）、保胤（第三二）、寂照（第三三）など。増賀伝の后宮授戒の場で「見風」（「臭風」か）を示した話など、『今昔物語集』巻十九・一八、『宇治拾遺物語』第一四三の、三条大后宮の出家戒師を勤めた際の「若シ乱リ穢《きたな》キ物ノ大ナル事ヲ聞シ食タルニヤ」の放言とか、簀の子で下痢をひちらかすなど露悪的なふるまいを示す話に共通する。『法華験記』下・八二では、「禁忌の麁言を発して」とあるだけなのに対し、本書は「誰人か増賀をもて嫪毐《ろうあい》の輩となし、后囲に啓達するか」と増賀の暴言が具体化される。「嫪毐」は秦の呂不韋《りょふい》の食客で夏太后に通じて権勢を誇るが最後は誅殺される人物（『史記』）。巨根で名高く、『今昔物語集』のような直截な言い回しを中国故事で言い換えたと見なせよう。

今は結論のみ提示すれば、本書はたとえば『今昔物語集』や『宇治拾遺物語』と共通する母体、即ち『宇治大納言物語』もしくはそこから派生した説話集の類に依拠している可能性が高いとみなせる。それら和文系のものをふまえつつ、中国故事を媒介に自らの漢文の文体に翻訳している、と言えるだろう。

詳述のいとまがないが、寂照伝（第三三）でも出家の機縁となる妻の死を「かの九想《くそう》を観じて」とあり、遺骸の口を吸い、死臭による嫌悪を強調する『今昔物語集』『宇治拾遺物語』と対照的に『摩訶止観』の九想で表す。叡実伝(第一四)における「青鳥」(使者の意)、章任伝(第三五)の「本朝の陶朱、猗頓」(富豪を指す)、頼義伝(第三六)の「楚越の竹といへども」(数量が多い意)等々、故事による文飾が種々見られ、漢文脈を基調とする表現指向が著しい。

同類話関連でさらに付け加えれば、大宰府観世音寺傍の極楽寺の能円伝(第二二)は、匡房の大宰府時代の情報によると思われるが、実は『今昔物語集』巻十五・二四「鎮西行千日講聖人往生語」と同根もしくは異伝の可能性があることが明らかになった(今昔の会・滝山嵐発表資料、二〇二三年一二月)。『今昔物語集』では「能円」の名前はなく、たんに「聖人」とあるだけだが、同じ極楽寺で千日講を始業し、結願の日に予告通り往生を遂げる展開は合致する。『今昔物語集』では、周囲の反応や聖人の言動など逐次詳細に語られ、後にまた能登から来た別の法師が千日講を行い、予告通り往生し、さらにまた尼が現れ、千日講を引き継いだが、結願の日に亡くなったかどうかは不明だ、という。最後は昔話のこぶとり爺など「隣の爺型」のパターンを彷彿とさせるが、極楽寺の千日講をめぐって、その縁起譚がいろいろ語られていたことをうかがわせる。

おそらく匡房は大宰府在任中に千日講を聴聞し、その起源をめぐる能円の話を知ったのであろう。匡房が見聞きした説話自体、『今昔物語集』のような話であったものを匡房が略記した可能性が高いのではないだろうか。

さらに語りの視点から本書でとりわけ際立つ伝が遍照伝（第六）である。通常の往生伝は往生者の行業を客観的な視点から直線的にとらえ、奇瑞や夢告を叙述するのが一般であるが、この伝は反仏法の権化ともいうべき天狗の視点から、遍照の力を試そうとして逆に撃退される体裁で、遍照の験徳と往生の様をとらえる。特異な語りの視点と構造で注目される。天狗調伏譚を往生伝に位置づけ直したところに眼目があるだろう（類似の話型は『拾遺往生伝』上・十五「長慶伝」に見える）。

話末で「国史」にある「本伝」ではなく、「異聞」であることが明示される。正当な伝から異聞や異伝にせり出していくところに、匡房の『狐媚記』『傀儡子記』『遊女記』などとも重なる、異人、異類、異界への視界を往生伝の本書にもうかがえるのである。匡房にとって極楽浄土もまた幻視し、憧憬すべき「異土」にほかならなかったであろう。

付記　『日本往生極楽記』の校合に用いている内閣文庫本（近世末期書写）は、本奥書に「文保元年十月七日於尾張国中嶋郡観音堂大門書写畢」とあることから、真福寺本の転写本であり、原本は『続本朝往生伝』と同じく慶政書写本であった可能性が高い（『真福寺善本叢刊』山崎誠解題）。

また、七寺蔵『日本往生極楽記』は本文必ずしも善本ではないが、奥書「治承四年七月二十九日午時許書了。珍円　稲薗住太郎房也」とあり、諸本の中で最も古い年次である（倉田邦雄論）。

参考文献

〈著書〉

幸田露伴『連環記』初出一九四〇年、岩波文庫
小笠原宣秀『中国浄土教家の研究』平楽寺書店、一九五一年
井上光貞『日本浄土教成立史の研究』山川出版社、一九五六年（『著作集』七巻、岩波書店）
重松明久『日本浄土教成立過程の研究』平楽寺書店、一九六四年
川口久雄『大江匡房』人物叢書・吉川弘文館、一九六八年
古典遺産の会編『往生伝の研究』新読書社、一九六八年
井上光貞『日本古代の国家と仏教』岩波書店、一九七一年（『著作集』八巻、岩波書店）
志村有弘『往生伝研究序説』桜楓社、一九七六年
速水侑『浄土信仰論』雄山閣出版、一九七八年
平林盛得『聖と説話の史的研究』吉川弘文館、一九八一年
小原仁『文人貴族の系譜』吉川弘文館、一九八七年
速水侑『源信』人物叢書・吉川弘文館、一九八八年
後藤昭雄『平安朝漢文文献の研究』吉川弘文館、一九九三年

大曾根章介『王朝漢文学論攷』岩波書店、一九九四年
大曾根章介『日本漢文学論集』全三巻、汲古書院、一九九八、九九年
平林盛得『慶滋保胤と浄土思想』吉川弘文館、二〇〇一年
国文学研究資料館編『往生伝集』真福寺善本叢刊、史伝部三、臨川書店、二〇〇四年
小峯和明『院政期文学論』笠間書院、二〇〇六年
小原仁『中世貴族社会と仏教』吉川弘文館、二〇〇七年
前田育徳会尊経閣文庫編『日本往生極楽記』尊経閣善本影印集成、八木書店、二〇〇七年
梯信暁『奈良・平安期浄土教展開論』法蔵館、二〇〇八年
工藤美和子『平安期の願文と仏教的世界観』思文閣出版、二〇〇八年
上川通夫『日本中世仏教史料論』吉川弘文館、二〇〇八年
小峯和明『中世法会文芸論』笠間書院、二〇〇九年
上川通夫『日本中世仏教と東アジア世界』塙書房、二〇一二年
谷山俊英『中世往生伝の形成と法然浄土教団』勉誠出版、二〇一二年
小林真由美『日本霊異記の仏教思想』青簡舎、二〇一四年
田嶋一夫『中世往生伝と説話の視界』笠間書院、二〇一五年
小原仁『慶滋保胤』人物叢書・吉川弘文館、二〇一六年
井上辰雄『慶滋保胤』井上辰雄先生を偲ぶ会、二〇一六年
荒木浩『『今昔物語集』の成立と対外観』思文閣出版、二〇二一年
『法然と極楽浄土』東京国立博物館他・特別展図録、二〇二四年

〈論文〉

倉田邦雄「七寺蔵『日本往生極楽記』について――本文翻刻及び校異」『馬淵和夫博士退官記念説話文学論集』大修館書店、一九八一年
吉原浩人「日本往生極楽記と院政期往生伝」『説話集の世界Ⅰ――古代』説話の講座4、勉誠社、一九九二年
神野富一「空也誄の「湯島」と梁塵秘抄の「補陀落」」『甲南国文』四二号、一九九五年
佐藤道生「慶滋保胤伝の再検討」『説話文学研究』四八号、二〇一三年
李銘敬「唐宋代の往生伝の編纂と伝承――遼非濁撰『新編随願往生集』研究序説」『説話文学研究の最前線――説話文学会55周年記念・北京特別大会の記録』文学通信、二〇二〇年
小西洋子「慶滋保胤「為二品長公主四十九日願文」考――『往生要集』の利用」『和漢比較文学』六四号、二〇二〇年
崔鵬偉「呉越将来『往生西方浄土瑞応刪伝』の古代・中世における受容」瀧朝子編『呉越国 10世紀東アジアに華開いた文化国家』アジア遊学・勉誠出版、二〇二二年
崔鵬偉「早稲田大学中央図書館教林文庫蔵『金龍寺縁起』における千観伝――『今昔物語集』巻十五第十六話との比較を中心に――附 教林文庫蔵『金龍寺縁起』翻刻」『論叢アジアの文化と思想』三二号、二〇二四年

日本往生極楽記《にほんおうじょうごくらくき》・続本朝往生伝《ぞくほんちょうおうじょうでん》

2024 年 11 月 15 日　第 1 刷発行

校注者　大曾根章介《おおそねしょうすけ》　小峯和明《こみねかずあき》

発行者　坂本政謙

発行所　株式会社 岩波書店
〒101-8002 東京都千代田区一ツ橋 2-5-5
案内 03-5210-4000　営業部 03-5210-4111
文庫編集部 03-5210-4051
https://www.iwanami.co.jp/

印刷・三陽社　カバー・精興社　製本・松岳社

ISBN 978-4-00-300441-8　　Printed in Japan

読書子に寄す

——岩波文庫発刊に際して——

岩波茂雄

真理は万人によって求められることを自ら欲し、芸術は万人によって愛されることを自ら望む。かつては民を愚昧ならしめるために学芸が最も狭き堂宇に閉鎖されたことがあった。今や知識と美とを特権階級の独占より奪い返すことはつねに進取的なる民衆の切実なる要求である。岩波文庫はこの要求に応じそれに励まされて生まれた。それは生命ある不朽の書を少数者の書斎と研究室とより解放して街頭にくまなく立たしめ民衆に伍せしめるであろう。近時大量生産予約出版の流行を見る。その広告宣伝の狂態はしばらくおくも、後代にのこすと誇称する全集がその編集に万全の用意をなしたるか。千古の典籍の翻訳企図に敬虔の態度を欠かざりしか。さらに分売を許さず読者を繫縛して数十冊を強うるがごとき、はたしてその揚言する学芸解放のゆえんなりや。吾人は天下の名士の声に和してこれを推挙するに躊躇するものである。このときにあたって、岩波書店は自己の責務のいよいよ重大なるを思い、従来の方針の徹底を期するため、すでに十数年以前より志して来た計画を慎重審議この際断然実行することにした。吾人は範をかのレクラム文庫にとり、古今東西にわたって文芸・哲学・社会科学・自然科学等種類のいかんを問わず、いやしくも万人の必読すべき真に古典的価値ある書をきわめて簡易なる形式において逐次刊行し、あらゆる人間に須要なる生活向上の資料、生活批判の原理を提供せんと欲する。この文庫は予約出版の方法を排したるがゆえに、読者は自己の欲する時に自己の欲する書物を各個に自由に選択することができる。携帯に便にして価格の低きを最主とするがゆえに、外観を顧みざるも内容に至っては厳選最も力を尽くし、従来の岩波出版物の特色をますます発揮せしめようとする。この計画たるや世間の一時の投機的なるものと異なり、永遠の事業として吾人は微力を傾倒し、あらゆる犠牲を忍んで今後永久に継続発展せしめ、もって文庫の使命を遺憾なく果たさしめることを期する。芸術を愛し知識を求むる士の自ら進んでこの挙に参加し、希望と忠言とを寄せられることは吾人の熱望するところである。その性質上経済的には最も困難多きこの事業にあえて当たらんとする吾人の志を諒として、その達成のため世の読書子とのうるわしき共同を期待する。

昭和二年七月

《日本文学（古典）》〔黄〕

- 古事記　倉野憲司校注
- 日本書紀　全五冊　坂本太郎・家永三郎・井上光貞・大野晋校注
- 万葉集　全五冊　佐竹昭広・山田英雄・工藤力男・大谷雅夫・山崎福之校注
- 竹取物語　阪倉篤義校訂
- 伊勢物語　大津有一校注
- 玉造小町子壮衰書　—小野小町物語　杤尾武校注
- 古今和歌集　佐伯梅友校注
- 土左日記　紀貫之　鈴木知太郎校注
- 蜻蛉日記　今西祐一郎校注
- 紫式部日記　池田亀鑑・秋山虔校注
- 紫式部集　付 大弐三位集・藤原惟規集　紫式部　南波浩校注
- 源氏物語　全九冊　柳井滋・室伏信助・大朝雄二・鈴木日出男・藤井貞和・今西祐一郎校注
- 源氏物語 山路の露・補作 雲隠六帖　他二篇　今西祐一郎編注
- 枕草子　池田亀鑑校訂
- 和泉式部日記　清水文雄校注
- 更級日記　西下経一校注
- 今昔物語集　全四冊　池上洵一編
- 堤中納言物語　大槻修校注
- 西行全歌集　久保田淳・吉野朋美校注
- 建礼門院右京大夫集　付 平家公達草紙　久松潜一・久保田淳校注
- 拾遺和歌集　小町谷照彦・倉田実校注
- 後拾遺和歌集　久保田淳・平田喜信校注
- 金葉和歌集　川村晃生・柏木由夫・伊倉史人校注
- 詞花和歌集　工藤重矩校注
- 古語拾遺　斎部広成撰　西宮一民校注
- 王朝漢詩選　小島憲之編
- 新訂 方丈記　市古貞次校注
- 新訂 新古今和歌集　佐佐木信綱校訂
- 新訂 徒然草　西尾実・安良岡康作校注
- 平家物語　全四冊　梶原正昭・山下宏明校注
- 神皇正統記　北畠親房　岩佐正校注
- 御伽草子　全二冊　市古貞次校注
- 王朝秀歌選　樋口芳麻呂校注
- 定家八代抄　—続王朝秀歌選　全二冊　樋口芳麻呂・後藤重郎校注
- 閑吟集　真鍋昌弘校注
- 中世なぞなぞ集　鈴木棠三編
- 千載和歌集　久保田淳校注
- 謡曲選集　読む能の本　野上豊一郎編
- おもろさうし　外間守善校注
- 太平記　全六冊　兵藤裕己校注
- 好色一代男　井原西鶴　横山重校訂
- 好色五人女　井原西鶴　東明雅校註
- 武道伝来記　井原西鶴　前田金五郎・横山重校注
- 西鶴文反古　井原西鶴　片岡良一校訂
- 芭蕉紀行文集　付 嵯峨日記　中村俊定校注
- 芭蕉おくのほそ道　付 曾良旅日記・奥細道菅菰抄　萩原恭男校注
- 芭蕉俳句集　中村俊定校注
- 芭蕉連句集　中村俊定・萩原恭男校注
- 芭蕉書簡集　萩原恭男校注
- 芭蕉文集　潁原退蔵編註

芭蕉俳文集 全二冊　堀切実編注
芭蕉自筆 奥の細道　上野洋三・櫻井武次郎校注
蕪村俳句集 付 春風馬堤曲 他二篇　尾形仂校注
蕪村七部集　伊藤松宇校訂
近世畸人伝　伴蒿蹊　森銑三校註
雨月物語　上田秋成　長島弘明校注
宇下人言 修行録　松平定信　松平定光校訂
新訂 一茶俳句集　丸山一彦校注
一茶 父の終焉日記・おらが春 他一篇　矢羽勝幸校注
増補 俳諧歳時記栞草 全二冊　曲亭馬琴編　藍亭青藍補　堀切実校注
北越雪譜　鈴木牧之編撰　京山人百樹刪定　岡田武松校訂
東海道中膝栗毛 全二冊　十返舎一九　麻生磯次校注
浮世床　式亭三馬　和田万吉校訂
梅暦 全二冊　為永春水　古川久校訂
百人一首一夕話 全二冊　尾崎雅嘉　古川久校訂
こぶとり爺さん・かちかち山 ―日本の昔ばなしI　関敬吾編
桃太郎・舌きり雀・花さか爺 ―日本の昔ばなしII　関敬吾編

一寸法師・さるかに合戦・浦島太郎 ―日本の昔ばなしIII　関敬吾編
芭蕉臨終記 花屋日記 付 芭蕉翁終焉記・前後日記・行状記　小宮豊隆校訂
醒睡笑 全二冊　安楽庵策伝　鈴木棠三校注
歌舞伎十八番の内 勧進帳　郡司正勝校注
江戸怪談集 全三冊　高田衛編・校注
柳多留名句選　山澤英雄選　粕谷宏紀校注
松蔭日記　上野洋三校注
鬼貫句選・独ごと　復本一郎校注
井月句集　復本一郎編
花見車・元禄百人一句　雲英末雄　佐藤勝明校注
江戸漢詩選 全二冊　揖斐高編訳
説経節 俊徳丸・小栗判官 他三篇　兵藤裕己編注